EL REY YA VIENE

ES TIEMPO DE PREPARARSE PARA EL REGRESO DE CRISTO

JOHN BEVERE

Para vivir la Palabra

MANTENGAN LOS OJOS ABIERTOS,
AFÉRRENSE A SUS CONVICCIONES,
ENTRÉGUENSE POR COMPLETO,
PERMANEZCAN FIRMES,
Y AMEN TODO EL TIEMPO.
—1 Corintios 16:13-14 Biblia El Mensaje

El rey ya viene por John Bevere
Publicado por Casa Creación
Miami, Florida
www.casacreacion.com

ISBN: 978-1-966427-41-4
E-Book ISBN: 978-1-966427-42-1

Desarrollo editorial: *Grupo Nivel Uno, Inc.*
Adaptación de diseño interior y portada: *Grupo Nivel Uno, Inc.*

Publicado originalmente en inglés bajo el título:
The King Is Coming
Publicado por W Publishing una división de Thomas Nelson
es una marca regristada de HarperCollins Christian Publishing, Inc
Nasvhille, TN. USA

Impreso en Colombia

26 27 28 29 30 LBS 9 8 7 6 5 4 3 2 1

Dedico este libro a dos grupos de personas:

En primer lugar, a nuestro equipo de Messenger International: gracias por trabajar junto con Lisa y conmigo con el fin de glorificar a nuestro Señor Jesús. Cada uno de ustedes es muy hábil y talentoso en lo que se desempeña. Gracias por su fidelidad. Los admiro y los amo. Deseo que su recompensa eterna refleje el amor y la devoción que tienen por nuestro amado Salvador.

En segundo lugar, a nuestros colaboradores en este legado de Messenger International. Dios acopló nuestros corazones como compañeros de equipo para glorificar a su Hijo. El hecho de que ustedes entreguen sus recursos y confíen en nosotros para administrarlos con lealtad nos conmueve. Que su recompensa eterna sea mayor de lo que han imaginado. Ustedes son verdaderos héroes de la fe.

CONTENIDO

SEMANA 4: PREPÁRATE PARA SU REGRESO

CÓMO APROVECHAR ESTE LIBRO

Estimado lector:

Este es un mensaje que me tomó años recibir del Espíritu Santo y varios meses para redactarlo. Es un mensaje crucial y urgente; uno que, si se cree y se pone en práctica, te preparará para la pronta venida de nuestro Rey. Lo sé, porque las verdades contenidas en estas páginas transformaron mi vida, por lo que comparto —con sensibilidad— esa transformación en el capítulo 1.

Debido a su importancia, dediqué tiempo y medité en oración para determinar cómo presentarlo. Consideré el ritmo cambiante de nuestros días —las exigencias de nuestras actividades y la velocidad con la que vivimos— y sentí la necesidad de adaptarme. Concluí que sería beneficioso presentar estas verdades en porciones fáciles de tratar, para que puedas meditarlas en profundidad.

A primera impresión podrías pensar que se trata de un devocional, sin embargo, te aseguro que no lo es. Permíteme que te lo explique. El devocional suele abordar temas distintos cada día, que no necesariamente se desarrollan en un mensaje conciso y sistemático. Aunque la estructura de este libro es como la de un devocional, verás que el contenido de cada día se basa en el capítulo anterior, formando el tipo de desarrollo que normalmente encontramos en un libro de no ficción. Ahora, tengo una gran noticia: puedes leerlo en uno o dos días si así lo prefieres, no obstante recomiendo encarecidamente que lo leas en un período de cuatro o dos semanas. Si eliges cuatro semanas, leerás un capítulo por día. Si escoges dos, leerás un capítulo por la mañana y otro por la noche. He aquí un consejo para que perseveres: establece un horario (o dos) y cúmplelo cada día.

Al final de cada capítulo hallarás cinco herramientas para profundizar en su contenido. Llamémoslas las 5 P:

1. **Pasaje**. Un texto bíblico crucial alusivo al mensaje del día, ya sea citado en el cuerpo del capítulo o añadido para reforzar lo expuesto. Sugiero que memorices esos pasajes.
2. **Punto**. Una idea central del capítulo que destaca su importancia. Verla nuevamente fortalecerá su efecto y te servirá como referencia rápida al repasar.
3. **Pondera**. Esto es esencial. El salmista declara: "En tus mandamientos meditaré; consideraré tus caminos" (Salmos 119:15 RVR1960). Meditamos cuando reflexionamos en la manera en que la Palabra de Dios se aplica a nuestra vida actual. Al hacerlo, se nos promete prosperidad y buen éxito (Josué 1:8; Salmos 1).
4. **Pide.*** Haz una oración que refleje la enseñanza del capítulo. Es vital que Dios oiga nuestra voz y que le demos permiso para transformarnos conforme a su Palabra.
5. **Profesa.** Se nos dice que *la muerte y la vida* están en poder de la lengua (Proverbios 18:21). Al declarar lo que Él afirma sobre nosotros, nos alineamos —espíritu, alma y cuerpo— con su voluntad, la cual es el camino comprobado para experimentar la vida en plenitud.

Así que te recomiendo que leas cada capítulo con un diario a tu lado mientras estudias las 5 P. Escribe tus pensamientos y tus oraciones día tras día, de modo que cuando vuelvas al mensaje más adelante, tengas escrito todo lo que el Espíritu Santo haya revelado a tu corazón.

A fin de enriquecer tu experiencia, hemos creado veintiocho videos de cuatro a cinco minutos que destacan las verdades centrales de cada capítulo. Están diseñados para complementar tu lectura diaria, pero no tendrán el mismo impacto si no lees primero el capítulo correspondiente. Para acceder a ellos, escanea el código QR que aparece al pie de la página siguiente.

Algunas recomendaciones adicionales: usa tu teléfono para cronometrar cuánto tiempo empleas para leer el capítulo, examinar las 5 P, anotar lo que te parezca relevante en tu diario y ver el video. No te apresures; no es una competencia. El cronómetro te ayudará a establecer un promedio después de

* A fin de mantener la fidelidad al autor en cuanto a las 5 P, usamos la palabra *pide* como sinónimo de *oración*.

tres o cuatro capítulos, lo cual facilitará la planificación futura, ya que todos tienen una extensión similar (con excepción de los capítulos 23 y 28; para los que debes agregar cinco minutos más).

Hazte un hábito. No dejes que nada interfiera con el horario que establezcas cada día. Oro y espero que lo que Dios ha hecho en mí —durante los últimos años— lo haga también en ti en cuatro semanas, dos semanas o el tiempo que decidas dedicar a aprovechar este libro.

Una idea más en base a mi experiencia. El mensaje da mayores frutos cuando lo enseño o lo leo junto con amigos. Por tanto, elige algunas amistades cercanas y estúdienlo en grupo. Primero lee el capítulo a solas, en compañía del Espíritu Santo; luego fija un momento para conversar con ellos acerca de lo que Él te haya mostrado. Pueden hacerlo diariamente o una vez por semana.

La Escritura nos instruye a "enseñar estas verdades a personas fieles que sean idóneas para enseñar también a otros" (2 Timoteo 2:2). Para ayudarte en esto, también hemos desarrollado un curso semanal que tu pequeño grupo o tú pueden seguir juntos, el cual está disponible para adquirirlo en cualquier librería. Te brindará herramientas adicionales para dialogar sobre la Palabra de Dios en este tema.

Por último, encontrarás otros mensajes relacionados en nuestra aplicación de fácil descarga llamada MessengerX, que te ayudarán a madurar en tu caminar con nuestro Rey que pronto viene. Puedes descargarla sin costo y beneficiarte de decenas de libros, cursos y materiales de discipulado. Solo escanea el código QR que aparece en esta página.

Oro para que crezcas en intimidad con Dios mientras estudias *El Rey ya viene*.

Atentamente,
John Bevere

SEMANA 1

EL PLAN MAESTRO DIVINO

Y DIRÁ: "¿QUÉ HUBO DE ESA PROMESA DE SU VENIDA? NUESTROS ANTEPASADOS MURIERON Y NADA HA CAMBIADO DESDE EL PRINCIPIO DE LA CREACIÓN".

2 PEDRO 3:4

CAPÍTULO 1

¿POR QUÉ MOLESTARSE EN HABLAR DE ESTO?

El regreso de Jesús. ¿Seremos capaces de atrevernos a abordar un asunto tan controversial? Es más, ¿deberíamos referirnos a él simplemente como un tema? Tal vez sea mejor identificarlo como una verdad; más precisamente, como una verdad fundamental, pues es una de las enseñanzas esenciales de nuestra fe. Una que promete una gran esperanza y bendiciones inimaginables para sus seguidores fieles. Pero antes de profundizar, consideremos primero su relevancia.

¿No sería mejor dejar este asunto a un lado? ¿Para qué tratarlo? ¿Qué beneficio aporta? Después de todo, muchas generaciones de creyentes pensaron que el Rey regresaría en su tiempo, ¿qué diferencia a la nuestra de aquellas? Y aunque el fin de los tiempos ocurriera en nuestra generación, ¿no se desarrollará todo de una manera misteriosa, solo conocida por el Señor Dios? De forma que, ¿cómo afecta al resultado el hecho de hablar de ello? Además, ¿no genera la ambigüedad de ese tema incertidumbre, tensión e incluso división entre los creyentes? Estas preguntas parecen lógicas, pero ¿se alinean con la sabiduría de la Escritura?

Antes de responder, permíteme que siga cuestionando su relevancia contando mi propia travesía. He estado enseñando la Palabra de Dios de manera periódica por cuarenta años. Durante la mayor parte de ese tiempo —los primeros treinta y cinco años— casi me enorgullecía de evitar el tema de la *escatología*. Sé que es una palabra grandiosa y que muchos desconocen su significado, puesto que no es un vocablo bíblico; más bien, es un término teológico que simplemente se refiere al estudio de los tiempos finales. Estoy seguro de que has oído algunas de las siguientes expresiones relacionadas con la palabra escatología: los últimos días, el Anticristo, el falso profeta, la tribulación, el arrebatamiento, la segunda venida, el reinado milenial de Cristo, los cielos nuevos y la tierra nueva, etcétera, etcétera y un largo etcétera. En esencia, la escatología se centra en todos los aspectos de la segunda venida de Jesucristo a la tierra y en lo que ha de seguir a ese suceso.

En el pasado, evitaba hablar sobre cualquier aspecto de este tema y respondía —rápidamente— a quien me preguntaba: "No enseño acerca de los tiempos finales". De hecho, me entristece decir que no creo haber predicado un solo mensaje dedicado de manera específica a esta verdad en mis cuatro décadas de ministerio público. No me malinterpretes; siempre he disfrutado, en lo particular, leer los pasajes relacionados con la segunda venida de Jesús, meditar en ellos e incluso comentarlos en privado con familiares y amigos. Pero hablar de ello públicamente, a mi juicio, era demasiado controversial y parecía producir personas pasivas que solo esperaban ser "arrebatadas". ¡Cuán equivocado estaba! No lo pensé ni lo oré lo suficiente. Mis suposiciones eran erróneas. Pero antes de explicar mi error, permíteme contarte qué me llevó a adoptar esa postura.

En los primeros años de nuestro matrimonio, Lisa y yo experimentamos y presenciamos historias trágicas relacionadas con enseñanzas acerca del fin de los tiempos, sobre todo en la década de 1980, cuando se proclamaban ochenta y ocho razones por las que Jesús regresaría en 1988.[1] Sí, ese era un mensaje ampliamente creído en la iglesia estadounidense. Mi esposa no se dejó convencer. Yo, en cambio, como creyente joven, caí completamente en ello. Estaba convencido de que Él regresaría en septiembre de 1988, y varios de mis amigos pensaban lo mismo.

Cuando esa fecha llegó y pasó, en vez de detenernos y aprender de nuestro error, se fijaron nuevas fechas una y otra vez. No tardé en darme cuenta de lo perjudicial que podía ser intentar precisar el momento de su regreso, por lo que dejé de enfocarme por completo en las enseñanzas escatológicas, especialmente en las de quienes lo reducían a un mes o un año específicos. Sin embargo, otros —dichosamente solo una pequeña parte de la iglesia— continuaron escuchando a esos "profetas".

Con el paso del tiempo, la perspectiva de Lisa y la mía sobre el tema se volvió cada vez más negativa. Observábamos que el fruto de esas enseñanzas era más desfavorable que favorable. Escuchamos historias de personas que dejaban de pagar sus hipotecas, renunciaban a sus empleos o abandonaban todos sus planes y aspiraciones. Muchos acumulaban deudas en sus tarjetas de crédito pensando que no tendrían que pagarlas. Conocimos a una pareja joven, contemporánea con nosotros, que decidió no tener hijos y se sometió a un procedimiento médico definitivo porque creía que Él regresaría pronto. También oímos otros relatos sorprendentes de cosas que la gente hacía o dejaba de hacer convencida de que su regreso estaba a la vuelta de la esquina.

Luego estaban los que se enfrascaban en acalorados debates sobre el arrebatamiento: si acaso iba a ser antes, durante o después de la tribulación. Había discusiones sobre el milenio —el reinado de mil años de Jesús en la tierra—, si era literal o alegórico. Algunos sostenían que todos los acontecimientos del Apocalipsis ya se habían cumplido en el primer siglo. Otros se inclinaban hacia el extremo interpretativo opuesto. Recuerdo con claridad a un hombre que afirmaba: "John, estamos en la tribulación". Otro miembro de nuestro equipo ministerial afirmaba: "John, ya estamos en el milenio". Todos estos extremos parecían tener algo en común: estaban tan absortos en hablar de la segunda venida que perdían toda motivación para vivir de manera productiva y dar fruto en la vida.

Considera que esa era mi observación y mi evaluación particular. En mi inmadurez, no comprendí plenamente que el comportamiento de las personas, derivado de interpretaciones incorrectas de la Escritura, no invalida la verdad. Se nos dice explícitamente por el apóstol Pedro (y, curiosamente, estas palabras aparecen después de su enseñanza sobre los acontecimientos del fin de los tiempos) lo siguiente:

> Por eso, queridos hermanos, mientras esperan estos acontecimientos, esfuércense para que Dios los halle sin mancha y sin defecto, en paz con él. Tengan presente que la paciencia de nuestro Señor significa salvación, tal como les escribió también nuestro querido hermano Pablo, con la sabiduría que Dios le dio. En todas sus cartas se refiere a

> estos mismos temas. Hay en ellas algunos puntos difíciles de entender que los ignorantes e inconstantes tergiversan, *como lo hacen también con las demás Escrituras para su propia perdición.*
>
> 2 PEDRO 3:14-16

Observa que esas personas inestables *falsean* la verdad de las Escrituras y cosechan graves consecuencias por no acercarse a la Palabra de Dios con humildad, dependiendo del Espíritu Santo para que les enseñe. A menudo son rápidas para escuchar a los "profetas" de YouTube, que interpretan de manera errónea la Escritura o los acontecimientos actuales. Esos autoproclamados ministros suelen exagerar los acontecimientos mundiales, manipulándolos para que encajen en su interpretación de los textos proféticos.

Todo eso ayudó a consolidar mi posición en cuanto a mantenerme lejos de ese tema. Sin embargo, estaba reaccionando en vez de actuar y buscar. No me gustaban los efectos que veía en muchas personas, así que di un giro completo y agarré el camino opuesto. Una vez más, ¡cuán equivocado estaba!

Hace aproximadamente cinco años sentí un impulso en mi corazón, por parte del Espíritu Santo, que me instaba a comenzar a prestar más atención a los numerosos pasajes proféticos sobre la segunda venida de Jesús. Empecé a escuchar periódicamente a maestros equilibrados de la profecía bíblica. Los escuchaba en el automóvil, mientras hacía ejercicio en el gimnasio y en otros momentos del día. Leí libros de autores proféticos serios, por lo que mi visión cambió y se amplió. El Espíritu Santo comenzó a revelarme verdades importantes.

¿El resultado? Experimenté algunos cambios significativos. Cuanto más me revelaba la Palabra de Dios la inminente venida de Cristo, más crecía mi pasión por el ministerio. Sentí que mi amor, tanto por Jesús como por las personas, aumentaba con fuerza. Era como si el Espíritu Santo estuviera obrando en mí una mayor conciencia y compasión por una humanidad herida, además de que me impartía un deseo más intenso de ver a hombres y mujeres nacer en el reino. Mi anhelo de enseñar sobre la santidad aumentó y mi temor del Señor se fortaleció. Me volví más amable con mi esposa y mi familia, los que confirmaron que notaban un cambio en mí. Ya no me alteraba con tanta facilidad ante situaciones adversas como antes. Me volví más sensible y compasivo pero, al mismo tiempo, mantuve un corazón y una postura de guerrero. Y lo mejor de todo fue que el Señor se volvió más cercano y más precioso que nunca para mí.

También noté algo más. El deseo que sentía por su regreso ya no provenía de querer ver los eventos catastróficos que se mencionan en el libro de Apocalipsis. Ahora nacía de un anhelo genuino y profundo por estar con Cristo y con su familia, además de verlo glorificado en esta tierra. Así que comencé a descubrir en la Escritura por qué estaba sucediendo eso en mí. Lo que pensé que me volvería apático, perezoso o incluso fastidioso, me dio mayor celo y propósito. Poco a poco el Espíritu Santo me abrió la Escritura para mostrarme por qué mi vida estaba cambiando para bien, lo cual quiero contarte en este mensaje. No obstante, me estoy adelantando. Debo empezar desde el principio y no saltar a las conclusiones finales sin antes establecer bien el fundamento.

Inicio este mensaje suplicándote: Por favor, no cometas el mismo error que yo. A menudo, cuando menciono la enseñanza acerca del fin de los tiempos, escucho respuestas negativas similares a aquellas que desarrollé —años atrás— con mi actitud. Pero veamos algunas realidades asombrosas en la Escritura; espero que te ayuden a llegar a la misma conclusión.

En primer lugar, el libro de Apocalipsis es el más profético de la Biblia. Muchos creyentes lo evitan. De hecho, recientemente estaba cenando con una encantadora pareja y el hombre me dijo: "John, ese es el único libro de la Biblia que no he leído". Le pregunté por qué, pues sabía que amaba profundamente a Dios. Respondió que le daba miedo y que le resultaba confuso. Son muchos los que sienten lo mismo; ¿te ocurre a ti también? Lee lo que se declara al inicio del último libro de la Biblia:

> Dichoso el que *lee* y dichosos los que *escuchan* las palabras de este mensaje profético y *hacen caso* de lo que aquí está escrito, porque el tiempo de su cumplimiento está cerca.
>
> APOCALIPSIS 1:3

¡Hay una bendición específica claramente vinculada a *leer, escuchar* y *obedecer* la profética Palabra de Dios! Esta promesa no se expresa con tanta claridad en ningún otro libro de la Biblia. ¿Por qué? ¿Podría ser una razón la presciencia de Dios? ¿Que Él previó que la enseñanza sobre los tiempos finales sería evitada e incluso ridiculizada más que cualquier otra doctrina en nuestra época? El apóstol Pedro escribe:

> Ante todo, deben saber que en los últimos días vendrá gente burlona que, siguiendo sus malos deseos, se mofará y dirá: "¿Qué hubo de esa promesa de su venida? Nuestros antepasados murieron y nada ha cambiado desde el principio de la creación".
>
> 2 Pedro 3:3-4

Yo no llegué a ese nivel de burlador, que es alguien que se mofa de la verdad. Ciertamente nunca desprecié la escatología, pero sí la evité. No abracé de todo corazón esta enseñanza fundamental de la iglesia. Es crucial entender que estos burladores de los que habla Pedro trivializarán cualquier aspecto de la segunda venida de Cristo. Por eso presenta esta advertencia con las palabras "ante todo". Así que detente y reflexiona en ello.

Eso es un llamado de atención. ¿Por qué Pedro destaca el regreso de Jesús por encima de tantas otras verdades expresadas en la Palabra de Dios? ¿Por qué no usa esa frase respecto al bautismo en el Espíritu Santo, los dones espirituales, el hablar en lenguas, el ministerio de la mujer, la imposición de manos u otros temas controversiales? Hemos visto personas cuestionar estas verdades o afirmar que ya no aplican, que eso fue en la antigüedad. ¿Por qué entonces Pedro destaca la segunda venida como algo "ante todo"? ¿Podría ser porque constituye una enseñanza fundamental del Señor Jesucristo y, por lo tanto, nuestro gran adversario —el diablo— intenta desacreditarla, puesto que conoce el poderoso y beneficioso potencial que nos brinda estudiarla y meditarla correctamente?

Considera los siguientes datos. El regreso de Jesús es el segundo tema más mencionado en toda la Biblia. Solo en el Nuevo Testamento aparece 318 veces. Solo cuatro libros del Nuevo Testamento no hablan del regreso de Jesús; es decir, veintitrés sí lo hacen. Y tres de esos cuatro son cartas de un solo capítulo dirigidas a personas específicas: Filemón, 2 Juan y 3 Juan. El único libro de varios capítulos que no menciona la segunda venida es Gálatas. En resumen:

uno de cada treinta versículos del Nuevo Testamento menciona algún aspecto del regreso de Jesús. Además, aparte de la doctrina de la salvación, fue el tema más frecuente en los escritos de los padres de la iglesia primitiva.[2]

Lucas y Mateo dedican, prácticamente, dos capítulos completos a la exposición de la segunda venida de Cristo, mientras que el evangelista Marcos dedica un capítulo entero. El último libro de la Biblia está dedicado, exclusivamente, a los acontecimientos del fin de los tiempos. Y si todo eso no fuera suficiente, aquí está el dato más notable: el período relacionado con la segunda venida de Jesús es el tiempo más descrito en toda la Escritura.

En vista de esos hechos, formulemos la gran pregunta: Si Dios, que es perfecto en sabiduría, enfoca tanto la segunda venida de Cristo en las Sagradas Escrituras, ¿cuál debería ser el fruto de leer, enseñar y conversar sobre los acontecimientos del fin? ¿Pereza y contienda, o una vida piadosa y apasionada por hacer que el reino avance? Podemos coincidir en que Él nunca enfatizaría algo que nos lleve a vivir en contra de su voluntad. Por lo tanto, es razonable concluir que los comportamientos insensatos asociados con la escatología surgieron de enseñarla o escucharla de manera incorrecta. Como afirma Pedro, fue tergiversada por personas inestables.

Así que eres sabio al dedicar tiempo a leer, meditar y orar sobre esta verdad. Pero decide, desde ahora, que el fruto de este mensaje será una conducta más santa y una misión más enfocada en el reino. Basado en ello, creo que el Espíritu Santo respaldará y manifestará ese propósito piadoso. Esa ha sido mi oración sincera por ti al escribir este libro.

En este mensaje no solo abordaré lo que la Biblia dice acerca del regreso del Rey sino, aún más importante, compartiré lo que la Escritura nos exhorta a hacer para estar *preparados* —*listos*—, de forma que no nos avergoncemos cuando Él aparezca. De modo que comencemos nuestro recorrido.

PASAJE. Dichoso el que lee y dichosos los que escuchan las palabras de este mensaje profético y hacen caso de lo que aquí está escrito, porque el tiempo de su cumplimiento está cerca (Apocalipsis 1:3).

PUNTO. Si el regreso de Jesús es la segunda doctrina más enseñada en la Biblia, no debemos evitarla ni mucho menos burlarnos de ella.

PONDERA. ¿He ignorado o incluso ridiculizado, en mis pensamientos, uno de los temas más tratados del Nuevo Testamento? ¿He pensado: Esto no es para mí; es demasiado ambiguo? ¿Qué cambios puedo hacer en mi manera de acercarme a los pasajes proféticos?

PIDE. Padre amado, te pido que me perdones por cualquier actitud de descuido o pereza que haya desarrollado al buscarte en relación con el regreso de Cristo. Me arrepiento. Te ruego que tu Espíritu me muestre lo que está por venir, para que pueda obedecer tus palabras proféticas de instrucción y advertencia. En el nombre de Jesús, amén.

PROFESA. Estoy decidido a prestar cuidadosa atención a las palabras de la Escritura que señalan los tiempos finales. Tengo al Espíritu Santo como mi Maestro; confío en su guía para escuchar y obedecer las Escrituras proféticas.

TODO LO QUE SE ESCRIBIÓ EN EL PASADO SE ESCRIBIÓ PARA ENSEÑARNOS, A FIN DE QUE ALENTADOS POR LAS ESCRITURAS, PERSEVEREMOS EN MANTENER NUESTRA ESPERANZA.

ROMANOS 15:4

CAPÍTULO 2

RECONOCE AL REY

En un discurso ante la Cámara de los Comunes en 1948, Winston Churchill expresó la famosa declaración: "Los que no aprenden de la historia están condenados a repetirla".[1] Una afirmación sencilla, aunque profunda y verdadera. Con relación a nuestra conversación, sigamos las notables palabras de ese gran líder y aprendamos de la antigüedad divina.

¿De qué historia hablo? Nada menos que de la primera venida de Cristo. Sería prudente extraer algunas verdades fundamentales de este evento monumental que ocurrió hace poco más de dos mil años, aproximadamente entre el segundo siglo y el primero a. C. Es asombroso pensar que el Creador de todo el universo, tanto de los mundos visibles como invisibles, optó por asumir un cuerpo humano y nacer en un establo cerca de Belén, en vez de un palacio o un hogar cómodo.

Al igual que su pronta segunda venida, su primera llegada fue un evento anunciado con tal anticipación que también generó controversia. Muchos, incluidos los líderes religiosos, esperaban al Mesías de manera muy diferente a lo que realmente ocurrió. Imaginaban a un monarca conquistador que liberaría a Israel del dominio romano y establecería la edad de oro de su reino. Para complicar aún más las cosas, contaban con las Escrituras que respaldaban sus creencias. Todos conocían bien los escritos del libro de Isaías (9:6-7), que afirmaban que un niño nacería, un Hijo sería dado, y sobre sus hombros reposaría el gobierno, y su reino no tendría fin. Esta era solo una de las muchas promesas proféticas que moldeaban la visión de ellos.

En aquellos días, no muy distintos de la iglesia de hoy, existían facciones religiosas en Israel: fariseos, saduceos, esenios y escribas, por nombrar algunas. Poco sabíamos de los esenios hasta el descubrimiento de los rollos del mar Muerto. Debemos estar agradecidos porque custodiaron esos escritos antiguos. Se trataba de un grupo de seguidores devotos que ocultaron los textos sagrados en las cuevas de Qumrán.

Por desdicha, muchos líderes se opusieron al Creador cuando se presentó en la tierra como un humilde siervo. Aunque profesaban lealtad a Dios todopoderoso y a los escritos de la Ley y los Profetas, sus corazones eran orgullosos, corruptos e intransigentes, lo que les impedía reconocer a aquel Rey humilde.

Al mismo tiempo, hubo quienes sí anticiparon el momento y lugar de su llegada. En pocas palabras, lo reconocieron. ¿Cómo lo supieron mientras que la mayoría fue incapaz de hacerlo? La respuesta radica en su sensibilidad al Espíritu de Dios y la atención que prestaban a las Escrituras del Antiguo Testamento, sobre todo a los profetas. Su hambre de Dios creó en ellos cierto conocimiento de los tiempos. ¿Qué ventaja les daba eso? Que sabían qué hacer, ya fuera esperar, hablar o actuar de manera específica.

Consideremos solo algunos ejemplos.

Cuando el rey Herodes les preguntó a los líderes religiosos dónde iba a nacer el Mesías, ellos podrían haberle dicho exactamente en qué ciudad. Pero, ¿cómo sabían eso? Lo sabían porque tenían conocimiento de las palabras del profeta Miqueas, las que indicaban que nacería en Belén (Miqueas 5:2), lo cual les habría permitido responder con certeza. Podemos suponer con certeza que esos líderes consultados por Herodes no eran corruptos, como aquellos que más tarde se opondrían a Jesús. Lo más probable es que fueran miembros de los esenios, un grupo más parecido al hombre del que estamos a punto de hablar.

Cuando Jesús era un bebé, fue llevado al templo para su dedicación. Si deseamos apreciar la maravilla de lo que sucedió ese día, necesitamos contextualizar el hecho correctamente. Una joven pareja, proveniente de otra ciudad, sin relevancia pública ni características que los hicieran destacar, entró al templo con su bebé de cuarenta días. Muchos otros padres jóvenes hacían lo mismo habitualmente, por lo que nada parecía fuera de lo común.

El área del templo no era un lugar silencioso, como lo sería una catedral en nuestro tiempo. Había varios edificios en el complejo, llenos de personas y actividad constante. Sin embargo, entre todas esas personas destacaba

Simeón, que se acercó de manera repentina y decidida a la joven pareja desconocida. Tomó al bebé en sus brazos y proclamó: "¡El Mesías!".

¡Jesús era un infante! Aún no había realizado milagros ni había predicado un solo sermón, no tenía seguidores, solo tenía a sus dos jóvenes padres. Por tanto, ¿qué motivó a este hombre? ¿Cómo reconoció a Dios manifestado en carne en un bebé de apenas un mes? Aquí hallamos la clave para comprender los acontecimientos proféticos, un detalle que a menudo pasa inadvertido. Simeón era…

> *justo* y *devoto*, y *aguardaba con esperanza* la consolación de Israel. El Espíritu Santo estaba con él.
>
> LUCAS 2:25

Tres características de este hombre sobresalen, las que nos revelan la respuesta. Primero, era *justo*. La palabra griega es *díkaios*, que se define como "el que se conforma en sus acciones a su carácter inherentemente justo".[2] En pocas palabras, el que posee esta cualidad no solo profesa lealtad al Señor, sino que vive de acuerdo a ello. En esencia, Simeón se esforzaba por vivir la santidad. Santificaba al Señor en su corazón y vivía de una manera que lo honraba como Supremo.

La segunda característica es que era *devoto*, cuya raíz griega es la palabra *eulabḗs*, que significa "el que toma en serio las promesas y la Palabra de Dios".[3] Simeón no evitaba ni despreciaba las palabras proféticas de Dios, sino que las leía, escuchaba, meditaba y, lo más importante, oraba con ellas. No asumió una actitud que expresara algo como "*Cuando venga el Mesías, Él se encargará. ¿Por qué debo prestarle atención a eso?*".

Este término griego, *eulabḗs*, se refiere "a la reverencia a Dios".[4] Describe al que vive con un santo y reverente temor de Dios. Simeón mantenía firmemente esta virtud, la cual le otorgaba el discernimiento del que otros carecían (ver Proverbios 8:13-14).

La tercera característica notable de Simeón surge de las dos anteriores. El que toma en serio la Palabra de Dios, persigue la santidad y posee un santo temor, *espera con ansias* —con todo el corazón— la llegada del Mesías, especialmente en la temporada de su venida.

Examinemos más a fondo el carácter de Simeón. Él abrazaba el saludable temor de Dios, que era una fuente de instrucción, conocimiento y sabiduría en su vida. Como nos dice el salmo 111:10 (RVR1960): "El principio de la sabiduría es el temor de Jehová; buen entendimiento tienen todos los que practican sus mandamientos". Temer a Dios no significa tenerle miedo; más bien, es temor a estar lejos de Él. Vivimos asombrados ante Dios y lo estimamos por encima de todo y de todos. Amamos lo que Él ama y odiamos lo que Él odia. Lo que es importante para Él se vuelve importante para nosotros; lo que no lo es, pierde relevancia. Cuando un hombre o una mujer realmente temen a Dios, perseguirán la santidad y la verdadera humildad; lo que se convierte en su pasión. Como lo expresa el salmista:

> Él dirige en la justicia a los humildes, y les enseña su camino … ¿Quién es el hombre que teme al Señor? Será instruido en el mejor de los caminos … les da a conocer su pacto.
>
> Salmos 25:9, 12, 14

Vemos que la virtud del santo temor nos dirige a una conciencia más profunda de lo que Dios está obrando; es el punto de partida y, a la vez, el cauce continuo, de la instrucción de la sabiduría (ver Proverbios 14:27; 15:33). La sabiduría —que incluye instrucción, discernimiento, conocimiento y entendimiento— es esencial para comprender la profecía. Sin ella, interpretamos erróneamente los mensajes, por lo que tomamos decisiones desacertadas, muy parecidas a las descritas en el capítulo anterior. Esta virtud es tan prioritaria en la vida que el santo temor es denominado tesoro de Dios (ver Isaías 33:6) y deleite de Jesús (ver Isaías 11:3). Se han escrito volúmenes sobre esta virtud esencial y, tras escribir el libro *Grandioso*, descubrí cuánto anhelan las personas experimentarla de primera mano. Recomiendo ampliamente ese libro como complemento a este mensaje.

A medida que avancemos en esta exposición, se hará cada vez más evidente que quienes buscan el temor del Señor, la verdadera humildad y la santidad desarrollan una firme pasión por la Palabra de Dios, incluida la profecía. Estas características fundamentales, observadas en aquellos que conocieron los detalles de su primera venida, también son válidas para los que son sensibles a su regreso. Esto debe ser la base de cualquier enseñanza, sobre todo la escatología. Si no perseguimos estas virtudes, nos volveremos dogmáticos con nuestro conocimiento al punto que, poco a poco, nos desviaremos del camino correcto. Pasaremos por alto los misterios ocultos y los matices de la Palabra profética de Dios que solo el Espíritu Santo puede revelarnos.

Al seguir con Simeón, leemos:

> Ahora bien, en Jerusalén había un hombre llamado Simeón, que era justo y devoto, y aguardaba con esperanza la consolación de Israel. El Espíritu Santo estaba con él y le había revelado que no moriría sin antes ver al Cristo del Señor. Movido por el Espíritu, fue al Templo. Cuando al niño Jesús lo llevaron sus padres para cumplir con la costumbre establecida por la Ley, Simeón lo tomó en sus brazos y bendijo a Dios: "Según tu palabra, Soberano Señor, ya puedes despedir a tu siervo en paz. Porque han visto mis ojos tu salvación, que has preparado a la vista de todos los pueblos: luz que ilumina a las naciones y gloria de tu pueblo Israel". El padre y la madre del niño se quedaron maravillados por lo que se decía de él.
>
> LUCAS 2:25-33

Tras analizar este acontecimiento tan notable en profundidad, es más fácil comprender lo que asombró a los padres de Jesús. ¿Cómo pudo ese desconocido conocer lo que María guardaba para sí y meditaba en su corazón? ¡Solo Dios podía revelarle a alguien semejante conocimiento y discernimiento!

Sin embargo, esa no sería la única sorpresa del día para la joven pareja, porque antes de irse del templo, una mujer llamada Ana se les acercó y dio gracias al Señor: "Hablaba del niño a todos los que esperaban la redención en Jerusalén" (Lucas 2:38 RVR1960). Observa que no habló con todos en el templo, sino con aquellos que, como Simeón y ella misma, aguardaban con fervor la llegada del Mesías.

Existen otros casos que podemos mencionar, por lo que te animo a buscarlos en las Escrituras. También hablaré más sobre otro grupo de hombres y mujeres consagrados que conocían el tiempo y lugar de su venida en un capítulo posterior: los esenios.

Simeón, Ana y los informantes de Herodes eran semejantes a otro grupo de buscadores de otra generación:

> "Los hijos de Isacar, que tenían entendimiento de los tiempos, para saber lo que Israel debía hacer.
>
> 1 CRÓNICAS 12:32

Por supuesto, los hijos de Isacar vivieron siglos antes de que Jesús apareciera. Sin embargo, se aplica un principio similar: los que comprenden los tiempos son los que saben qué hacer, ya sea vigilar, esperar, hablar o ejecutar una acción requerida. No una sino dos veces encontramos una promesa extraordinaria en el libro apocalíptico de Juan. En el capítulo anterior mencioné la primera ocurrencia, al inicio de Apocalipsis; sin embargo, la misma promesa aparece hacia el final del libro:

> "¡Miren que vengo pronto! Dichoso el que cumple las palabras del mensaje profético de este libro".
>
> APOCALIPSIS 22:7

Esas palabras no fueron pronunciadas por el apóstol Juan ni por un ángel, Jesús las dijo directamente. Fíjate en la expresión que dice "el que *cumple* las palabras del mensaje profético". Muchas de las palabras proféticas de la Biblia demandan una respuesta activa y obediente por parte del creyente. El comportamiento de los hijos de Isacar se alineó con el mandato de Jesús; no solo eran *sensibles*, eran *obedientes* a la sabiduría de Dios según la temporada en que vivían. En esencia, *sabían qué hacer*. Simeón, Ana, los informantes de Herodes y otros que escuchaban con ansias las palabras proféticas estaban entre los que alineaban sus creencias y acciones con la sabiduría de Dios.

Los hombres y mujeres que temían a Dios, que tomaban en serio su Palabra y que trataban de vivir con rectitud fueron los que anticiparon la primera venida de Jesús. Y ¡acertaron; no se dejaron engañar; sabían qué hacer! Por otro lado, los fariseos, los saduceos y los escribas, expertos todos en el Antiguo Testamento, fueron otra historia. Su formación en el judaísmo requería que memorizaran los primeros cinco libros de la Biblia. ¡Piensa en eso, desde Génesis hasta Deuteronomio! Hoy, pocos se memorizan los cuatro evangelios, que son más cortos. Esos líderes espirituales eran diligentes con sus estudios y sus ministerios, sin embargo, no reconocieron al Mesías treinta años después cuando Él sanaba enfermos, resucitaba muertos y expulsaba demonios ante sus propios ojos. No solo no lo identificaron, sino que lo acusaron de estar endemoniado, de ser un borracho y un amigo de pecadores. Aunque conocían las Escrituras —y supuestamente las entendían muy bien—, vivían completamente ajenos a su discernimiento profético.

En virtud de ello, recordemos la advertencia de Pedro en el capítulo anterior, que decía "ante todo" (ver 2 Pedro 3:3). En vista de todo lo ocurrido, ¿podría ser que el fuerte énfasis de lo dicho por el apóstol buscara evitar que caigamos en la trampa que nos impulsa a tomar a la ligera aquello que debe ser considerado en serio?

En ese caso, al iniciar nuestro estudio de las Escrituras proféticas, los animo a adoptar un corazón como el de aquellos que tienen hambre y buscan la verdad con humildad. Por tanto, optemos por escuchar lo que la Palabra de Dios declara, en lugar de interpretar basados en nuestros propios puntos de vista. Confiemos plenamente en las palabras de Jesús: que el Espíritu Santo "los guiará a toda la verdad, porque no hablará por su propia cuenta, sino que dirá solo lo que oiga y les anunciará las cosas por venir" (Juan 16:13). Si hacemos eso, estaremos posicionados para decir y actuar de manera que nos mantenga alineados con la voluntad de Dios en estos últimos tiempos.

En este libro abordaremos lo que está por venir, pero aún más importante, estudiaremos cómo estar preparados y listos para su inminente regreso. Este es el aspecto más crucial por conocer de las Escrituras proféticas. Ciertamente no queremos ser conocedores pero insensatos, como las cinco vírgenes necias que quedaron fuera cuando llegó el novio (ver Mateo 25:1-13). Esa es una parábola muy reveladora y sobria que nos indica que estemos listos para la venida de Jesús.

La buena noticia es que, a causa del profundo amor de Dios por nosotros, Él ha provisto un camino claro que nos mantendrá preparados y listos para la llegada de nuestro Rey. He orado diligentemente para que nuestro querido Maestro, el Espíritu Santo, nos guíe en nuestra búsqueda no solo en cuanto a descubrir la verdad, sino a permanecer fieles a nuestro Rey, que viene pronto.

PASAJE. "...aguardaba con esperanza la consolación de Israel [es decir, la venida del Mesías]" (Lucas 2:25).

PUNTO. Es importante acercarse a las Escrituras proféticas con una actitud de humildad, buscando una vida piadosa y permaneciendo en el temor reverente del Señor. Esto otorga la sabiduría para comprender la profecía.

PONDERA. ¿Por qué los fariseos y muchos otros líderes espirituales no reconocieron la primera venida de Jesús? ¿Fue suficiente su conocimiento de las Escrituras, ayunar dos veces por semana, dar el diezmo incluso de las hierbas de su jardín y asistir fielmente a la sinagoga? Si no lo fue, ¿por qué? ¿Me parezco más a Simeón o a los fariseos? ¿Qué debo cambiar en mi comportamiento para seguir el ejemplo de Simeón? ¿Cómo puedo vivir con una mayor conciencia de su venida?

PIDE. Querido Padre, te pido que me perdones por no haber desarrollado un anhelo por el regreso de mi Señor Jesucristo. Ayúdame a buscar una vida piadosa. Ayúdame a buscar la santidad y a estudiar las Escrituras de manera habitual. Decido que el santo temor de Dios sea mi tesoro y la base de mi caminar con Jesús. Con ello tendré un gran respeto por las palabras proféticas de Dios. En el nombre de Jesús te lo pido, amén.

PROFESA. Estoy decidido a buscar una vida piadosa y el santo temor de Dios, y a desarrollar un deseo ferviente por la venida de mi Señor Jesucristo.

HAY UN MOMENTO OPORTUNO PARA HACER LAS COSAS, UN MOMENTO ADECUADO PARA TODO EN LA TIERRA.

ECLESIASTÉS 3:1 BEM

CAPÍTULO 3

LOS TIEMPOS Y LAS ÉPOCAS

Imagínate que eres un cineasta que se aventura a llevar a la pantalla la historia *El león, la bruja y el armario,* de la famosa saga Las crónicas de Narnia. Has decidido filmar las escenas de la era invernal en Nueva Zelanda y, por otro lado, los episodios primaverales en la exuberante tierra de Irlanda. Determinas que ambos lugares poseen un ambiente majestuoso y surrealista que representa muy bien la descripción de Narnia que hizo C. S. Lewis.

Tu ayudante reserva los pasajes aéreos y el alojamiento para todos los actores, directores, camarógrafos y el resto del personal necesario para viajar a Nueva Zelanda en enero y capturar el invierno durante los siguientes meses. Llegado el momento, todos viajarán a Irlanda —a principios de mayo— para filmar el follaje fresco y las flores que brotan en primavera.

Pero, ¿qué sucede? Te sorprendes cuando todo tu equipo aterriza en Nueva Zelanda y descubre que… ¡es verano! No tuviste en cuenta que las estaciones debajo del ecuador son completamente opuestas a las del hemisferio norte. Desconocías la estación, así que hiciste lo incorrecto.

En el ámbito espiritual también existen tiempos y épocas, los cuales Dios determina. El rey David escribe: "En tu mano están mis tiempos" (Salmos 31:15 RVR1960). Dios sostiene nuestros tiempos señalados, pero me imagino que la mayoría de nosotros enfrentamos momentos que quisiéramos que estuvieran en nuestras manos, sin embargo, este es un pensamiento insensato. Daniel aporta una perspectiva adicional al escribir: "Él cambia los tiempos y las épocas" (Daniel 2:21). Nuestro Creador no solo los determina, sino que también tiene poder para cambiarlos.

Dios puede decidir ocultar tiempos o épocas señaladas aunque, en ciertas situaciones, desea que las conozcamos. Justo antes de ascender al cielo, Jesús les dijo a sus discípulos: "No os toca a vosotros saber los tiempos o las sazones, que el Padre puso en su sola potestad" (Hechos 1:7 RVR1960). Sin embargo, por otro lado, Dios habló por medio del profeta Jeremías, diciendo:

> "Cuando a Babilonia se le hayan cumplido los setenta años, yo los visitaré y haré honor a mi promesa en favor de ustedes; los haré volver a este lugar".
>
> JEREMÍAS 29:10

No hay contradicción alguna; más bien, hay tiempos determinados en los que se concede discernimiento mientras que otros permanecen reservados en secreto. Nuestra responsabilidad es buscar a Dios. Si Él decide revelar el tiempo o la estación, puede hacerlo de forma general o específica. En cualquier caso, una cosa es segura: nuestro cineasta debería haber estado consciente de los sonidos naturales del mar. Por el contrario, los tiempos y las épocas espirituales no son obvios para la lógica humana; ya que, para comprenderlos, debemos buscar a Dios.

Permíteme ilustrar aún más la importancia de conocer las estaciones. Si es enero en Edmonton, Alberta, y trabajas en el mantenimiento de un parque al aire libre, ¿cómo te vistes para tu jornada laboral? Si te pones pantalones cortos, una camiseta y sandalias para ir a trabajar, te encontrarás con una gran adversidad: la temperatura de diez grados bajo cero que enfrentarás a la intemperie. Lo sentirás terriblemente y podrías sufrir consecuencias durante algunos días o, incluso, a largo plazo. Es probable que esa vestimenta te haya quedado bien en julio, pero actuaste de manera desfasada de la estación actual. No hay nada que puedas hacer para cambiar la estación del invierno; está firmemente establecida. Por ello, la persona sabia actúa de forma que coopera con la estación del momento, en vez de luchar contra ella.

¿Y qué podemos decir de los tiempos señalados? Existen en la esfera espiritual y se asemejan a los tiempos señalados que experimentamos en el plano natural. Imagina que te invitan a cenar con el presidente de tu país el jueves 7 de octubre a las 6 p. m., pero llegas el jueves 14. ¿O qué pasaría si esperaras hasta las 5:30 p. m. del día correcto y simplemente te pusieras unos pantalones deportivos y una camiseta? Hora correcta, pero preparación incorrecta. Eso habría estado bien para la hora señalada de un partido de fútbol profesional con tus amigos, pero esa cita era para un evento diferente, y cometiste la tontería de descuidar la preparación.

Es importante comprender los tiempos y las épocas. Quizás por eso es que un tercio de las Escrituras es profético. Dios tiene mucho que decir para que podamos prepararnos, estar listos y actuar en sintonía con el tiempo o la época. Jesús reprendió a los líderes espirituales al decirles: "¡Hipócritas! Ustedes saben interpretar la apariencia de la tierra y del cielo. ¿Cómo es que no saben interpretar el tiempo actual?" (Lucas 12:56).

Como creyentes, nos metemos en problemas cuando gritamos lo que Dios susurra y susurramos lo que Él grita. Les daré un ejemplo. Jesús, en más de una ocasión, reprendió a los fariseos por equivocarse en ambos aspectos. Esos líderes eran muy estrictos con el pago de los diezmos e incluso pagaban diezmaban de las hierbas de sus huertos, pero descuidaban los "asuntos más importantes" de la Palabra de Dios, como la justicia, la misericordia y la fe (ver Mateo 23:23). Así que, claramente, hay asuntos más importantes en las Escrituras. Jesús reconoció que era correcto pagar el diezmo de las especias de sus huertos. La obediencia a cualquier mandato no debe descuidarse, pero hay niveles de importancia, y la justicia, la fe y la misericordia son asuntos más relevantes.

Cuando busqué las palabras *justicia*, *misericordia* y *fe* en las Escrituras, encontré 856 versículos que abordaban cada una de ellas. Sin embargo, una búsqueda acerca del diezmo arrojó cuarenta y una menciones. Podemos ver que Dios destacó una cosa y no la otra. ¿Por qué el segundo tema más discutido en la Biblia sería la segunda venida? Permíteme enfatizarlo de nuevo: eso no es para volvernos perezosos ni para entrenarnos con conocimiento para discutir con otros; más bien, pretende mostrarnos la importancia del momento y la época de su segunda venida y, por lo tanto, ¡qué hacer al respecto!, es decir, que estemos preparados para ese acontecimiento.

A fin de profundizar más, analicemos otra vez la primera venida de Jesús para descubrir más verdades clave que nos ayuden con respecto a su segunda venida. Hubo consecuencias importantes por no reconocer su primera visita.

Al acercarse a Jerusalén la semana de su crucifixión, Jesús lloró y alzó la voz diciendo:

> —¡Cómo quisiera que hoy supieras lo que te puede traer paz! Pero eso ahora está oculto a tus ojos. Te sobrevendrán días en que tus enemigos levantarán un muro, te rodearán y te encerrarán por todos lados. Te derribarán a ti y a tus hijos dentro de tus murallas. No dejarán piedra sobre piedra, porque no reconociste el tiempo en que Dios vino a salvarte.
>
> LUCAS 19:42-44

Jerusalén fue llamada a rendir cuentas por no haber reconocido el tiempo de su visitación, por lo que Jesús reveló las terribles consecuencias que le sobrevendrían. En efecto, cuatro décadas después, en el año 70 d. C., el general Tito y los ejércitos romanos sitiaron Jerusalén durante cuatro meses. El suceso fue horrible, en primer lugar por la hambruna causada por el asedio, y luego por el baño de sangre causado por la matanza. Una vez que se abrió una brecha en la muralla, algunos judíos escondieron sus pequeños objetos de valor, especialmente las monedas de oro, tragándoselas. Cuando los soldados romanos lo descubrieron, el ejército se desató destripando a los habitantes de Jerusalén. Finalmente, tanto el templo como la ciudad fueron destruidos. El ejército derribó cada piedra en busca de más oro que pudiera haber estado oculto dentro de las murallas. Los historiadores estiman que el número de muertos oscila entre 600.000 y más de 1.000.000.[1]

Más tarde, en el año 132 de nuestra era, los romanos desolaron oficialmente el país de Israel, y la Tierra Santa permaneció bajo el control de las naciones gentiles hasta 1948 —en cuanto a la nación de Israel— y 1967 para la ciudad de Jerusalén. Esto también fue cumplimiento de las palabras de Jesús:

> "¡Ay de las que estén embarazadas o amamantando en aquellos días! Porque habrá gran aflicción en la tierra y castigo contra este pueblo. Caerán a filo de espada y los llevarán cautivos a todas las naciones.

> Los que no son judíos pisotearán a Jerusalén, hasta que se cumplan los tiempos señalados para ellos".
>
> LUCAS 21:23-24

¿Por qué sufrió el pueblo judío unas consecuencias tan terribles? Jesús dice que se debió a que desconocían el momento de su visitación. Pero debemos preguntarnos, ¿cómo se suponía que lo supieran? Si nos remontamos a varios siglos atrás, al año 586 a. C.,[2] veremos otro acontecimiento terrible que azotó al pueblo judío y a la ciudad de Jerusalén. Fueron saqueados por los ejércitos de Nabucodonosor, rey de Babilonia; la mayoría de los habitantes fueron asesinados, pero un remanente fue llevado cautivo a su patria. Uno de los sometidos fue un joven sabio llamado Daniel.

Tras varios años de cautiverio y la administración de algunos gobernantes más tarde, Darío el Medo (Babilonia fue conquistada por los medos y los persas) lideraba el imperio que dominaba el mundo. Durante el reinado de Darío, Daniel leía la Palabra de Dios revelada al profeta Jeremías, dada antes del cautiverio judío. Daniel, al leer Jeremías (25:11 y 29:10), descubrió que el cautiverio de Israel duraría setenta años. Consciente de que se acercaba el fin de ese tiempo señalado, comenzó a buscar al Señor mediante el ayuno y la oración. Así que clamó durante veintiún días y, de repente, el ángel Gabriel apareció y le habló de una valiosa perspectiva sobre los tiempos y los acontecimientos. El arcángel anunció:

> "Entiende bien lo siguiente: Habrá siete semanas desde la promulgación del decreto que ordena la reconstrucción de Jerusalén hasta la llegada del Príncipe Ungido. Luego habrá sesenta y dos semanas más. Entonces será reconstruida Jerusalén, con sus calles y trincheras, pero en tiempos difíciles. Después de las sesenta y dos semanas se le quitará la vida al Ungido y se quedará sin nada. La ciudad y el santuario serán destruidos por el pueblo de un príncipe que vendrá. El fin vendrá como una inundación, la destrucción no cesará hasta que termine la guerra".
>
> DANIEL 9:25-26

Intentaré simplificar eso lo más que pueda. Se enumeran tres conjuntos de períodos de siete años:

Siete períodos de siete (7) años = 49 años
Sesenta y dos períodos de siete (7) años = 434 años
Un período de siete años (7) = 7 años
Total = 490 años

El primer período fue el tiempo que tomaría reconstruir Jerusalén tras el cautiverio babilónico y persa. El segundo sería cuánto tiempo más pasaría desde entonces hasta que el Ungido, el Mesías, fuera asesinado (un total de 483 años).

Según Gabriel, la muerte del Mesías parecía ser inútil. Eso explica por qué tantos seguidores de Jesús, incluyendo a los discípulos, estaban angustiados por su muerte (ver Lucas 24:13-21).

Gabriel continuó: "Se levantará un gobernante cuyos ejércitos destruirán la ciudad y el templo". Esto, por supuesto, se refiere al terrible acontecimiento que Jesús predijo: la destrucción de la Ciudad Santa por parte de Tito en el año 70 d. C. Hay más en la revelación a Daniel, pero lo analizaremos en un capítulo posterior. Por ahora, nos enfocaremos en el tiempo señalado de 483 años.

La gran pregunta es: ¿cuándo se dio la orden de reconstruir Jerusalén? Tras la muerte de Daniel, más de cien años después, un nuevo monarca gobernó el mundo. Este fue el rey persa Artajerjes Longímano. Nehemías, un judío, era copero de este rey. En el libro de Nehemías encontramos que en el mes de Nisán (marzo) del año veinte del reinado de Artajerjes, este gran rey dio la orden e instituyó un grupo de judíos, liderados por Nehemías, para regresar y reconstruir Jerusalén (ver Nehemías 2:1).

Pero, ¿qué fecha fue esa? Artajerjes comenzó su reinado en el 464 a. C. El año veinteavo de su reinado habría sido el año 444.[3] Algunas fuentes indican que la fecha exacta de ese decreto fue el 14 de marzo del 444 a. C. Ahora tenemos el punto de partida del decreto de Gabriel. Un cálculo matemático simple dicta que hay que sumar 483 años al 14 de marzo del 444 a. C., lo que determinará el momento de la crucifixión de Jesús. Ojalá fuera así de fácil.

Ten un poco más de paciencia. El cálculo es difícil debido a las diferencias entre nuestro calendario gregoriano y el antiguo calendario judío (que no debe confundirse con el calendario judío moderno). Nuestro calendario gregoriano consta de 365 días al año, mientras que el antiguo calendario judío consta de 360 días. Por ejemplo, en el libro de Apocalipsis vemos dos veces que un lapso de tres años y medio se identifica específicamente como 1260 días. Si fuera según nuestro calendario, serían 1278 días. Esa es una gran diferencia. Por lo tanto, 483 años en nuestro calendario (considerando los años bisiestos) son 176.416 días, pero según el antiguo calendario judío, son 173.880 días, una diferencia de 2536 días (¡casi una diferencia de siete años!).

Un padre de la iglesia llamado Julio Africano, que vivió en el siglo tercero, escribió un libro titulado *Sobre las semanas y esta profecía*. Solo quedan fragmentos de esa obra, pero en uno de ellos se explica cómo calcular el desplazamiento entre los dos calendarios. Para simplificarlo, hay que convertir los años a días de un calendario y luego ese número de días se convierte de nuevo a años correspondientes al otro. Eso es simplificado, ya que es un poco más complejo. Otro personaje, Sir Robert Anderson, abogado inglés y director de Scotland Yard, realizó el mismo trabajo varias centurias después, en el siglo diecinueve. Curiosamente, el trabajo perdido de Julius se descubrió en el siglo veinte, por lo que Anderson no tuvo acceso a él, aunque los hallazgos de ambos coincidieron.

Estos hombres, y otros mucho más inteligentes que yo, han determinado que si comenzamos en el 14 de marzo del 444 a. C. (la fecha en que Artajerjes dio la orden de reconstruir Jerusalén) y usamos la fórmula de conversión de un calendario a otro, ¡llegamos al 6 de abril del 32 d. C.![14] ¡Asombroso!

La cosa se pone aún más emocionante. Al analizar las secuencias del sol y la luna del año 32 d. C., descubrimos que coincidió con la semana de la Pascua, para ser exactos, el día en que Jesús llegó a Jerusalén montado en un burro. Esto cumplió la profecía de Zacarías:

> ¡Alégrate mucho, hija de Sión! ¡Grita de alegría, hija de Jerusalén! Mira, tu rey viene hacia ti, justo, victorioso y humilde. Viene montado en un burro, en un burrito, cría de asna.
>
> ZACARÍAS 9:9

Imaginemos este drama. Jesús llegó a Jerusalén montado en un burro, lloró sobre la ciudad y pronunció su condena. Sin embargo, se produjeron dos reacciones diferentes entre el pueblo judío. Un grupo extendió sus mantos en el camino delante de Él y alabó a Dios (ver Lucas 19:28-40), y el otro —aquellos que desconocían el momento de su visitación— se dedicó a decir "Crucifíquenlo", días después.

Los seguidores de Jesús sabían lo que Zacarías y Daniel habían profetizado; al resto de la ciudad no le importaba saber el momento de su visitación. Los que conocían la palabra profética de Dios sabían exactamente qué hacer porque estaban conscientes del tiempo y la época en que estaban viviendo.

Insisto, la historia nos muestra la importancia de conocer las escrituras proféticas. Estas les dieron, al pueblo, la visión de cómo comportarse conforme a la voluntad de Dios. ¿Qué importancia tiene esto para nosotros en el siglo veintiuno? Es relevante porque, bajo la guía del Espíritu de Dios, discernimos los tiempos y las épocas actuales señalados por la Biblia, lo que nos capacita para estar preparados y actuar en acuerdo con la voluntad de Dios. Sin duda, llegará el día en que recordaremos el pasado y evocaremos las grandes bendiciones que resultaron de nuestra obediencia, la cual requirió de los diversos tiempos y épocas.

PASAJE. Jesús fue a Galilea, donde predicó la buena nueva de Dios. "¡Por fin ha llegado el tiempo prometido por Dios!" (Marcos 1:14-15).

PUNTO. Hay tiempos y épocas señalados en el reino de Dios.

PONDERA. ¿Cómo puedo ser más sensible a la época en la que nos encontramos? ¿Qué me muestra Dios sobre el tiempo presente? ¿Cómo debería esto afectar mi comportamiento?

PIDE. Querido Padre celestial, reconozco que hay tiempos y épocas que deseas que conozca. Por favor, hazme sensible a los que estamos ahora y hacia dónde nos dirigimos. Te lo pido en el nombre de Jesús, amén.

PROFESA. No ignoraré la voluntad de Dios para la época en la que me encuentro, tanto en cuanto a mí como a la iglesia en general.

SI LAS PERSONAS NO PUEDEN VER

LO QUE DIOS ESTÁ HACIENDO,

SE TROPIEZAN CONSIGO MISMAS;

PERO CUANDO PONEN ATENCIÓN

A LO QUE ÉL REVELA, SON

BENDECIDAS AL MÁXIMO.

PROVERBIOS 29:18 BEM

CAPÍTULO 4

LA VISIÓN PROFÉTICA

Tengo un cuñado llamado Dale, es uno de esos tipos que puede hacer —prácticamente— cualquier cosa con sus manos. Le encantan los autos clásicos, conocidos en Estados Unidos como *muscle cars* o carros musculosos y soñaba con tener un Chevelle SS de 1966 perfecto, en este siglo veintiuno. Tras una búsqueda diligente, encontró uno en pésimas condiciones y oxidado, pero eso era todo lo que necesitaba. Lo desarmó hasta que dejó la carrocería en el puro chasis y comenzó a reconstruir el automóvil de sus sueños.

Cuando lo entrevisté, me sorprendió el tiempo, el esfuerzo y el dinero que invirtió en ese vehículo. Empleó tres años y más de mil horas de trabajo. Trabajó muchas noches hasta las 10 p. m. sin parar. Mi hermana, Laura, solía llevarle la cena al establo convertido en garaje para que pudiera continuar con el trabajo.

Fue un proyecto difícil. Primero tuvo que lijar la carrocería oxidada y repintarla; luego, tuvo que buscar los repuestos; y, finalmente, la tarea más tediosa: reconstruir todo el motor. A menudo conducía kilómetros y visitaba numerosas tiendas solo para encontrar una pieza. Había temporadas en que se retrasó por falta de dinero para comprar los repuestos más caros.

Le pregunté: "¿Hubo momentos en que te sentiste desanimado?".

Respondió: "¡Sí, muchos!".

Seguí interrogando. "¿Hubo momentos en que quisiste rendirte?".

Volvió a responder: "Sí".

Una de esas veces fue después que armó todo el motor, cuando descubrió que el sello trasero tenía una fuga. Se lamentó: "Tuve que pasar muchos días desarmando todo el motor para solucionar el problema". Sin embargo, continuó sin rendirse.

Era una búsqueda constante de pernos, tornillos y otras piezas pequeñas de otros autos Chevelle originales. La mayoría no estaban en buen estado pero, en lugar de simplemente insertarlos oxidados y sucios —como estaban— optó por lijarlos y pulirlos, aunque los ubicara en lugares poco visibles. Deseaba que cada aspecto del auto recuperara su gloria original.

Recuerdo con claridad el día que vi el producto terminado. Me impresionó su perfección. Pensé: *Podría comer en este auto, donde sea —encima de la carrocería o sobre el motor—; ambos estaban impecablemente limpios.* Era como si hubiera retrocedido cuarenta años y estuviera viendo un flamante Chevelle en la sala de exposición de un concesionario de autos nuevos.

¿Acaso hubo días que requirieron horas de investigación, tanto en línea como por teléfono, sin ningún progreso aparente? Sí. ¿Hubo citas que requirieron largos viajes para conseguir una pieza? ¡Sí! ¿Hubo momentos en que tuvo que sacrificar otras actividades para trabajar en el coche? Ineludiblemente, sí.

¿Qué impulsó su persistencia y qué le impidió rendirse? ¡Su visión! La visión que tenía se convirtió en una *fuerza impulsora positiva* que le impidió sucumbir a la pereza, perder el enfoque ni rendirse ante el desaliento.

Hay una fuerza impulsora que es saludable. Como exatleta —de tenis— que participó en la Copa Davis Junior, el Circuito USTA y comenzó en el equipo universitario de tenis de la Universidad de Purdue, conozco bien los límites saludables que acompañan a toda visión. Cuando cursaba la escuela secundaria, renunciaba a muchos placeres y actividades para practicar y entrenar con diligencia. Me abstenía de todo lo que me impidiera alcanzar mi sueño de jugar en un equipo de tenis de la primera división. De igual manera, Pablo escribe:

> Disciplino mi cuerpo como lo hace un atleta, lo entreno para que haga lo que debe hacer. De lo contrario, temo que, después de predicarles a otros, yo mismo quede *descalificado.*
>
> 1 Corintios 9:27 NTV

Los atletas profesionales, los artistas, los emprendedores y otros que sobresalen en su especialidad se mantienen firmes en su camino hacia la meta final. Son diligentes y no se distraen fácilmente. De manera similar, la visión profética celestial crea una fuerza restrictiva en nuestras vidas. Nos mantiene vigilantes y nos da un sentido de urgencia, protegiéndonos de la pereza y las distracciones. Y lo más importante, nos resguarda del desastroso final de ser *descalificados* eternamente.

Permíteme que profundice un poco más. El ritmo de este mundo es contrario al del reino de Dios. La Escritura lo denomina la "corriente de este mundo" y es impulsada por el príncipe de las tinieblas y sus legiones de guerreros (ver Efesios 2:2 RVR1960). Sus efectos se manifiestan en forma de distracciones, pereza, desánimo, seducciones... la lista es demasiado larga para completarla. En resumen, quiere que te alejes de los propósitos de Dios, que no estés en armonía con sus tiempos y épocas señalados. Esa corriente es fuerte y engañosa y, sin las restricciones que promueve la visión profética, puede desenfocarnos —fácilmente— del reino de Dios, antes de que nos demos cuenta de lo que ha sucedido. Veamos las palabras del apóstol Pablo:

> Nos enseña a rechazar la impiedad y las pasiones mundanas. Así podremos vivir en este mundo con dominio propio, justicia y devoción, *mientras aguardamos la bendita esperanza*, es decir, la gloriosa venida de nuestro gran Dios y Salvador Jesucristo.
>
> TITO 2:12-14

Fíjate en la expresión "mientras aguardamos la bendita esperanza" en relación con la segunda venida de Cristo. Recordemos que Simeón esperaba al Mesías con esperanza [y con ansias]. Vivir con la esperanza [o expectativa] de su regreso para establecer el reino crea una fuerza limitante que nos resguarda de una existencia sin Dios y de los placeres pecaminosos, conductas que endurecen nuestros corazones, lo cual —si no se aborda— puede llevarnos a la descalificación. ¿Nos da eso una perspectiva más profunda acerca de Simeón? ¿Sería la *esperanza* (o la expectativa ansiosa) de la primera venida de Jesús lo que impulsó el santo temor, la humildad y la vida piadosa de aquel hombre? ¡Creo que sí!

El apóstol Juan confirma esa verdad. Por eso escribe que nuestra *expectativa ansiosa* (esperanza) del regreso de Jesús crea una saludable fuerza restrictiva:

> Sabemos, sin embargo, que cuando Cristo venga seremos semejantes a él, porque lo veremos tal como él es. Todo el que tiene esta *esperanza* en Cristo se *purifica a sí mismo*, así como él es puro.
>
> 1 JUAN 3:2-3

Hay una *fuerza purificadora* conectada con la *expectativa ansiosa* del regreso de Jesús. ¡Es una fuerza limitante que nos protege de las embestidas y la contaminación de este mundo! Al evocar el pasado, he recordado esta verdad ejemplificada repetidamente en mis muchas décadas de ministerio.

En 2016 me pidieron que hablara en una conferencia celebrada en Brasil. Era una actividad a puerta cerrada; solo se les permitía la asistencia a pastores o líderes de una red de iglesias. Se celebró en la ciudad de Goiânia. Para mi sorpresa, entré en un espacio con más de doce mil líderes ansiosos. Eran vibrantes y apasionados; parecía que su energía haría estallar aquel lugar.

Al día siguiente, almorcé con los ocho pastores principales de la red.

—Caballeros, si anoche solo asistieron pastores y líderes, ¿cuántas personas hay en sus iglesias? —pregunté.

—Más de 300.000 personas —respondió uno de ellos.

Sorprendido, exclamé:

—¿En serio? ¿Cuándo empezó todo esto y quién fue el fundador?

Supuse varias cosas: que había comenzado más de cien años antes, que el fundador obtuvo su recompensa celestial décadas o incluso un siglo atrás. Pero, para mi asombro, su respuesta inmediata fue:

—Empezó hace dieciséis años con un hombre. Usted estuvo con él anoche, pero no pudo asistir a nuestro almuerzo de hoy por una cita previa.

Ojalá alguien me hubiera tomado una foto en ese momento. Sorprendido, dejé caer el tenedor, perdiendo el interés en la comida, y exclamé:

—¿Qué? Un momento, ¿me están diciendo que hace solo dieciséis años una persona fundó una iglesia que hoy cuenta con más de 300.000 miembros?

—Sí, exactamente —respondieron todos.

A lo que alegué con rapidez:

—¿Cómo se hace algo así en un país en desarrollo? (Creía saber la respuesta a mi pregunta: Sería la eficacia de sus pequeños grupos de discipulado).

Sin embargo, sin dudarlo, uno de los pastores respondió:

—Es porque enseñamos a nuestra gente acerca de la segunda venida de Cristo, su juicio sobre lo que hicimos con nuestras vidas, las recompensas eternas que nos esperan y cómo determinará eso nuestras posiciones de liderazgo en el milenio y por la eternidad.

Quedé atónito y sin palabras.

El pastor captó mi desconcierto, así que continuó:

—John, debido a mi capacidad para comunicarme eficazmente en inglés, me han pedido que ministre en numerosas conferencias cristianas en Estados Unidos. Por lo que he observado una realidad interesante en la mayoría de los creyentes estadounidenses: ven la vida con una perspectiva de setenta a ochenta años, mientras que nuestra gente la ve con una perspectiva eterna.

Su comentario me impactó profundamente. Reflexioné en eso y oré al respecto con detenimiento. Jesús dice que la luz de nuestro cuerpo es el ojo, que es nuestra perspectiva (ver Mateo 6:22-23), y la perspectiva dirige nuestras vidas. Veamos un ejemplo sencillo: si entraras a un exquisito restaurant, tipo bufé dominical, y vieras dos mesas llenas de una gran variedad de deliciosos postres, ¿qué harías? Si tuvieras una perspectiva de un día, comerías uno de cada variedad. Pero ¿y si miraras todos los mismos postres con una perspectiva de un año? Lo más probable es que comas uno o ninguno. ¿Por qué? Porque tu visión va más allá de ese día; no quieres un malestar estomacal mañana, cinco kilos de grasa en tu cuerpo la semana que viene y una salud complicada. Tu perspectiva promueve cierta moderación que beneficiará tu salud a largo plazo.

Cuando tenemos visión profética —una perspectiva eterna, en vez de una que abarque una existencia de setenta u ochenta años— tenemos una fuerza restrictiva que nos impide tomar decisiones que afecten nuestro estado eterno. Nuestras decisiones actuales han cambiado. Nuestro patrón para tomar decisiones es diferente, y el resultado son decisiones mejores y más sabias. Aguantamos cosas que no soportaríamos sin la perspectiva eterna. Estamos dispuestos a sufrir las dificultades, aflicciones y persecuciones que este mundo nos aplica antes que comprometer la obediencia y la piedad por los beneficios, los placeres o la aceptación a corto plazo. En esencia, ¡vivimos de manera diferente!

Por otro lado, en 2022, me enteré de una importante encuesta realizada por Barna que me rompió el corazón. Esta prestigiosa organización investigaba la salud de la iglesia estadounidense. Se seleccionó estratégicamente a más de noventa y cinco mil personas para dicha encuesta (la mayoría de esos estudios involucran de tres mil a cuatro mil personas; Barna buscaba una mayor precisión en sus hallazgos).

La empresa proporcionó los porcentajes en el informe que publicó. He convertido esos porcentajes a cifras reales para revelar sus impactantes hallazgos. Clasificaron a las personas en tres categorías:

1. **Cristianos practicantes.** Los que se identificaron como cristianos coincidieron firmemente en que la fe es muy importante en sus vidas y asistieron a la iglesia durante el último mes.
2. **Cristianos no practicantes.** Quienes se identificaron como cristianos y no se consideran practicantes.
3. **No cristianos.** Adultos estadounidenses que no se identificaron como cristianos.

Descubrieron que en el año 2000, aproximadamente 126 millones de estadounidenses se identificaron como "cristianos practicantes". Durante los siguientes veinte años, 33 millones pasaron a la categoría de "cristianos no practicantes", y otros 33 millones pasaron de "cristianos practicantes" a "no cristianos", muchos de los cuales ahora se declaran ateos y agnósticos. Detengámonos un momento a pensar en la magnitud de estas dos cifras.[1]

La mayoría diría que 33 millones se han alejado, debido a que solo se cuenta la tercera categoría. Esa cifra por sí sola es desgarradora. Sin embargo, consideremos con más detenimiento el grupo de los "cristianos no practicantes". Se puede argumentar que este grupo no se ajusta a la descripción de un seguidor de Cristo del Nuevo Testamento. Al no tener la fe como prioridad en su vida y haber descuidado la Palabra de Dios para reunirse con otros creyentes (ver Hebreos 10:25), es exagerado incluir la palabra "cristiano" en esta categoría. Parece que se apartaron de la fe al igual que el tercer grupo; lo que pasa es que, simplemente, no lo reconocen.

Eso significa, claramente, que 66 millones de personas se han apartado de la fe. La población de EE. UU. en 2021 era de 332 millones; 66 millones representan a uno de cada cinco estadounidenses. ¡Esto es un desastre! El apóstol Pablo lo predijo cuando escribió:

> No se dejen engañar de ninguna manera, porque primero tiene que llegar la rebelión contra Dios y manifestarse el hombre de maldad, el que está destinado a la destrucción.
>
> 2 TESALONICENSES 2:3

Esta señal revela dos cosas. Primero, muestra que estamos cerca del regreso de Cristo (lo que explicaré más adelante). Segundo, nos dice que apartarse de la fe es una realidad. En el cristianismo actual, muchos creen que es imposible apartarse de la fe. Sin embargo, Jesús advierte que una de las principales señales del fin de los tiempos será que "muchos... tropezarán y caerán" (Mateo 24:10).

Detengámonos y cuestionémonos: ¿Es este otro indicador de lo que sucede si descuidamos las escrituras proféticas? ¿Sabían los padres de la iglesia primitiva algo que nosotros desconocemos? ¿Es por eso que enfatizaron tanto este aspecto de nuestra fe? Se nos dice:

> Por eso, dejando a un lado las enseñanzas elementales acerca de Cristo, avancemos hacia la madurez. No volvamos a poner los fundamentos, tales como el arrepentimiento de las obras que conducen a la muerte, la fe en Dios, la enseñanza sobre bautismos, la imposición de manos, la resurrección de los muertos y el juicio eterno
>
> HEBREOS 6:1-2

Como veremos más adelante en este mensaje, la resurrección de entre los muertos está directamente relacionada con la segunda venida de Cristo. He destacado dos palabras importantes asociadas con su regreso.

Primero, *elemental.* ¿Qué aprendemos en la escuela elemental [llamada primaria en algunos lugares]? Aprendemos a leer, escribir, sumar y restar. ¿Te imaginas que forjes tu educación universitaria sin esos conocimientos? Sería muy difícil, si no imposible. Apliquemos esta ilustración a nuestra fe. ¿Cómo maduramos en nuestro caminar si no tenemos los elementos básicos? ¿Explica esto por qué tantos son fácilmente engañados?

La segunda palabra es *cimiento.* ¿Qué le ocurre a un edificio que no tiene cimientos? No importa si el viento no sopla ni si las tormentas no aparecen. En efecto, puede ser un edificio más grande y hermoso que una estructura más pequeña con cimientos sólidos. Pero si llega una tormenta lo suficientemente fuerte, se derrumba, mientras que el más pequeño se mantiene en pie. ¡Cuanto más grande sea el edificio, más fuerte caerá! ¿Cuántos de los que se han alejado de la fe fueron en algún momento muy francos y entusiastas con respecto a Jesús? ¿Carecían del fundamento (o cimiento), o les faltaban los elementos básicos necesarios para convertirse en verdaderos discípulos?

Tenemos resultados diferentes y sería prudente compararlos. En las dos primeras décadas del siglo veintiuno, tenemos una iglesia brasileña que crece a un ritmo exponencial junto a una iglesia estadounidense que pierde rápidamente su potencial, viendo cómo muchísimas personas se alejan de la fe. La iglesia brasileña enfatiza la escatología. ¿Hacen lo mismo nuestras congregaciones en la Unión Americana?

Reconozco que guardé silencio sobre estas importantes verdades durante años. Es más, ¡durante décadas! ¿Era esa la opción bíblica para formar discípulos a largo plazo? He cambiado de opinión; me he visto obligado, tanto en mi vida personal como ahora en el ministerio público, a hablar con franqueza sobre la Palabra profética de Dios.

PASAJE. "Cuando venga el Espíritu de la verdad, él los guiará a toda la verdad... les anunciará las cosas por venir" (Juan 16:13).

PUNTO. Las escrituras proféticas, cuando se abordan de manera apropiada con la ayuda del Espíritu Santo, crean una sana moderación en nuestro corazón y nuestra mente que nos mantiene alineados con lo eterno. Es imperativo obedecerlas.

PONDERA. ¿Me ha impedido la falta de claridad buscar la sabiduría de las escrituras proféticas? ¿Me he sentido intimidado por su incertidumbre? ¿Cómo puedo cambiar eso? ¿No sería sabio pedir y confiar en el Espíritu Santo para que me dé entendimiento en cuanto a estas verdades?

PIDE. Padre celestial, Jesús prometió que el Espíritu Santo me guiará a toda la verdad y me revelará las cosas acerca del futuro. Te pido que, al continuar buscando, estudiando y meditando en las escrituras proféticas, tu Espíritu me guíe a la verdad y me muestre qué hacer. Te lo pido en el nombre de Jesús, amén.

PROFESA. Estoy agradecido de poder saber la verdad sobre el futuro porque tengo el Espíritu de Dios como mi Maestro.

DIOS SABÍA LO QUE HACÍA DESDE EL PRINCIPIO CUANDO DECIDIÓ MOLDEAR LA VIDA DE LOS QUE LO AMAN AL IGUAL QUE LA DE SU HIJO. EL HIJO ES EL PRIMERO EN LA LÍNEA DE LA HUMANIDAD QUE RESTAURÓ; EN ÉL VEMOS LA FORMA ORIGINAL E INTENCIONADA DE NUESTRAS VIDAS. DESPUÉS DE DECIDIR CÓMO DEBÍAN SER SUS HIJOS, LLAMÓ A LAS PERSONAS POR SU NOMBRE. LUEGO, LOS ESTABLECIÓ SOBRE UNA BASE SÓLIDA CONSIGO MISMO; Y, DESPUÉS DE ESO, PERMANECIÓ CON ELLOS HASTA EL FINAL Y COMPLETÓ DE MODO GLORIOSO LO QUE HABÍA COMENZADO.

ROMANOS 8:29-30 BEM

CAPÍTULO 5

EL PLAN MAESTRO DIVINO

Ahora que tenemos un entendimiento básico de los tiempos, las épocas y la visión profética, poseemos el lenguaje necesario para abordar la segunda venida de Jesucristo. Sin embargo, para comprender plenamente lo que nos espera, primero debemos dar un paso atrás y observar la visión profética general: el plan maestro divino para la humanidad.

A fin de ilustrar su relevancia, volvamos a la historia del Chevelle 1966 de mi cuñado. Los automóviles actuales ya no usan carburadores; fueron reemplazados en la década de 1990 por sistemas de inyección de combustible. Supongamos que no tienes ni idea de que Dale está reconstruyendo un auto de cuarenta años. Tu única observación se limita al tedioso y lento proceso de ensamblar un carburador, que incluye lijar y pulir cada pieza, incluso los pernos y las tuercas que lo sujetan. Te preguntarías: ¿por qué todo ese trabajo duro es inútil? ¿De qué sirve? Dale, en cambio, ve un Chevelle 66 reluciente y funcionando a la perfección. Si te asignaran reconstruir el carburador, no sentirías motivación para soportar la ardua tarea, mientras que él continuaría con entusiasmo hasta completarla. La única diferencia es que él ve el proyecto completo —el plan maestro— mientras que tú solo ves un aspecto.

Lo mismo ocurre con la segunda venida. Si vemos el regreso de Jesús desde la perspectiva de un solo acontecimiento, no a través del glorioso plan maestro de Dios, careceremos de la expectativa entusiasta que nos permite ser diligentes en nuestra obediencia hasta el final. Somos vulnerables: presa fácil de la distracción, el desánimo o el engaño.

Dios trazó este plan maestro para su reino antes del principio de los tiempos. Hay numerosos pasajes de las Escrituras[1] que confirman esta verdad, uno de ellos es Isaías 46:9-10:

> Yo soy Dios y no hay ningún otro, yo soy Dios y no hay nadie igual a mí. Yo anuncio el fin desde el principio; desde los tiempos antiguos, lo que está por venir. Yo digo: Mi propósito se cumplirá, y *haré todo lo que deseo.*

El Señor Dios es el único en el universo que no fue creado. Él existe desde la eternidad pasada. A modo de aclaración, esta verdad es imposible de entender mentalmente, así que no te metas en eso; nuestro cerebro tiene una capacidad de comprensión finita. La buena noticia es que podemos captar esta realidad en nuestro corazón, porque Dios puso allí la eternidad (ver Eclesiastés 3:11).

Hay muchas características que hacen a Dios santo, apartado de toda la creación. Una es que no hay otro ser que pueda predecir y controlar el futuro; solo Él puede hacerlo. Dios declara, a través del profeta Isaías, lo siguiente: "Por eso te declaré esas cosas desde hace tiempo; te las di a conocer antes que sucedieran, para que no dijeras: '¡Fue mi ídolo quien las hizo! ¡Mi imagen tallada o fundida las dispuso!'" (Isaías 48:5). Esta declaración distingue su capacidad de todas las demás. Es más, Él nos lanza el audaz reto: "anuncien lo que ha de suceder ... Digan qué nos depara el futuro; así sabremos que ustedes son dioses" (Isaías 41:22-23). ¿Han existido algunos individuos que hayan predicho con precisión algunos eventos futuros por casualidad? Por supuesto. ¿Han existido espíritus familiares que hayan escuchado cosas del trono de Dios, lo cual Él permitió y —posteriormente— hayan revelado este conocimiento a algunos humanos? Sí, insisto. Sin embargo, Él es el único que realmente predice y controla el futuro.

Nuestro Dios todopoderoso tiene un plan maestro que formuló antes del inicio de los tiempos, acerca de lo cual declara: "Cumpliré todo lo que quiero". Esto explica por qué se hace referencia a Jesús como "el Cordero que fue sacrificado desde la creación del mundo" (Apocalipsis 13:8). Esta reveladora declaración nos dice que Dios sabía, antes de crear nuestro mundo visible, que la humanidad se equivocaría y que necesitaría un Redentor.

Pero ¡espera!

Si Dios sabía que la humanidad necesitaría un Redentor antes de crearla y, aún más importante, conocía el dolor y el sufrimiento que ello implicaría, tanto para Él como para nosotros, ¿por qué tomarse esa molestia? ¿Por qué no idear un plan completamente diferente? Esta pregunta nos lleva a internarnos más, a profundizar en la esencia de su plan maestro.

Todo surgió de un fuerte deseo, en el corazón de Dios, de tener una familia; para ser más específicos, una que heredara todo lo que Él tiene, que compartiera su gloria y gobernara con Él por la eternidad. Este es su deseo, su voluntad y su propósito, uno del que no se retractará, ni podrá ser alterado jamás por nadie, ya sea un individuo o un gran número de enemigos.

La magnitud de esta afirmación es insondable y asombrosa, por lo que una pausa para profundizar en ella sería muy beneficiosa. Permíteme que lo ilustre. Imaginemos que haya un gobernante global: un rey que es el más rico, sabio y noble del mundo, alguien insuperable. Este monarca viaja a uno de los territorios de su reino y, durante la visita, decide recorrer una de las comunidades más empobrecidas, un barrio marginal. En el proceso, contempla a un joven (o una joven) completamente pobre e indefenso, lo que lo conmueve con empatía y compasión. De repente, para sorpresa de sus ayudantes y soldados, decide acoger a ese joven indigente y sin hogar en su familia, no solo para adoptarlo, sino para hacerlo heredero de todo lo que es suyo. ¿Es esta una decisión impactante? Yo diría que es casi inimaginable. Este es solo un ejemplo muy débil de lo que Dios ha hecho por nosotros. El apóstol Juan escribe:

> ¡Fíjense qué [asombroso] gran amor nos ha dado el Padre, que [nos permite que] se nos llame hijos de Dios! ¡Y lo somos!
>
> 1 Juan 3:1

La magnitud del amor y la generosidad en su plan maestro es incomprensible y genera mayor asombro en tanto más comprendemos la gloria de aquel de quien hablamos. ¡Este es Dios todopoderoso, creador de todo lo visible e invisible! Lo profundo de su poder, sabiduría y entendimiento, revelado en la creación apenas visible, causa enorme asombro y admiración. Los científicos han dedicado su vida a comprender tanto la complejidad como la enormidad de su obra, pero apenas han rasgado la superficie.

Como estudiante de secundaria que no tenía relación con Dios, recuerdo que estudié el universo como pasatiempo. A pesar de mi arrogancia y mi orgullo, lo que investigué acerca de su obra causó asombro y admiración en mi alma oscura. Cual estudioso de las ciencias, sabía que era una completa insensatez pensar que todo había sucedido por casualidad. No podía creer la mentira de la evolución que mis maestros intentaban inculcarme. Aunque no era un hombre salvo, sabía que existía un Creador, que Él era asombroso, y cuanto más comprendía la ciencia del universo, más me convencía de ello.

¡Este glorioso Creador decidió adoptarnos! Sí, nosotros, que somos menos que chispas en un vasto universo, somos el centro de su afecto. Y debemos tener presente que este es solo el universo visible. Pero existe un reino invisible, que podemos asegurar, que supera con creces a nuestro mundo visible. Pablo menciona esto en su carta a la iglesia de Colosas: "Porque por medio de él fueron creadas todas las cosas en el cielo y en la tierra, visibles e invisibles, sean tronos, poderes, principados o autoridades: todo ha sido creado por medio de él y para él" (Colosenses 1:16).

Las Escrituras registran la exclamación de alguien que luchaba por comprender la profundidad del amor, la compasión y el deseo que Dios siente por una parte aparentemente insignificante de su creación. Sus palabras específicas son las siguientes:

> Oh Señor, Soberano nuestro, ¡qué imponente es tu nombre en toda la tierra! ¡Has puesto tu gloria sobre los cielos! ... Cuando contemplo tus cielos, obra de tus dedos, la luna y las estrellas que allí fijaste, me pregunto: "¿Qué es el hombre para que en él pienses? ¿Qué es el hijo del hombre para que lo tomes en cuenta?". Lo hiciste poco menor que los ángeles y lo coronaste de gloria y de honra.
>
> Salmos 8:1, 3-5

Nos preguntamos, ¿cuál fue la inspiración divina subyacente a este clamor, a esta declaración apasionada? Tengo una teoría, aunque no la puedo comprobar bíblicamente, pero vale la pena mencionarla. Hay unos ángeles poderosos, llamados serafines, que tienen el privilegio de estar junto al trono de Dios. Son tan fuertes que con el solo hecho de que uno de ellos alce su voz, todo el ámbito celestial —que probablemente albergue a más de mil millones de seres— se estremece hasta sus cimientos; todo debido a la magnitud de su voz (ver Isaías 6:4).

Si Dios decide viajar, esos cuatro serafines, también conocidos como "seres vivos", viajan con Él (ver Ezequiel 1). Eso significa que cuando Dios vino a la tierra y formó el cuerpo de Adán con los elementos de la tierra y sopló en su nariz el aliento de vida, convirtiendo así a Adán en un ser vivo, los serafines estaban presentes. Cuando vieron el afecto y el amor de su Dios todopoderoso por ese ser humano creado, imagino a uno de ellos exclamando: "¿Qué son los seres humanos, para que tú, Dios todopoderoso, les prestes tanta atención y te preocupes tan profundamente por ellos?". Creo que los cuatro serafines estaban conmocionados, asombrados y maravillados; les costaba comprender el porqué de tal amor dirigido a unos seres tan inferiores. Sin embargo, Dios declaró: "¡Los he coronado de gloria y honor; serán mis hijos, mis herederos!".

La brecha entre nuestro estado actual y lo que somos, en realidad, es monumental. Pero con la aparición de Jesús, eso cambiará de manera drástica, porque en ese día se revelará quiénes somos en verdad. Es algo remotamente, y quiero decir muy remotamente, como el caso de una fea oruga que se transforma en una gloriosa mariposa en su momento; algo que no puedo enfatizar lo suficiente, un ejemplo extraordinariamente débil. Estaríamos avanzando hacia una mejor comparación si pudiéramos convertir un mosquito en un atleta humano de gran potencia. Sin embargo, por insondable que parezca, ¡ni se le acerca! El apóstol Juan continúa:

> Amados, ahora somos hijos de Dios, y aún no se ha manifestado lo que hemos de ser; pero sabemos que cuando él se manifieste, seremos *semejantes a él.*
>
> 1 Juan 3:2

¡Semejantes a él! ¿Comprendes la magnitud de lo que se afirma? Cuando Jesús aparezca, su radiante rostro será tan profundo que el sol y las estrellas, aunque aún brillen, se oscurecerán. La radiante luz de su gloria oscurecerá nuestro sol resplandeciente, igual que cuando el mismo sol oscurece las estrellas nocturnas al asomar por el horizonte. Siguen ahí, aún brillando, pero la magnitud de la gloria del sol es tan grande que las oscurece. ¡Esto es lo que la esplendente gloria de Jesús le hará al sol! ¡Ah, qué clase de gloria!

En ese momento, hombres y mujeres fuertes se meterán en "las cuevas de las rocas y ... los hoyos en la tierra, lejos de ... su gloriosa majestad" (Isaías 2:19 PDT). Su rostro resplandeciente será tan grande que incluso clamarán para que las rocas caigan sobre ellos (ver Apocalipsis 6:16).

Ahora, considera lo que acabamos de leer: ¡Seremos *como Él*! ¿Lo comprendes? ¿Te asombra? Pablo lo confirma al escribir: "Cuando Cristo —quien es la vida de ustedes— sea revelado a todo el mundo, ustedes participarán de *toda su gloria*" (Colosenses 3:4 NTV). *Toda su gloria.* No una pizca, ni siquiera una parte; más bien, participaremos de "toda su gloria". Seremos uno con Él, Él en nosotros y nosotros en Él. En el mismo contexto, Daniel también escribe: "Los sabios resplandecerán con el brillo del cielo ... brillarán como las estrellas por toda la eternidad" (Daniel 12:3). Nuestro sol es una estrella; no se diferencia de las demás. Jesús siempre tendrá preeminencia, siempre lo adoraremos; sin embargo, hemos sido recibidos como coherederos con Él para compartir su gloria. Es demasiado incomprensible para comprender eso por completo pero, sin embargo, es la verdad.

Espero que el Espíritu Santo te esté dando una mayor visión de la magnitud de lo que le ha concedido a sus hijos. Pero no nos adelantemos. Volvamos al principio.

Dios deseaba hijos e hijas que decidieran libremente amarlo y obedecerlo. Por lo tanto, antes de que esta encomienda se pudiera dar a quienes adoptaría en su familia, se requeriría una prueba de lealtad. Él no es ni podría ser el autor de tentaciones como la infidelidad. Al contrario, permitiría que Satanás y sus huestes, aquellos que ya se habían rebelado contra Él, fueran los instrumentos de prueba.

Eso comenzó en el jardín, llamado Edén, donde había dos árboles destacados. Uno, el árbol de la vida, representaba la confianza absoluta en la sabiduría de Dios. Tomar del fruto de este árbol implicaba reconocer que nada bueno podía hallarse fuera de la voluntad de Dios. El otro árbol, el del conocimiento del bien y del mal, representaba la decisión de determinar "lo que es mejor para mí" sin tener en cuenta el consejo de la voluntad divina. Comer de él estaba prohibido, pues provocaría separación entre Dios y el ser humano.

Dios sabía de antemano que el padre y la madre de todos los seres humanos lo iban a traicionar. Ellos desobedecerían y elegirían la independencia del consejo divino. Al hacerlo, se separarían de la Vida misma y se esclavizarían al gobernante de las tinieblas. Elegirían una naturaleza corrupta de pecado y muerte, por lo que serían incapaces de vivir en la presencia de Dios. Esa naturaleza se transmitiría a todos los descendientes de Adán: a toda la humanidad.

Sin embargo, el amor de Dios es tan profundo que, aun cuando la humanidad optó por rebelarse y cometer alta traición contra su Creador, este aún deseaba que los seres humanos fueran adoptados como miembros de su familia. Fue así que Dios decidió tomar cuerpo humano y pagar el precio con su propia vida para rescatarnos de nuevo para sí, y llevarnos de vuelta a la libertad. No podía hacerlo como Dios todopoderoso, pues le había dado la tierra a la humanidad. Que viniera a rescatarnos directamente violaría su Palabra, pero Dios no puede mentir.

Por eso Jesús tuvo que nacer de una virgen, una mujer que nunca había tenido relaciones sexuales con un hombre, y ser fecundada por el Espíritu de Dios. Eso lo liberaría de la naturaleza pecaminosa transmitida de generación en generación a través de la rebelión de Adán. Lo haría cien por ciento hombre, al nacer de una mujer, pero también cien por ciento Dios, porque fue engendrado por el Espíritu Santo. Aunque era igual a Dios, el plan era que caminara por esta tierra como un hombre con una naturaleza divina, libre de pecado y lleno del Espíritu de Dios. Su fidelidad sería probada en todos los aspectos, pero no desobedecería ni una sola vez. Él sería el precursor de una generación de personas que le brindarían su lealtad, confianza y obediencia. Se les extendería una invitación extraordinaria, cosa que desarrollaremos a medida que continuemos revelando el plan maestro subyacente a la segunda venida de Cristo.

PASAJE. Así que como somos sus hijos, también somos sus herederos. De hecho, somos herederos junto con Cristo de la gloria de Dios (Romanos 8:17).

PUNTO. Dios predeterminó que los fieles heredarían todo lo que es de Él.

PONDERA. Detente y medita en la gloria que Jesús renunció al tomar un cuerpo humano y nacer en este mundo. ¡Sin embargo, lo hizo para que pudieras ser coheredero! ¿Qué significa ser heredero? ¿Te imaginas lo que implica ser heredero de Dios? ¿Qué significa heredar la gloria de Dios?

PIDE. Querido Padre celestial, tu Palabra afirma que quieres que conozca la rica y gloriosa herencia que nos has dado (ver Efesios 1:18-19). Te pido que abras mis ojos para ver este plan maestro y que el fruto de este conocimiento se manifieste en mi vida. En el nombre de Jesús, amén.

PROFESA. Conocer el plan maestro de Dios evitará que me desmaye, me rinda o sea engañado para que me aleje.

LA SABIDURÍA DE DIOS ES ALGO MISTERIOSO QUE PENETRA AL INTERIOR DE SUS PROPÓSITOS. NO LA ENCONTRARÁN EN LA SUPERFICIE. NO ES EL MENSAJE MÁS RECIENTE, SINO EL MÁS ANTIGUO; LO QUE DIOS DETERMINÓ PARA SACAR LO MEJOR DE SÍ EN NOSOTROS, MUCHO ANTES DE QUE APARECIÉRAMOS EN ESCENA. LOS EXPERTOS DE LA ACTUALIDAD NO TIENEN NI IDEA DE LO QUE ES ESTE PLAN ETERNO, PUES SI LA TUVIERAN, NO HABRÍAN MATADO EN UNA CRUZ AL SEÑOR DE LA VIDA QUE DIOS DISEÑÓ.

1 CORINTIOS 2:7-8 BEM

CAPÍTULO 6

AMOR INSONDABLE

Supón que les ocultas un secreto maravilloso a tus seres queridos: un plan que has ideado para mayor beneficio de ellos, uno que has mantenido en secreto no solo por unos meses, años o incluso décadas, sino por más tiempo. Es probable que les des algunas pistas a lo largo del camino, pero durante ese largo período te abstendrías de compartir tu magnífica estrategia con quienes la necesitan.

No es fácil, ¡pero eso es precisamente lo que el Señor hizo!

Dios mantuvo en secreto su plan más grandioso, el que creó "para nuestra gloria suprema", no solo por décadas o siglos, sino por miles de años. Él sabía que si se filtraba, los tenebrosos gobernantes de este mundo lo aprovecharían a la perfección.

Nuestra primera escritura muestra una vez más que cuando se desconoce la visión profética, no solo los humanos —sino incluso los seres espirituales— terminan haciendo exactamente lo contrario de lo que habrían hecho si estuvieran conscientes de ello. El dolor prevalecerá finalmente por las acciones ignorantes. Pero para los seguidores de Cristo, aquí tienen la fabulosa noticia. El apóstol Pablo continúa diciendo:

> Antes bien, como está escrito: "Cosas que ojo no vio, ni oído oyó, ni han subido en corazón de hombre, son las que Dios ha preparado para los que le aman". Pero Dios nos las reveló a nosotros por el Espíritu. Porque el Espíritu todo lo escudriña, aun lo profundo de Dios.
>
> 1 Corintios 2:9-10 RVR1960

El plan maestro, que incluye lo que nos espera, ya no es un secreto; ¡ya fue *revelado*! La mayoría de la gente cita solo la primera mitad, el versículo 9, dando a entender que sigue oculto. Pero ¡eso no es cierto! Si hay ignorancia, se debe a la falta de búsqueda e indagación de lo que el Espíritu de Dios nos indica —al abrirnos los ojos, los oídos y el corazón— en su Palabra.

Con base en esto, continuemos nuestro viaje. Insisto, es importante enfatizar la necesidad de evocar primero el pasado para entender la magnitud de lo que nos espera: la segunda venida de Cristo Jesús. Así que continuemos esta travesía juntos. Como ya se mencionó, en el jardín de Edén, Satanás capturó con éxito a la humanidad mediante la traición de Adán. Eso no solo afectó a los seres humanos, sino toda la creación visible (ver Romanos 8:20). El Señor se adelantó al problema, pues previamente había ideado un plan para recuperar lo perdido. Dio la primera pista en el jardín cuando prometió que la Simiente de la mujer —el Mesías— destruiría las obras de Satanás (ver Génesis 3:15).

Con el paso de las generaciones, se hicieron promesas y se firmaron pactos con individuos escogidos. Las tácticas de Dios con esos hombres y mujeres fieles eran parte de su objetivo final de hacer surgir la Simiente: el Cordero inmolado desde la fundación del mundo. Algunas de las figuras clave fueron las siguientes:

- Noé, cuya obediencia preservó el linaje de la Simiente.
- Abraham, que al hacer un pacto con el Todopoderoso, aseguró la Simiente.
- Moisés, que mostró la necesidad de la Simiente.
- El rey David, que recibió la promesa del trono eterno de la Simiente.
- Los profetas, que mostrarían vislumbres de la obra, el sacrificio y las glorias de la Simiente que vendrían después.
- María, la bendita entre todas las mujeres, que fue fecundada con la Simiente.
- Y, finalmente, Juan el Bautista, que preparó al pueblo para la llegada del Mesías.

En el transcurso de la historia, se revelaron fragmentos del plan estratégico de Dios hasta la primera aparición del Mesías. La maravilla y la profundidad del amor en el plan divino son demasiado maravillosas para expresarlas por completo, así que les pido paciencia mientras intento decirlo con palabras en tiempo real.

Nuestro Creador decide abandonar las inimaginables y magníficas glorias del cielo. Entra en una tierra maldita al ser concebido milagrosamente en el cuerpo de una mujer: ¡Dios hecho carne y sangre! Su nombre es Yēshūʿa, conocido —por los que hablamos español— como Jesús.

El Señor, como cualquier otro ser humano, se desarrolla y crece en el vientre de su madre: nace —y lo hace— como un bebé, igual que cualquiera de nosotros. ¡Requiere la crianza de su madre y su padrastro! ¿Estás vislumbrando esta maravilla? Nuestro Creador se pone al cuidado de su creación. Requerirá la leche materna y la crianza de su madre, junto con la protección y provisión de su padrastro.

Aunque es Dios, no se aferra a sus privilegios divinos, sino que los deja a un lado y vive como un hombre lleno del Espíritu de Dios. No viene al mundo "como un ejemplo de obediencia perfecta", sino que la aprende por medio de su sufrimiento. Es probado, acusado de desobedecer a su Padre, Dios todopoderoso, en todos los sentidos. El enemigo le tiende las tentaciones más astutas, perversas y difíciles, pero ninguna triunfa (ver Filipenses 2:6-7; Hebreos 4:15; 5:8).

Jesús pasa tres años enseñando y revelando dos verdades fundamentales: primero, quién es Dios; y segundo, cómo debe vivir el hombre ante Él. En el proceso, sufre constante resistencia: mentiras, calumnias, alegaciones de herejía e incluso amenazas. Esa persecución solo se intensifica hasta el momento culminante de su venida.

Él es totalmente consciente de la inescrutable agonía que enfrentará para cumplir su misión, por lo que les anticipa pequeñas revelaciones a sus seguidores más cercanos. Revela que un amigo de confianza lo traicionará, otro lo negará y los demás lo abandonarán en la hora crucial.

Lo que Jesús enfrenta le causa tal conmoción en el alma y el cuerpo que su sudor se convierte en gotas de sangre (un fenómeno documentado médicamente como ocurrido bajo una presión terrible). Entonces le ruega a su Padre que si hay otra manera de lograr la salvación de la humanidad, Él cambiaría el rumbo; pero no hay otro camino. Es la mayor tentación de Jesús: saber que puede convocar legiones de ángeles para que lo libren del tratamiento espantoso que le espera, pero está consciente de que al hacerlo forjará el propósito mismo de su venida y perderá a quienes ama profundamente. Así que elige mantener el rumbo y enfrentar un sufrimiento indescriptible. Jesús es muy consciente de lo que le había revelado a Isaías cientos de años antes:

> "Ofrecí mi espalda a los que me golpeaban, mis mejillas a los que me arrancaban la barba; ante las burlas y los escupitajos no escondí mi rostro".
>
> Isaías 50:6

Es fácil pasar por alto la magnitud de la horrible tarde y mañana posteriores a su arresto. El panorama completo se entreteje a lo largo de los cuatro evangelios, solo al unirlos obtenemos un relato completo. Al leerlo, no lo hagas superficial ni rápidamente; al contrario, reflexiona en profundidad sobre lo que Él hizo por ti. Ten presente que este es nuestro Creador y que Él endureció voluntariamente esa crueldad.

Jesús no pudo dormir esa noche, ya que fue trasladado cinco veces a cuatro lugares diferentes. En cada uno de ellos fue examinado injustamente y golpeado. Comenzó en casa de Anás (suegro del sumo sacerdote), donde lo ataron y lo agredieron verbal y físicamente.

Una vez que terminaron, lo trasladaron al templo para que compareciera ante el propio sumo sacerdote —Caifás— así como ante otros sacerdotes principales, apoyados por la guardia del templo. Todos los reunidos lo odiaban con vehemencia, nadie lo apoyó ni salió en su defensa.

Los soldados entrenados de Caifás le vendaron los ojos a Jesús para que no supiera cuándo le darían los golpes. Procedieron a escupirle en la cara y a golpearlo con los puños. Lo golpearon y ridiculizaron sin piedad e implacablemente, profiriendo todo tipo de insultos mientras lo azotaban. Eso continuó por horas hasta el amanecer, solo para que lo llevaran de nuevo a la siguiente ronda de violencia.

Después, fue juzgado ante el gobernador romano, Poncio Pilato. Durante el debido proceso, Pilato descubrió que Jesús era galileo y que estaba bajo la jurisdicción de Herodes. Por lo tanto, lo envió ante Herodes, el notorio rey corrupto que asesinó al primo del Señor. Por si fuera poco, para empeorar las cosas, muchos de los principales sacerdotes siguieron la corriente y continuaron con sus mordaces insultos y falsas acusaciones con la esperanza de incitar a Herodes a aplicarle una brutalidad aún mayor.

El escuadrón de los soldados del rey, llamados "hombres de guerra", inició una nueva ronda de agresiones verbales y físicas, similar a lo que los soldados de Caifás hicieron toda la noche. Este nuevo grupo de guerreros lo golpeó y ridiculizó sin piedad, incluso vistiéndolo con una túnica real falsa. Una vez que los guerreros de Herodes se cansaron, Jesús fue enviado de vuelta ante Pilato, donde enfrenta la mayor brutalidad hasta la fecha.

Los soldados de Pilato tienen otro nivel de ferocidad; esos hombres forman parte de la fuerza militar más dominante del planeta, cuya habilidad y fuerza superan a las brigadas de Caifás y Herodes. Para colmo, esos guerreros gentiles probablemente estaban frustrados por el tiempo extra de servicio a causa de la festividad judía: la Pascua.

Así que Pilato entrega a Jesús a sus guerreros entrenados. El capitán llama a todo el regimiento de soldados para que participen en la brutal tortura. Desnudan a Jesús, lo escupen, le arrancan la barba y lo azotan con vehemencia con los puños, las varas y otros instrumentos de tortura hasta el agotamiento. Piensa en la intensidad y el tiempo que eso implica: todo un regimiento de soldados entrenados y altamente calificados torturando brutalmente a un hombre hasta dejarlo exhausto. ¡Algo inimaginable!

La flagelación fue sin duda la peor fase de la tortura. Los soldados lo ataron desnudo a un poste de azote corto hecho de piedra. Le amarraron las manos por encima de la cabeza atado a un anillo de metal y le encadenaron las muñecas firmemente para impedir que se moviera.

Una vez que lo colocaron sobre el arnés y lo extendieron sobre él, procedieron a azotarlo al menos cuarenta veces —algunos creen que más—, porque los romanos no tenían leyes que limitaran los golpes. Un comentario dice que: "La flagelación era un acto brutal. Se aplicaba con un látigo de varias correas, cada una cargada con trozos de hueso o metal. Podía convertir la espalda de un hombre en pulpa".[2]

Luego tejieron una corona de espinas, cada una de al menos dos centímetros de largo y tan afiladas y fuertes que bien podrían haber sido clavos. Presionaron la corona contra su cuero cabelludo, causándole graves laceraciones. La sangre corría por el rostro de Jesús mientras le ponían un cetro falso en la mano, una vara, y procedían a burlarse de él golpeándolo sin piedad.

Reflexiona en esto: El soldado (o soldados, porque a menudo eran dos hombres, cada uno con un látigo, que asestaban golpes consecutivos) que ejecutaba esa tortura estaba endemoniado y probablemente odiaba al pueblo judío. Era hábil y sabía cómo infligir el mayor dolor y mucho daño. No tenía piedad. Rick Renner escribe: "Los registros históricos describen la espalda de una víctima tan mutilada tras una flagelación romana que su columna vertebral podía quedar expuesta".[3]

El tiempo total aproximado de la brutal tortura, en cuatro lugares diferentes, duraba ¡casi diez horas! Jesús fue golpeado de forma poco impresionante. El profeta Isaías escribió cientos de años antes:

> Muchos se asombraron de él, pues tenía desfigurado el semblante;
> ¡nada de humano tenía su aspecto!
>
> Isaías 52:14

Jesús fue tan maltratado físicamente, durante tantas horas, por diferentes regimientos de guerreros, que para cuando se dirigió a la crucifixión, ya no parecía un ser humano. Un espectáculo horroroso y espantoso para todos los presentes.

Jesús sabía de antemano que esa tortura inhumana le aguardaba, por eso sudó grandes gotas de sangre en el huerto de Getsemaní, clamando por un posible camino alterno para la salvación de la humanidad. El nivel de estrés y crueldad empeorado por nuestro Creador es inimaginable.

Sin embargo, lo peor estaba por venir.

Se presentó ante el pueblo en su juicio final. Pilato esperó que la tortura apaciguara a la multitud enfurecida (ver Juan 19:1-16). Sin embargo, su propio pueblo —los compatriotas judíos— gritó con vehemencia: "¡Crucifícalo!". El gobernador gentil salió en defensa de Jesús, queriendo liberarlo; sin embargo, el pueblo clamó con más fuerza, amenazando si no se satisfacían sus deseos. Así que eligieron a un criminal notorio para liberarlo en lugar de a su Mesías, intensificando así los insultos.

Una vez condenado, Jesús cargó el travesaño de la cruz, que algunos estiman que pesaba más de cuarenta y cinco kilos. Lo obligaron a cargarlo sobre sus hombros, y si se le caía, ese pesado madero le infligiría un dolor inimaginable por las múltiples palizas y heridas que había sufrido.

Una vez fuera de la ciudad, lo colocaron en la cruz, le atravesaron las manos y los pies con unos enormes clavos para sujetarlo al madero. Le perforan la base de la mano, donde se encuentra el nervio medio, uno de los puntos más sensibles y potencialmente más dolorosos del cuerpo humano. Los clavos ejercieron presión sobre ese nervio tan sensible, de modo que cuando se incorporaba para respirar y evitar la asfixia, el dolor era inimaginable. La crucifixión duró seis largas horas. Se desangró lentamente con un dolor agonizante, sufriendo la muerte más espantosa que un ser humano podría experimentar en esos días. He omitido bastante más, pero este resumen plantea un punto importante, uno que no se puede comprender adecuadamente sin ser conscientes de lo que nuestro Creador enfrentó y agravó voluntariamente para traernos de vuelta a Él. El punto es este: Él no lo hizo todo por sí mismo; lo hizo por ti y por mí.

La pregunta fundamental persiste: ¿Por qué sufriría tanta agonía y sacrificio para rescatarnos cuando fuimos totalmente culpables, cuando lo traicionamos? En la Epístola a los Hebreos leemos:

> Por el gozo que le esperaba, sufrió la cruz.
>
> HEBREOS 12:2

Él vio algo que lo impulsó a seguir adelante. ¡Fue la visión profética de una novia fiel! Anticipó que tendría una hermosa e íntima compañía, un profundo amor y confianza entre Él y su novia en los siglos venideros. Vio la boda y la celebración de nuestras vidas unidas. Nos vio reinando juntos por el resto de la eternidad.

Su devoción por ti y por mí se confirma en su sufrimiento por nosotros, y nuestra dedicación a Él se confirmaría en nuestro sufrimiento por Él. Muchos ignoran esta profunda verdad y, en consecuencia, numerosos pasajes bíblicos correspondientes eluden su comprensión. Uno de ellos es Romanos 8:17, que dice:

> Si somos hijos, somos herederos; herederos de Dios y coherederos con Cristo, pues si ahora sufrimos con él, también tendremos parte con él en su gloria.

¿Por qué sufrir? ¿Y por qué tuvo que padecer tan severamente? ¿Por qué no pudo haberlo planeado de otra manera? Si Él es Dios, ¿por qué no pudo haber ideado una salvación sin dolor tanto para Él como para nosotros? Estas importantes preguntas conducen a respuestas que amplifican la belleza de su segunda venida.

En este punto, ¿te sientes abrumado por lo que Él sufrió para tener una relación íntima contigo y conmigo, su futura esposa? Esto solo cobra valor a medida que continuamos esta historia de amor eterna.

PASAJE. Ofrecí mi espalda a los que me golpeaban, mis mejillas a los que me arrancaban la barba; ante las burlas y los escupitajos no escondí mi rostro (Isaías 50:6).

PUNTO. Jesús te ama tan profundamente que estuvo dispuesto a ser golpeado al punto de no ser reconocido como ser humano. Luego murió por ti.

PONDERA. ¿Por qué era necesario el sufrimiento? ¿Y por qué tuvo que sufrir tan severamente? ¿Por qué no pudo haberlo planeado de otra manera? Si Él es Dios, ¿por qué no pudo darnos una salvación sin dolor, tanto para Él como para nosotros?

PIDE. Querido Padre, entregaste a tu Hijo para ser sacrificado en mi lugar. Jesús, soportaste voluntariamente la brutal tortura y la muerte por mí. Ayúdame a comprender la profundidad de tu amor sacrificial para que yo también pueda vivir con ese mismo amor por ti y por aquellos por quienes moriste. En el nombre de Jesús, amén.

PROFESA. Dios ha derramado su amor en mi corazón para que pueda amar a los demás como Él me amó.

PROMETÍ SU MANO EN MATRIMONIO A CRISTO, LOS PRESENTÉ COMO UNA VIRGEN PURA A SU ESPOSO.

2 CORINTIOS 11:2 BEM

CAPÍTULO 7

EL VÍNCULO DIVINO

El Señor Dios de toda la creación se hizo hombre para formar una familia y ganarse una esposa fiel. El nivel de agonía y sufrimiento que experimentó para cumplir esta misión es incomprensible pero, con todo y eso, cierto. Ahora, dirijamos nuestra atención a su esposa. Para comenzar, permíteme que te cuente la experiencia de Lisa y yo como novios.

En mi segundo año en la Universidad de Purdue, entregué mi vida a Jesucristo en mi fraternidad, en 1979. Inmediatamente después de ser lleno del Espíritu de Dios, se encendió en mi alma un fuego que ardía por compartir la Palabra de Dios con los estudiantes incrédulos del recinto universitario. Al poco tiempo, eso me llevó a iniciar un estudio bíblico que creció rápidamente y perduró años después de mi graduación. Muchas vidas fueron transformadas; en ese entonces, las reuniones semanales fueron fundamentales para conocer a mi novia.

Fue en mi último semestre que conocí a Lisa, solo para descubrir que era una chica fiestera y, es probable, que hasta alcohólica. Después de mi conversión, me comprometí a no salir con ninguna jovencita, ya que no quería perder el tiempo y, sobre todo, no deseaba involucrarme románticamente con una chica que no se convertiría en mi esposa. Llevaba más de dos años sin salir con nadie, pero sentía fuertemente que debía invitarla a salir. Supuse que solo era para hablarle del evangelio, pero Dios pensaba en algo más. Muchos estudiantes se quedaron perplejos con mi primera cita con una chica que era una de las más atrevidas del campus (ese fue un comentario de una de mis amigas).

Esa noche, después de la reunión, Lisa y yo recorrimos el campus. Le hablé del evangelio y fue gloriosamente salva. Hasta el día de hoy, su conversión es una de las más radicales que he presenciado. Si vieras una foto de ella un mes antes y otra un día después de entregar su vida a Jesús, difícilmente la reconocerías como la misma persona.

Nos enamoramos profundamente y, poco más de un año después, nos casamos. Durante todo nuestro compromiso, soñamos con la vida matrimonial, una familia y cómo sería el ministerio. En ese entonces, no había muchas parejas trabajando juntas en el ministerio, pero lo deseábamos y —aún más— sentíamos que éramos llamados a ello. Nuestro sueño era que dos corazones se convirtieran en uno, no solo en el matrimonio, sino también en el ministerio.

Las primeras décadas de nuestro matrimonio estuvieron llenas de luchas por mantenernos unidos y enamorados. Hubo numerosos e intensos ataques contra nuestra unión, tanto internos como externos. En el ámbito interno, hubo épocas en las que estuvimos tan enfrentados que, si no fuera porque conocíamos la voluntad de Dios con el matrimonio, fácilmente podríamos habernos separado. Pero ambos temíamos a Dios y habíamos hecho un voto no solo el uno al otro, sino también a Él.

Los ataques externos procedían de personas cuya intención era separarnos y, a veces, hasta destruirnos. Lo que lo hizo tan difícil fue que la mayoría eran cristianos profesantes. No solo eso, también enfrentamos situaciones y circunstancias de tanta presión que habría sido fácil renunciar a nuestro sueño. Hubo muchas temporadas en las que el dolor fue tan intenso que parecía insoportable.

Ahora reflexiono en lo pasado y me doy cuenta de que los múltiples desafíos que enfrentamos tenían como objetivo frustrar nuestra eficacia o terminar la unión de los dos. Podrían haberlo hecho fácilmente, pero atravesamos las luchas con una fe firme y un amor inquebrantable, junto con oración ferviente, arrepentimiento genuino y perdón. El dolor de esas pruebas anteriores ya pasó. Ha sido reemplazado por un vínculo más tierno y, a la vez, fuerte que surgió del sufrimiento que padecimos. Tenemos una confianza profunda, una intimidad y un compañerismo que no existía antes de que surgieran las muchas dificultades y el sufrimiento. Ahora estamos mucho más unidos que el día en que nos casamos.

Recorrer este camino por décadas me llevó a una pregunta: ¿Existe un beneficio oculto, uno que no se pueda fomentar de ninguna otra manera, en cuanto a sufrir dolor y pasar por dificultades? Recuerda, al final del capítulo anterior preguntamos: ¿Por qué Dios no ideó un plan carente de dolor para nuestra salvación? ¿Por qué se sometió a un sufrimiento tan espantoso? Por supuesto, en el caso de Lisa y yo, gran parte del dolor en nuestro matrimonio se debió a nuestra inmadurez, estupidez y egoísmo; este comportamiento no aplica en absoluto a nuestro Novio, Jesús.

Al abordar esta pregunta, descubriremos una mayor profundidad de belleza en el plan maestro de Dios, lo cual intensificará nuestra ansiosa anticipación de la segunda venida de Jesús. Lo que estoy a punto de escribir no lo habría aceptado en mi juventud. Mi inmadurez y falta de conocimiento me habrían insistido en que el sufrimiento no es necesario para crear una relación más tierna, más fuerte y más madura. Sin embargo, las Escrituras enseñan lo contrario, y solo en tiempos recientes la investigación ha confirmado esta verdad. Los hallazgos científicos explican:

> La investigación sugiere que, independientemente de su incomodidad, el dolor puede tener consecuencias sociales positivas, al actuar como una especie de "pegamento social" que promueve la cohesión y la solidaridad dentro de los grupos: "Nuestros hallazgos demuestran que el dolor es un ingrediente particularmente poderoso para generar vínculos y cooperación entre quienes comparten experiencias dolorosas", afirma el psicólogo e investigador principal Brock Bastian, de la Universidad de Nueva Gales del Sur (Australia). "Los hallazgos arrojan luz sobre por qué puede desarrollarse la camaradería entre soldados u otras personas que comparten experiencias difíciles y lastimosas".[1]

Otras investigaciones han llegado a conclusiones similares, por lo que los psicólogos acuñaron el término "vínculo traumático" para identificarlo. Los estudios demuestran que el vínculo de la madre con su bebé es mayor que el del padre. Medita en esto: la madre experimenta una considerable incomodidad durante un largo periodo de tiempo al gestar a su hijo y, con frecuencia, la mayor agonía que ella enfrentará en su vida es dar a luz. Uno pensaría que esa incomodidad y ese dolor generarían resentimiento y amargura en la madre.

Sin embargo, hace justo lo contrario: provoca un vínculo fuerte y profundo. ¿Es esta una realidad con respecto al sufrimiento de Jesús? Leemos:

> Convenía a Dios que, mediante el sufrimiento, hiciera a Jesús un líder perfecto, apto para llevarlos a la salvación.
>
> HEBREOS 2:10 NTV

La palabra griega para *líder* lo define como "alguien que da inicio a algo: 'iniciador, fundador, originador'".[2] Así como la madre, a través del dolor, da a luz al hijo sin participación de este, Jesús pagó el alto precio necesario para nuestra salvación, independientemente de nuestra participación. Todos los verdaderos creyentes conocen y comprenden este hecho.

Sin embargo, hay otro aspecto "iniciador" de su acto sacrificial. Él es el fundador, o precursor, de aceptar el dolor que fomenta un vínculo más estrecho en una relación. Esto es casi demasiado maravilloso para comprenderlo: Nuestro Creador aceptó voluntariamente un sufrimiento insoportable no solo para redimirnos, sino porque deseaba el vínculo más estrecho posible con su amada: su esposa, la iglesia. ¡Ah, qué maravilla, cuán profundo es su amor y su deseo por nosotros! Pero ¿acaso esta verdad se limita solamente a Jesús? En la gran sabiduría de Dios, lo mismo aplica a nosotros. Ciertamente, nunca podríamos sufrir lo suficiente para comprar nuestra salvación, cosa que todos los verdaderos creyentes saben. Sin embargo, ¿cómo logramos un vínculo más estrecho? Recordemos que los estudios han demostrado que el sufrimiento mutuo profundiza la conexión del amor.[3] Jesús (el pionero) sufrió primero por nosotros, pero a esto le sigue la disposición de su esposa a sufrir por él, lo que promueve en nosotros un vínculo más profundo con él. Esto parece absurdo para la mentalidad occidental, pero vayamos a las Escrituras para confirmarlo. El apóstol Pablo escribe que considera todos sus logros y elogios como basura para poder avanzar hacia el llamado más alto:

> He perdido todo a fin de conocer a Cristo … participar en sus sufrimientos y llegar a ser semejante a él en su muerte.
>
> FILIPENSES 3:10

¿Leímos correctamente? Él quiere sufrir con Cristo, incluso participar en su muerte. De hecho, no permanece pasivo en esta búsqueda, pues escribe: "Sin embargo, sigo adelante esperando alcanzar aquello para lo cual Cristo Jesús me alcanzó a mí" (Filipenses 3:12). ¿Con qué propósito desea Pablo sufrir con Jesús? La respuesta es para conocerlo más profundamente, tener una conexión más fuerte con él. Estas son sus palabras:

> Quiero conocer a Cristo y experimentar el gran poder que lo levantó de los muertos. ¡Quiero sufrir con él y participar de su muerte.
>
> FILIPENSES 3:10 NTV

¿Por qué Pedro y Juan, tras ser amenazados y azotados por los mismos líderes y soldados que flagelaron sin piedad a Jesús, se marcharon tan contentos? Leemos:

> Así, pues, los apóstoles salieron del Consejo, llenos de gozo por haber sido considerados dignos de sufrir afrentas por causa del Nombre.
>
> HECHOS 5:41

¿Eran conscientes de que cuanto más sufrieran en su obediencia a Dios, más se unirían a nuestro Señor? Insisto, Pablo escribe:

> Porque a ustedes se les ha concedido no solo creer en Cristo, sino también sufrir por él.
>
> FILIPENSES 1:29

Para quien no ve la sabiduría de Dios en esto, la afirmación de Pablo parece absurda. ¿Qué quiere decir con "concedido"? Si eres padre, ¿te imaginas mirar a tu hijo y decirle: "¡A ti, en tu cumpleaños, se te ha concedido que el dentista te haga una endodoncia!". Cualquier niño resentiría ese tipo de humor sarcástico de sus padres. Sin embargo, lo de estos primeros líderes de la iglesia no era masoquismo; más bien, buscaban el mayor premio: un vínculo estrecho con nuestro Señor Jesús.

El pecado tiene su raíz en el egoísmo, que es el mayor obstáculo para la intimidad. Él impide la formación de un vínculo fuerte. Lo opuesto al pecado es la obediencia inquebrantable a nuestro Dios perfecto y amoroso. Recuerda, Adán no se acostó con una prostituta en el jardín. Tomó una decisión egoísta al desobedecer lo que lo mantenía cerca de Dios. Eso lo separó de su Creador y hoy no es diferente. El Nuevo Testamento nos exhorta: "Antes exhortaos los unos a los otros cada día, entre tanto que se dice: Hoy; para que ninguno de vosotros se endurezca por el engaño del pecado" (Hebreos 3:13 RVR1960). El pecado (la desobediencia) nos endurece y, a su vez, nos aleja de un vínculo íntimo con nuestro Señor y con las personas. En base a la misma perspectiva, Pedro escribe:

> Puesto que Cristo ha padecido por nosotros en la carne, vosotros también armaos del mismo pensamiento; pues quien ha padecido en la carne, terminó con el pecado, para no vivir el tiempo que resta en la carne, conforme a las concupiscencias de los hombres, sino conforme a la voluntad de Dios.
>
> 1 Pedro 4:1-2 RVR1960

Manejar el sufrimiento de manera correcta hace que maduremos nuestro carácter cristiano. Debemos estar armados; esto significa que estamos mentalmente preparados para sufrir adversidades, dificultades o persecución en nuestra obediencia a la Palabra de Dios. Los que no están armados reaccionarán incorrectamente a las pruebas por instinto de supervivencia, por lo que tenderán a ceder. Quienes están armados obedecen pese a la oposición que enfrenten. Sufren con gusto la pérdida de todo: reputación, autoprotección, autopromoción o cualquier otra cosa relacionada con la preservación de sus vidas.

Debemos hacer una distinción muy importante entre el *verdadero sufrimiento bíblico* y el *pervertido sufrimiento religioso*. Cuando digo "religioso", me refiero a alguien que tiene apariencia de piedad, pero no vive en estrecha comunión con Jesús.

Los que tienen mentalidad religiosa buscarán el sufrimiento. Para esas personas, el dolor —no la obediencia— se convierte en el enfoque: la manera de agradar a Dios. De modo que aceptarán las condiciones por las que Jesús pagó un alto precio para liberarnos, en lugar de resistir al enemigo y sus obras. Ellos no pelean la buena batalla de la fe; al contrario, se convierten en prisioneros de guerra.

El ciego Bartimeo sabía, de alguna manera, que Jesús había venido a destruir las obras del diablo y la ceguera entraba en esa categoría. También sabía que el Señor del reino de los cielos pasaba por ahí. Si hubiera tenido una visión distorsionada del sufrimiento, se habría conformado con permanecer en su condición de ciego. Sin embargo, luchó la buena batalla y clamó por la voluntad de Dios. La gente le decía que se había pasado de la raya, que se callara, que no molestara al Maestro. Sin embargo, clamó aún más y, en consecuencia, Jesús se detuvo y lo llamó. Después de sanarlo, el Señor lo alentó diciendo: "Puedes irte, tu fe te ha sanado" (Marcos 10:52). El Maestro elogió de manera similar a la mujer cananea (ver Mateo 15:21-28), al centurión romano (Mateo 8:5-13) y a muchos otros en los evangelios.

En cuanto a Jesús, Él no vino simplemente a mostrarnos obediencia a la distancia; la aprendió caminando por el sendero del dolor. El autor de la Carta a los Hebreos nos dice:

> En los días de su vida mortal, Jesús ofreció oraciones y súplicas con fuerte clamor y lágrimas al que podía salvarlo de la muerte y fue escuchado por su temor reverente. Aunque era Hijo, mediante el sufrimiento aprendió a obedecer.
>
> HEBREOS 5:7-8

¿Qué sufrimiento fue el que Jesús aguantó? Que fue tentado de todas las maneras posibles para alterar la voluntad de Dios, pero nunca desobedeció (ver Hebreos 4:15). Obviamente, no fue fácil, pues clamó con lágrimas. Nunca hemos experimentado la intensidad de las pruebas o tentaciones que Él enfrentó.

El verdadero sufrimiento bíblico es simplemente esto: Vivimos en un mundo caído, uno que se opone a la verdad de Dios, a los caminos de su reino. El verdadero creyente opta por obedecer la Palabra de Dios ante cualquier resistencia. Puede provenir de una tentación, una prueba o persecución por nuestra fe. El fruto es que ya no viviremos para las pasiones humanas [*ya sean propias o ajenas*], sino para la voluntad de Dios (1 Pedro 4:2).

Detente y reflexiona sobre la maravilla del plan maestro de Dios. Él eligió sufrir a causa de un mundo que lo odia. Al hacerlo, pagaría el precio necesario para liberar a su novia del pecado y de la muerte, pero también —en el proceso— se vincularía profundamente con ella. Esta, a su vez, se conectaría profundamente con Él a través de los sufrimientos que había enfrentado en un mundo perverso y cruel. Este fuerte vínculo intensificaría el deseo que Él tendría de reunirse con ella y ella con Él. La segunda venida no es solo un acontecimiento; *es la unión de dos amantes*, un Novio y una novia que se anhelan profundamente. ¡Oh, qué maravillosa es la sabiduría de Dios!

¿Te sientes profundamente amado por tu Creador? ¿Ves cuánto anhela Él una verdadera intimidad contigo y conmigo? A medida que avancemos, nos dirigiremos a una gran promesa, una que es un misterio para muchos. Sin embargo, lo que hemos discutido revela su verdad. La profundidad de esta declaración es ambigua sin la comprensión del verdadero sufrimiento bíblico:

> Si resistimos, también reinaremos con él.
>
> 2 Timoteo 2:12

En esta declaración yace el clímax del plan maestro de Dios, por lo que crea una mayor anticipación de su pronto regreso y de las eras venideras.

PASAJE. También Cristo padeció por nosotros, dejándonos ejemplo, para que sigáis sus pisadas (1 Pedro 2:21 RVR1960).

PUNTO. Cuando sufrimos por obedecer a Dios, si no nos amargamos, el resultado es un vínculo de amor más profundo.

PONDERA. ¿Cómo ves las pruebas y las tentaciones? ¿Las ves como oportunidades de gozo? (Ver Santiago 1:2). ¿Te apresuras a complacer a quienes ves en lugar de a Aquel a quien no ves? ¿Cómo puedes cambiar esto? ¿Qué se necesita para superar las pruebas y las tentaciones?

PIDE. Querido Padre celestial, tu Palabra afirma que cuando enfrente pruebas, debo considerarlas una oportunidad de gran gozo. No lo he hecho antes. ¡Por favor, perdóname! Te pido que me des la fuerza de Jesús para ver el gozo más allá de las pruebas, la alegría de estar estrechamente unido a ti. En el nombre de Jesús, oro, amén.

PROFESA. ¡El gozo del Señor es mi fortaleza!

SEMANA 2

LA NOVIA Y EL NOVIO

SI RESISTIMOS, TAMBIÉN REINAREMOS CON ÉL.

2 TIMOTEO 2:12

CAPÍTULO 8

EL VÍNCULO DE LA CONFIANZA

He experimentado la notable diferencia entre vivir soltero y casado. Las alegrías y los beneficios de la vida son mucho más enriquecedores junto a mi esposa y querida amiga. Me encanta su compañía en nuestras aventuras, juegos y en el trabajo. Hemos hecho muchos viajes ministeriales a lugares hermosos, conocido gente fabulosa, disfrutado comida deliciosa y gozado experiencias asombrosas. Si Lisa no me acompaña en un viaje, creo que decenas de veces antes de volver a casa, *desearía que pudiéramos vivir esto juntos.*

Más tarde llegaron nuestros cuatro hijos que, al crecer, se unieron a nuestro ministerio. Los cuatro han servido en el equipo de Messenger durante al menos ocho años. Verlos prosperar en sus responsabilidades da una alegría y una satisfacción que solo un padre puede comprender. Sin embargo, la cúspide de la gratificación llegó cuando mostraron su fidelidad y comenzamos a trabajar juntos a niveles más altos. Ya sea planificando, liderando el equipo o ministrando juntos en una conferencia, la vida alcanzó un nuevo nivel de disfrute y plenitud.

Gracias a esas experiencias, he comprendido por qué el Señor desea una familia y una esposa. Él anhela experimentar la vida eterna juntos; construir, e incluso gobernar, juntos. Es asombroso cuando uno se detiene y considera de quién estamos hablando.

La mayoría de la gente no se ha tomado el tiempo de investigar y contemplar los siglos venideros. Hay creyentes que se preocupan de que no les guste tanto el estado eterno como esta vida presente. Muchos nos imaginan transformados en seres etéreos, viviendo en un mundo sin sustancia y sin nada emocionante que hacer. Se imaginan que todos formaremos parte de una iglesia o un servicio de adoración perenne. ¡Qué lejos está eso de la verdad!

Recordemos que todo lo visible ha sido creado por lo que no se ve. Si lo pensamos bien, nos daremos cuenta de que es absurdo imaginar que nuestro mundo surja de uno aburrido o inferior en cuanto a recreación, aventura, creatividad, desarrollo, expansión, innovación, arte o cualquier otro aspecto emocionante de esta vida. Da risa decirlo en voz alta, pero algunos luchan con estas preocupaciones tan profundas. La eternidad consistirá en todos los placeres, alegrías, emoción y belleza divinos de esta vida, pero será considerablemente mejor y perfecta en todos los aspectos. Además, habrá muchas esferas de la vida: experiencias maravillosas que esta vida jamás podría ofrecer. Lo mejor de todo es que no habrá miedo, dolor, carencia, agitación ni ninguno de los demás aspectos corruptores o desagradables que existen hoy.

Las Escrituras ofrecen vislumbres de lo que viene. De la parábola de las minas, aprendemos que habrá múltiples ciudades y, aún más notable, algunos de nosotros administraremos esas comunidades. Otros supervisarán grupos de ciudades (ver Lucas 19:11-19). ¿Dónde se ubican esas comunidades? ¿Quiénes son sus habitantes? ¿Cómo será la vida en los barrios, pueblos y ciudades de la nueva tierra? ¿Habrá civilizaciones en otros planetas, otras galaxias?

Jesús afirmó que se están preparando *mansiones* para nosotros (ver Juan 14:2).[1] Si nuestros hogares eternos son así de magníficos, ¿cómo serán las demás estructuras? ¿Tendrán todos los edificios la misma arquitectura? ¿De qué materiales estarán hechos?

Profundicemos. ¿Tendrán las comunidades culturas y entornos idénticos? Si tenemos civilizaciones tan diversas en nuestro mundo actual, ¿por qué no en la nueva tierra y los cielos nuevos? El apóstol Juan vio “una gran multitud, la cual nadie podía contar, de todas las naciones, tribus, pueblos y lenguas, de pie delante del trono” (Apocalipsis 7:9). Si, como algunos suponen, no hay sociedades diversas en la otra vida, ¿por qué se llama a diferentes etnias ante el trono de Dios? Si mantenemos nuestra identidad étnica, ¿de qué manera variarán las comunidades en el estado eterno?

Es más, y esto me asombra, ¡juzgaremos al mundo! ¿Cómo será eso y cuáles serán los resultados? Profundicemos más, ¡también juzgaremos a los ángeles! ¿Puedes comprender esta realidad? Sí, decidiremos junto con nuestro Rey cómo serán recompensados los serafines, querubines, arcángeles y demás espíritus ministradores. Nuestras decisiones se basarán en cómo nos sirvieron. Esos seres poderosos nos han sido asignados; todos son enviados desde el trono de Dios para ministrar a los herederos de la salvación: nosotros (ver 1 Corintios 6:2-3; Hebreos 1:14).

En esencia, habrá mucho que hacer en la eternidad; ¡nunca nos aburriremos! La realidad más impactante es que nuestras "posiciones laborales" eternas se establecen según hallamos vivido. Permíteme profundizar en esto volviendo a nuestra familia. Dos de nuestros hijos, tras años de servir fielmente y mostrar su valía, ahora ocupan altos cargos de liderazgo en nuestro equipo. Addison empezó en un puesto de nivel primario hace más de veinte años y, con el tiempo, ascendió a la dirección ejecutiva. Arden empezó como asistente de viajes y ahora dirige nuestro equipo de Nashville. Ambos demostraron una y otra vez su fidelidad, madurez de carácter y obediencia antes de ser ascendidos. De igual manera, como creyentes, esta vida es nuestro campo de pruebas; determinamos, mediante nuestras decisiones, nuestros roles para la eternidad, y las Escrituras muestran que las decisiones de Cristo nunca cambiarán, lo cual se explicará con más detalle en el capítulo final. (Como apunte, nuestros otros dos hijos comenzaron sus propios negocios. Estamos encantados y celebramos con ellos su éxito).

Hay una pregunta importante y persistente en el plan maestro de Dios que debe abordarse. En el futuro, ¿qué evitará otra tragedia colosal como la de un motín, como la insurgencia de Lucifer y sus camaradas ocurrida hace siglos? ¿Te imaginas el sinsabor que experimentó Dios cuando su líder de alabanza y muchos otros ángeles se rebelaron contra Él? La respuesta corta es que esas huestes angelicales amotinadas, mucho más poderosas e inteligentes que los seres humanos, nunca sufrieron adversidades por honrar a Dios. Nunca tuvieron que luchar para defender los deseos de Dios. En esencia, no fueron probados.

Dios, basado en su sabiduría, determinó que los que gobernarían con Él para siempre serían aquellos que mostraran la lealtad a Él en territorio enemigo hostil. Esos líderes se negaron a someterse a las presiones creadas por las fuerzas rebeldes, optaron por sufrir y soportar dificultades en su obediencia a Dios. Su fidelidad quedaría sellada para siempre mediante la perseverancia hasta el fin. Por esa razón, Pablo escribe: "Si sufrimos [con él], también reinaremos con él" (2 Timoteo 2:12 RVR1960).

Jesús decidió iniciar el camino; él, como pionero, enfrentó la prueba más severa. Leemos: "Y al manifestarse como hombre, se humilló a sí mismo y se hizo obediente hasta la muerte, ¡y muerte de cruz! Por eso Dios lo exaltó hasta lo sumo y le otorgó el nombre que está sobre todo nombre" (Filipenses 2:8-9). Su lealtad quedó demostrada para siempre, por lo que Dios declaró a su fiel Hijo:

> Tu trono, oh Dios, permanece para siempre.
>
> HEBREOS 1:8

De la misma manera, Dios se regocija con los fieles que soportan las pruebas y las tentaciones hasta el fin. Serán la novia de su Hijo y sus hijos, los que gobernarán con Él por el resto de la eternidad, como lo declara Jesús: "Al que salga vencedor y cumpla mi voluntad hasta el fin, le daré autoridad sobre las naciones, así como yo la he recibido de mi Padre" (Apocalipsis 2:26, 27). Así como el Padre le dio a Jesús un trono eterno, también nos dará autoridad eterna, y "estaremos con el Señor para *siempre*" (1 Tesalonicenses 4:17). ¡Eso es demasiado maravilloso para entenderlo!

Aquí surge la pregunta: ¿Por qué es necesaria la prueba? La respuesta yace en una sola palabra: confianza. En el mundo actual, muchos confunden las palabras amor y confianza. Es triste escuchar a alguien preguntar: "Sabes que te amo, ¿por qué no confías en mí?". No son sinónimos; podemos amar, pero no confiar. Pensemos en Jesús. Él nos amó tanto que aceptó adoptar un cuerpo humano, sufrir bastante y finalmente morir por nosotros. ¡Ese es un amor maravilloso! De hecho, es la mayor muestra de amor verdadero (ver Juan 15:13). Sin embargo, en cuanto a la confianza, veamos lo que se declaró al comienzo de su ministerio:

> Mientras estaba en Jerusalén, durante la fiesta de la Pascua, muchos creyeron en su nombre al ver las señales que hacía. En cambio, Jesús no confiaba en ellos porque los conocía a todos.
>
> JUAN 2:23-24

Confianza es una palabra interesante, definida en griego como "creer hasta el punto de confiar plenamente… 'tener confianza en, tener fe en'".[2] Curiosamente, Jesús no correspondía a la confianza. Aunque las personas creían plenamente en Él, Él no confiaba en ellas. Sabía que los seres humanos, a menos que sean probados, no son necesariamente confiables. Los amaba y les servía, pero no podía depositar su confianza en ellos.

Tres años después, en la Última Cena, estuvo con los que no se habían rendido. En los tres años anteriores de ministerio, la mayoría de quienes creyeron en Él no eran personas confiables. Muchos lo siguieron en secreto, otros a distancia, o solo cuando obtenían beneficios de Él; muchos discípulos lo abandonaron; y Judas lo traicionó (ver Juan 3:1-2; 6:26, 66; 12:42; 19:38; Mateo 26:14-16). ¿Acaso esto nos da una mejor idea de por qué Jesús no correspondió a la confianza de ellos?

Jesús estaba ahora sentado con quienes habían perseverado hasta el final de su ministerio. Con gratitud y afecto, anunció: "Ustedes son los que han estado siempre a mi lado en mis pruebas" (Lucas 22:28). En esencia, habían sido confiables y habían soportado todas las dificultades sin rendirse. Pedro tendría un gran contratiempo esa noche, como también los demás, pero más tarde, de repente, todos regresarían con corazones aún más fieles y leales, y Jesús lo sabía. Entonces les dijo a esos hombres:

> Ya no los llamo siervos, porque el siervo no está al tanto de lo que hace su amo; los he llamado amigos, porque todo lo que a mi Padre le oí decir se lo he dado a conocer a ustedes.
>
> JUAN 15:15

El siervo no es alguien en quien se puede confiar, con quien se puede trabajar estrechamente o a quien se le puede confiar lo que tienes en el corazón.

Puedes darle muchas tareas a un sirviente, pero no revelarle tus deseos y anhelos más íntimos, tus secretos. Esto lo haces con un amigo, alguien en quien confías.

Pero iría más allá. Después de la resurrección, Él nos llamaría hermanos y hermanas (ver Juan 20:17; Hebreos 2:11). Algunos hermanos no muestran ser confiables. Sin embargo, un hermano que es un buen amigo representa un nivel de cercanía mayor que un amigo que no pertenece a la familia.

Y esto es aún mejor, porque nuestro objetivo final es convertirnos en su amada esposa, alguien que también sea su mejor amistad. Este es el vínculo más fuerte que dos personas pueden compartir. Nadie está más conectado conmigo que Lisa. Ella es mi mejor amiga, incluso más que mis amigos más cercanos, tanto dentro como fuera de mi familia. En esencia, Jesús anhela estar unido a nosotros lo más estrechamente posible: que seamos una novia que sea su mejor amiga. ¡Cómo no responder con todo nuestro corazón y nuestra vida! Sin duda, uno de los pasajes más importantes de las Escrituras sobre una esposa noble se encuentra en Proverbios 31. Con razón lo atribuimos —en lo natural— a una esposa piadosa, pero ¿es posible que haya aspectos de estas palabras eternas que se apliquen a la novia de Jesús?

> Mujer virtuosa, ¿quién la *hallará*? Porque su estima *sobrepasa largamente a la de las piedras preciosas.*
>
> Proverbios 31:10 RVR1960

En primer lugar, "¿Quién la *hallará*?" se refiere a que debe ser buscada e identificada. No te tropiezas con ella. Sin embargo, si observamos la palabra hebrea *māṣā*, encontramos algo interesante: "también se usa en sentido causativo, hacer que se encuentre, es decir, no se halla al azar".[3] En otras palabras, algo hizo que se descubriera a esa esposa, lo que —para cualquier hombre sabio— eso sería el carácter o el corazón de ella. Esto no se descubre por sus palabras, sino por su comportamiento. Cómo maneja los asuntos difíciles de la vida. Cómo responde a las dificultades.

En segundo lugar, observa el gran valor que las Escrituras le otorgan. "Su estima sobrepasa largamente a la de las piedras preciosas". Este fue, sin duda, el gozo puesto ante Jesús que le dio la fuerza para soportar un sufrimiento terrible. Dio su vida por su fiel esposa; la vio proféticamente y la anheló. Esto nos lleva a las siguientes palabras de Salomón:

> Su marido puede confiar en ella, y ella le enriquecerá en gran manera la vida.
>
> PROVERBIOS 31:11 NTV

Vemos los dos puntos principales de este capítulo en esta sola frase. Esta es la esposa en la que Él puede confiar, y ella le *enriquecerá en gran manera* la vida. Jesús no se confió a los seres humanos hasta que estos perseveraron con Él a través de sus pruebas. El "vínculo traumático" del capítulo anterior se puede resumir en una palabra: confianza. Cuanto mayor es la confianza, mayor es el vínculo. La Biblia RVR1960 afirma: "El corazón de su marido está en ella confiado". Jesús busca la esposa a la que puede entregar plenamente su corazón; en la que puede confiar con seguridad.

En segundo lugar, ella le *enriquecerá en gran manera* la vida. Mi vida se ha enriquecido progresivamente a medida que Lisa y yo llevamos más tiempo casados. Durante nuestro noviazgo, observé repetidamente su lealtad y su fidelidad en ciertas circunstancias. Sin embargo, años después de caminar con ella, al ver el sufrimiento que ha estado dispuesta a soportar al ser mi esposa, madre y ministrar juntos, mi confianza se ha intensificado enormemente. Como resultado, nuestro tiempo juntos es aún más enriquecedor. Como se mencionó al principio del capítulo, he vivido como soltero y casado, por lo que sé que es mucho más enriquecedor compartir la vida con una pareja de confianza. Jesús desea una reina con quien gobernar, una esposa virtuosa.

Santiago escribe:

> Dichoso el que resiste la tentación porque, al salir aprobado, recibirá la corona de la vida.
>
> SANTIAGO 1:12

Hay una corona esperando a quienes han soportado las dificultades. La corona representa autoridad, poder y gobierno. En el caso de una reina, ella usa una corona y se le ha otorgado un trono. Así como a nuestro Novio se le concedió un trono eterno, el más alto de todos, así también a su novia, al compartir los sufrimientos de Cristo, se le concederá un trono eterno.

> Entonces vi tronos donde se sentaron los que recibieron autoridad para juzgar.
>
> APOCALIPSIS 20:4

Sentarse en uno de esos tronos significa que se te ha confiado el corazón del Rey y, por consiguiente, su autoridad, ¡algo muy significativo! Él sabe que gobernarás como Él lo haría. Ese es el mayor honor otorgado a un fiel seguidor de Cristo. Serás visto para siempre como su novia que mostró una devoción inquebrantable al Rey eterno durante el cortejo de esta vida terrenal.

¿Es ahora aún más obvio que la segunda venida es mucho más que un simple acontecimiento? Es un matrimonio real del Hijo de Dios con Su virtuosa esposa, y juntos se enriquecerán mutuamente por la eternidad venidera, mientras edifican y gobiernan juntos.

PASAJE. "Pero no con mi siervo Moisés. De toda mi casa, él es en quien confío" (Números 12:7 NTV).

PUNTO. Dios nos ama profunda e incondicionalmente; sin embargo, su confianza en nosotros debe ganarse.

PONDERA. Piensa en alguien a quien amas profundamente, pero en quien no necesariamente confías. ¿Por qué no puedes confiar plenamente en él o ella? ¿Es posible que gane o recupere tu confianza? ¿Cómo lo haría? Ahora considera esto desde la perspectiva de Dios: ¿Puede Él confiar en ti? ¿Por qué?

PIDE. Padre, mi mayor deseo es ser un hijo a quien no solo ames incondicionalmente, sino también en quien confíes. Por favor, dame la gracia para obedecerte ante las distracciones, la persecución o las dificultades.

Por favor, dame la fuerza para nunca ceder ni desobedecer tus deseos. En el nombre de Jesús, oro. Amén.

PROFESA. Mi meta es agradar a Dios, y eso se logra mediante mi obediencia a su voluntad. (Ver 2 Corintios 5:9).

EL REINO DE DIOS ES COMO UN REY QUE ORGANIZÓ UN BANQUETE DE BODAS PARA SU HIJO.

MATEO 22:2 BEM

CAPÍTULO 9

LA ANTIGUA BODA JUDÍA

Recuerdo, como si fuera ayer, la noche en que le pedí matrimonio a Lisa. Por aquel entonces vivíamos en Dallas, Texas, y nuestras familias vivían a cientos de kilómetros de distancia, por lo que tuve que prepararme solo para ese evento romántico. Aquello se inició en uno de los mejores restaurantes de la ciudad, donde gasté todo el dinero que no había usado en su anillo de compromiso a principios de semana.

Después de cenar, fuimos en el auto a un parque con un precioso panorama. Estaba conectado a un centro comercial de lujo, bien iluminado, con senderos, flores y árboles muy bien cuidados. El centro comercial estaba cerrado por la noche, así que teníamos el espacio para nosotros solos. Después de caminar un rato, vi un banco ornamentado y perfectamente iluminado, de modo que nos sentamos mientras seguíamos conversando. Cuando llegó el momento oportuno, me levanté del banco, luego me incliné, abrí la caja del anillo, le confesé mi profundo amor a Lisa y le pregunté si quería casarse conmigo. Para mi deleite, ella aceptó sin reservas.

Su respuesta no solo provocó una gran celebración, sino que consolidó la realidad de que pasaríamos juntos nuestro futuro. El hecho de que ella aceptara también dio inicio a la temporada de actividades pertinentes al suceso: un tiempo determinado para prepararnos para el día monumental de la boda.

Durante los siguientes meses, trabajamos diligentemente, tanto juntos como por separado. Lo que no preví fue cómo esa temporada provocaría la sensación de que el tiempo se detenía. El anhelo por nuestra unión hacía que los días parecieran semanas y las semanas meses. Esa sensación se intensificó a medida que pasábamos los dos últimos meses antes de la boda separados;

Lisa había regresado a Indiana para finalizar los preparativos. Nuestro compromiso, aunque solo duró cuatro meses, pareció un siglo.

Una vez que llegó el día tan esperado, recuerdo claramente los sentimientos de felicidad que inundaron mi alma. Continuaron intensificándose, hora tras hora, hasta el gran momento de ver, con lágrimas en los ojos, a mi novia caminar hacia el altar en la iglesia de su ciudad natal, Indiana. Nada podría haberme preparado para las abrumadoras emociones de ese momento. Aunque la mayoría de las parejas comparten emociones y experiencias similares, no todas las bodas son iguales. La nuestra fue una ceremonia occidental moderna, muy diferente de las que se celebraban en Israel de hace dos mil años. Por lo tanto, para comprender por completo el mensaje del regreso de Jesús por su novia, necesitamos ver lo que enseñó y lo que escribieron los apóstoles desde la perspectiva de una antigua boda judía.[1]

En esa época, se acostumbraba que la novia la escogía el padre del novio, por lo que la propuesta de matrimonio no la iniciaba el novio planeando una cita especial y terminando la velada arrodillándose para hacerle la gran pregunta. El proceso era muy diferente; comenzaba con la *ketubá*. Esta palabra proviene de la raíz *katav*, que significa "escribir". El novio, ya sea con la aprobación de su padre o acompañado por él, se reunía con la novia y sus padres, para presentarles un contrato escrito. La *ketubá* contenía los términos de la propuesta de matrimonio, que siempre incluía el *precio de la novia*, conocido como *mohar*.

En aquellos tiempos, todos los miembros de la familia participaban en la administración del hogar. El matrimonio implicaba que la hija dejaba a su familia y se unía a la del novio. El *mohar* se entregaba para compensar la pérdida de su contribución a las responsabilidades diarias; podía pagarse en oro, plata, la moneda de turno, objetos valiosos o incluso animales.

La tradición del precio de la novia se remonta a miles de años. Vemos algunos indicios en el Antiguo Testamento. El siervo de Abraham llevó diez camellos a través del desierto, cargados de valiosos regalos para comprar a la novia de Isaac. Jacob trabajó siete años por cada una de sus novias. El precio por la novia Mical que David ofreció a Saúl fueron cien prepucios filisteos (ver 1 Samuel 18:25). Y la lista continúa.

Una vez que ambas partes acordaban los términos de la *ketubá*, el novio le daba regalos a su novia y, en ocasiones, a sus padres. Luego, le servía una copa de vino a su novia. Compartir el vino declaraba oficialmente su aceptación de los términos del pacto matrimonial y sellaba el acuerdo. A partir de ese momento, no volverían a verse hasta la etapa final de la boda.

Una vez confirmada la *ketubá*, ello se consideraba vinculante; la pareja quedaba oficialmente *comprometida*, lo cual tiene mayor peso que nuestro compromiso. La diferencia radica en que el *compromiso* transmite la intención de casarse, mientras que el *contrayente* se une oficialmente al hombre o a la mujer mediante un pacto. Ahora están, en esencia, casados, con la excepción de tres privilegios: verse, consumar la unión físicamente y convivir. A ese punto, la única forma de separarse era mediante el divorcio. Eso lo vemos con el compromiso matrimonial de José y María. Al enterarse del embarazo de ella durante su separación, José —como hombre bondadoso y justo que era— planeó divorciarse de ella en secreto para no avergonzarla públicamente (ver Mateo 1:19).

Tras finalizar la *ketubá*, el novio regresaba a su hogar por tiempo indefinido y comenzaba a construir la habitación donde viviría con su pareja. Por lo general, era una habitación conectada a la casa de su padre.

Esa era su principal responsabilidad durante la separación, y una vez que su padre aprobaba la vivienda, encargaba a su hijo que regresara para llevarse a la novia. La separación solía durar un año, con algunas semanas de diferencia. No se conocía el momento exacto; sin embargo, se tenía muy presente el plazo. La decisión final estaba exclusivamente en manos del padre del novio.

La novia tenía varias responsabilidades al prepararse para el inminente regreso del novio. La más importante era mantenerse pura y serle fiel en su ausencia, como él también lo sería por ella. Poco después de su partida, la novia experimentaba una mikvá, un baño ceremonial en agua limpia para profesar públicamente la separación de su antigua vida a una nueva, de la vida de soltera a la de esposa. Sus otras tareas eran más complejas; incluían confeccionar su atuendo nupcial, empacar sus pertenencias, conseguir una lámpara con abundante aceite y otros preparativos para salir de casa. Era fundamental que viviera siempre preparada para cuando se la llevaran.

Al igual que hoy, el novio y la novia elegían a los que participarían en el cortejo nupcial: los padrinos y las damas de honor. Sus responsabilidades eran mucho más complejas que las que tenemos en nuestras bodas modernas. Una vez llegado el día señalado, el novio y sus acompañantes encabezaban una procesión de antorchas. Cada uno portaba su lámpara y entraba en la comunidad de la novia entre gritos por las calles y el sonido de los cuernos de carnero (*shofares*).

Llegaban de noche, a veces incluso a la medianoche. Eso se hacía por dos razones. Primero, en aquellos tiempos la gente no salía en la oscuridad de la noche como lo hacemos tan fácilmente hoy. No tenían más fuentes de luz que velas o lámparas de aceite. Llegar al anochecer garantizaba que las familias estuvieran reunidas en sus respectivos hogares. Segundo, la oscuridad también mantenía el arribo de ellos en secreto. Si la procesión se realizaba a la luz del día, alguien de la comunidad podría avistar al grupo de hombres que se acercaba a tempranas horas; pero se pretendía que fuera una sorpresa total.

Una vez que se oían los gritos de los padrinos, las damas de honor respondían encendiendo sus antorchas y uniéndose a la procesión. Junto con algunos familiares y amigos atentos, presenciaban cómo el novio se llevaba a su novia con su velo.

Cuando ya estaba en poder del novio, la procesión regresaba a la casa del padre de este. Para entonces, el desfile se había ampliado considerablemente, incluyendo no solo al cortejo nupcial, sino también a músicos, cantantes y bailarines, junto con familiares y amigos. El cortejo nupcial acompañaba a la novia hasta la jupá. Este es el nombre que se le daba al dosel que cubría la cámara nupcial. (Se menciona en las Escrituras en Salmo 19:5 y Joel 2:16). Ella entraba en la cámara donde su novio, quien se había adelantado apresuradamente, la esperaba para revelarle el lugar que había preparado. En la privacidad de la *jupá*, el novio desvelaba a su novia y la pareja se unía físicamente.

El "amigo del novio" —el padrino— permanecía fuera de la cámara esperando el anuncio de la consumación. El novio salía y presentaba la evidencia de la sábana manchada de sangre. Esa era la confirmación final de su fidelidad. El padrino se unía a los demás invitados, proclamaba la noticia y comenzaba la celebración del banquete de bodas que duraba siete días.

En esos siete días, los novios permanecían en la cámara nupcial. Al finalizar la semana, el novio sacaba a su novia, ahora sin velo, y la presentaba a todos los invitados.

Creo que estarás de acuerdo en que esto es significativamente diferente a nuestras ceremonias actuales. Al profundizar en esta antigua boda tradicional, vemos numerosas correlaciones bíblicas con Jesús y su novia. La primera son sus palabras:

> No se angustien. Confíen en Dios y confíen también en mí. En el hogar de mi Padre hay muchas viviendas. Si no fuera así, ¿les habría dicho yo a ustedes que *voy a prepararles un lugar allí*? Y si me voy y se lo preparo, vendré para *llevármelos conmigo*. Así ustedes estarán donde yo esté.
>
> JUAN 14:1-3

Todos los discípulos conocían bien cómo hablaba Jesús. Habían escuchado esos mismos términos y frases nupciales en numerosas ocasiones durante su infancia. Familias, amigos, rabinos y maestros los habrían mencionado o comentado con frecuencia. En su juventud, probablemente habían asistido a muchas celebraciones de bodas. En esencia, las palabras de Jesús no eran un enigma ni un misterio; eran familiares y fácilmente reconocibles.

Abordemos algunos puntos clave. Primero, sus palabras "vendré para llevármelos" provienen del griego *paralambánō*, que se define como "tomar, recibir. Tomar cerca, con o para uno mismo, recibir para uno mismo".[2] Él especifica que vendrá, en persona, a buscarnos y que estaremos con Él en la casa de su Padre. Esto les indicó a los discípulos hacia dónde se dirigía con lo que se les estaba diciendo.

Segundo, Jesús tuvo que desarmar la idea de que tal vez no hubiera suficiente espacio. Una celebración de boda solo podía tener un número limitado de personas en una casa familiar típica. Jesús amplía su razonamiento al hecho de que esta será una boda muy grande. De hecho, el Dr. Henry Morris, doctor en ciencias, informó que, según sus cálculos matemáticos, la Nueva Jerusalén, con 2.250 kilómetros cuadrados, podría albergar a veinte mil millones de personas, y cada residente tendría una parcela de un kilómetro.[3]

Tercero: "Voy a prepararles un lugar". La palabra griega para lugar es *tópos*, y una de sus definiciones, en más de un diccionario griego, es "una habitación".[4] En este punto, se les asegura que está hablando de una boda, pues es la frase exacta con la que un novio consolaba a su novia cuando se separaban antes de casarse.

Finalmente, y lo más emocionante, declara: "Así ustedes estarán donde yo esté". Me imagino que sus pensamientos se dirigieron directamente a las conmovedoras emociones que embargan a una novia cuando finalmente aparece su tan esperado novio; ahora tiene la seguridad de que estarán juntos por el resto de sus vidas.

¿Y qué hay del *mohar*, el precio de la novia? La Escritura dice: "Fueron comprados por un precio" (1 Corintios 6:20). También se nos dice: "él adquirió [a la novia de su Hijo] con su propia sangre" (Hechos 20:28). ¡Una compra muy costosa!

¿Y qué pasó con el vino? Justo antes de la crucifixión, Jesús anunció a sus discípulos su deseo de compartir la cena de Pascua con ellos. Durante el evento, les ofreció una copa de vino y declaró: "No volveré a beber del fruto de la vid hasta que venga el reino de Dios" (Lucas 22:18). Muy similar a la manera en que la joven pareja confirma la *ketubá*.

Con respecto al compromiso matrimonial, Pablo escribe a los corintios: "El celo que siento por ustedes proviene de Dios, pues los tengo prometidos a un solo esposo, que es Cristo, para presentárselos como una virgen pura" (2 Corintios 11:2). Ahora, al comprender su boda tradicional, podemos entender mejor las fuertes palabras del apóstol Santiago:

> ¡Oh, gente adúltera! ¿No saben que la amistad con el mundo es enemistad con Dios? Si alguien quiere ser amigo del mundo se vuelve enemigo de Dios.
>
> SANTIAGO 4:4

Recuerda la diferencia entre nuestro "compromiso" moderno y un "desposorio". Ante eso, las palabras de Santiago adquieren un tono completamente diferente. Al entablar amistad con el mundo, estamos rompiendo el pacto de nuestro compromiso conyugal con Jesús; ¡eso es *adulterio*!

¿Por qué Santiago no dice que hacernos amigos del mundo nos convierte en enemigos de Jesús? ¿Por qué, específicamente, enemigos de Dios? Cuando comprendemos el alto precio que el Padre pagó para comprar una novia para su Hijo (recordemos el capítulo anterior sobre el sufrimiento insoportable que vio soportar a su Hijo) y luego vemos a la novia prometida de su Hijo viviendo infielmente al hacerse amiga del mundo, podemos comprender mejor su ira.

No estamos hablando de una novia que es tentada, cae en pecado y luego —de repente— sufre una profunda desilusión. No, la sangre de Jesús limpia por completo. Más bien, Santiago habla de una novia que vive para sí misma, no para su novio; su búsqueda en la vida es lo que le da buena apariencia, la hace sentir bien o alimenta su orgullo por sus logros (ver 1 Juan 2:15).

En la Carta a los Efesios, parece que Pablo solo se refiere al matrimonio entre una pareja normal; pero no es así. Él usa esto como metáfora para hablar de nuestra relación con Jesús:

> Esposos, amen a sus esposas, así como Cristo amó a la iglesia y se entregó por ella para hacerla santa. Él la purificó, lavándola con agua mediante la palabra, para presentársela a sí mismo como una iglesia radiante, sin mancha ni arruga ni ninguna otra imperfección, sino santa e intachable.
>
> 5:25-27

La novia por la que Él regresa es una que no está manchada por haber cometido adulterio con el mundo. Una que no busca el placer personal, la ganancia personal, la autopromoción ni la autopreservación. Ella le ha entregado su vida a Él tal como Él le entregó la suya a ella, igual que el novio y la novia que disfrutarán de un matrimonio sano.

Observa que ella es lavada por la purificación de la Palabra de Dios. La versión completa de la Biblia judía traduce esto como "purificándola mediante la inmersión en la *mikvá*, por así decirlo". Recordemos que la *mikvá* es el agua limpia en la que se lava a la novia. El pasaje bíblico afirma: "Él la purificó, lavándola con agua mediante la palabra". Esa palabra es la Palabra de Dios, la que nos limpia de la contaminación y filtra los intentos de este mundo por mancharnos. La Palabra que mantiene nuestras mentes renovadas e incorruptas.

Hay mucho más que descubrir en esta antiquísima historia de amor. Seguiremos haciendo referencia a la antigua boda judía al profundizar en su segunda venida. Lo que entendamos en este capítulo nos revelará verdades previamente ocultas.

¿Se está volviendo más claro que la pronta venida de Jesús no es solo algo inquietante o religioso? Vemos cómo nuestro Novio eterno anhela estar unido permanentemente con su amada. ¿Sientes su profundo amor y deseo por ti?

PASAJE. Cautivaste mi corazón, hermana y novia mía ... ¡Cuán delicioso es tu amor ... novia mía! (Cantar de los Cantares 4:9-10).

PUNTO. El corazón de Jesús está cautivado por la novia que lo ama como Él la ama a ella.

PONDERA. ¿Qué deberías estar haciendo a fin de prepararte para la llegada inesperada de tu Novio? En la antigua boda judía, el novio se escondía durante siete días. ¿Qué podría significar esto para la novia de Jesús? No estamos simplemente comprometidos con Jesús; más bien, estamos desposados con Él. Piensa y enumera las diferencias entre ambas cosas.

PIDE. Querido Padre celestial, te pido que me ayudes a prepararme para la llegada de nuestro Novio. Renuncio a flirtear con el mundo, a seguir los caminos de quienes no conocen a Jesús. Te pido que, al permanecer en tu Palabra, me limpies de la inmundicia de este mundo. En el nombre de Jesús, amén.

PROFESA. ¡Soy de mi Amado, y mi Amado es mío!

HERMANOS, USTEDES NO ESTÁN EN TINIEBLAS, ASÍ QUE ¿CÓMO LOS PODRÍA ESTO AGARRAR DESPREVENIDOS?

1 TESALONICENSES 5:4 BEM

CAPÍTULO 10

LA TEMPORADA DE SU REGRESO

En los tiempos de la primera venida de Jesús, los que andaban con Dios conocían el tiempo y el lugar aproximados de su nacimiento y de su muerte. Es más, los esenios predijeron eso, no solo hasta el año, sino también la semana. ¿Cómo lo supieron? Prestaron atención con oración a las palabras de los profetas, especialmente al mensaje del ángel Gabriel a Daniel. La cronología de la profecía era específica, por lo que resultó ser exacta.

Ahora, volvamos al tema de la segunda venida de Jesús. ¿Podemos precisar el día, el mes o el año del regreso de Jesús? La respuesta es enfática: "¡No!". Jesús afirma:

> "Pero en cuanto al día y la hora, nadie lo sabe, ni siquiera los ángeles en el cielo, ni el Hijo, sino solo el Padre".
>
> MARCOS 13:32

Eso no difiere mucho del novio, en el caso de las antiguas bodas judías, incluso con el nuestro, Jesús. Es bastante sorprendente que Él no lo sepa, a pesar de ser Dios. Quizás la Trinidad decidió antes de la fundación del mundo que solo el Padre lo sabría. Detente y reflexiona sobre la asombrosa realidad de esto: Dios puso en el corazón del pueblo judío, hace miles de años, la idea de que celebraran sus bodas de una manera que reflejara el regreso de Jesús por su novia. ¡Asombroso!

Solo Dios Padre sabe el momento del regreso de Jesús. Pero ¿qué pasa con la época? ¿La generación? ¿Qué dicen Jesús, sus apóstoles, los profetas y las Escrituras al respecto? De entrada, diré con valentía: "Esto es lo que se espera que sepamos".

Comencemos con Jesús. Extraeré algunas declaraciones de su mismo discurso en tres de los evangelios. Veamos el contexto. Los discípulos admiran el complejo del templo y comentan la impresionante belleza de los edificios. Jesús aprovecha el momento para informarles en cuanto a la inminente y devastadora destrucción del templo, y llega —incluso— a decir que no quedaría piedra sobre piedra de todo eso. Como se mencionó anteriormente, predice que Tito y Roma vendrán cuarenta años después y destruirán por completo el templo y Jerusalén. Sus discípulos entonces plantearon tres preguntas (ver Mateo 24:3):

1. ¿Cuándo será destruido el templo?
2. ¿Cuál será la señal de tu venida?
3. ¿Cuál será la señal del fin del mundo?

Debido a la naturaleza de sus preguntas, nos encontramos con dos períodos de tiempo diferentes: 32-135 d. C. y 1967 en adelante. Nuestro análisis se centrará en el segundo período. Pero primero, veamos las palabras finales de Jesús sobre la devastación del año 70 d. C.:

> "Caerán a filo de espada y los llevarán cautivos a todas las naciones. Los que no son judíos pisotearán a Jerusalén, hasta que se cumplan los tiempos señalados para ellos".
>
> Lucas 21:24

El golpe inicial y más importante del desmantelamiento de la población de Israel sucedió cuando el ejército de Tito destruyó Jerusalén en el año 70 d. C. Sin embargo, aún persistían fortalezas en Israel que Roma desmanteló durante los siguientes sesenta y cinco años. El golpe final se produjo con la derrota del último líder judío de aquella época, Bar Kojba, en el año 135 d. C. Este fue el asedio y la caída de Betar, el último bastión judío. Las numerosas campañas romanas provocaron la despoblación casi total de los judíos de Israel: muchos fueron asesinados, otros fueron deportados a la esclavitud y los restantes se vieron obligados a huir. Con el tiempo, el pueblo judío estaba presente en —prácticamente— todas las naciones del mundo.

Jesús predijo que después de eso, Jerusalén sería "pisoteada por los gentiles". Eso simplemente significa que la ciudad estaría bajo dominio gentil hasta el regreso de Israel. Los romanos, los bizantinos, los califatos árabes, los cruzados, los mamelucos, el imperio Otomano y, finalmente, Gran Bretaña, compartieron el gobierno gentil de la ciudad y la Tierra Santa durante los siguientes dieciocho siglos.

Sin embargo, el 14 de mayo de 1948, ocurrió un acontecimiento extraordinario: Israel nació en un solo día. Eso fue predicho por el profeta Isaías. Leemos:

> "¿Quién oyó cosa semejante?, ¿quién vio tal cosa? ¿Concebirá la tierra en un día? ¿Nacerá una nación de una vez? Pues en cuanto Sion estuvo de parto, dio a luz sus hijos".
>
> Isaías 66:8 RVR1960

Eso fue milagroso. Una nación de personas exiliadas por todo el mundo, prácticamente en todas las naciones, durante más de mil ochocientos años, permaneció intacta. Mantuvieron su linaje puro, sus costumbres vivas, ¡y hoy hablan hebreo! Ninguna nación ha logrado esto en la historia de la humanidad. Las probabilidades son astronómicas; solo con la intervención de Dios podría haberse logrado esto. Isaías profetizó nuevamente:

> En aquel día el Señor volverá a extender su mano para recuperar al remanente de su pueblo ... Izará una bandera para las naciones, reunirá a los desterrados de Israel y de los cuatro puntos cardinales juntará al pueblo esparcido de Judá.
>
> 11:11-12

Presta atención a las palabras de Isaías: ¡*una segunda vez*! Esto plantea la pregunta: ¿cuándo fue la primera vez? Algunos creen que fue cuando Dios sacó a Israel de Egipto a la tierra prometida. Pero no pudo ser, pues Isaías habla específicamente de un "remanente", que es un pequeño grupo sobreviviente. En el éxodo egipcio, se sacó a toda la nación, no a un remanente. La primera vez solo podría referirse al regreso de Babilonia, porque la mayoría del pueblo fue asesinado por el ejército del rey Nabucodonosor. Antes del cautiverio babilónico, los profetas advirtieron repetidas veces que solo un pequeño segmento sobreviviría a su embestida, confirmando así la primera vez.

¿Cuándo fue la *segunda vez*? Solo podría ser el regreso del pueblo judío en el siglo veinte. Isaías es claro: en el segundo tiempo, el remanente no regresará de un solo lugar, Babilonia, sino *de los confines de la tierra*. Eso comenzó en el siglo veinte, procedían de naciones de todo el mundo, lo que sigue sucediendo hasta nuestros días. ¡Es asombroso!

Aunque los judíos regresaban en las décadas de 1940 y 1950, y la ONU reconoció a Israel como nación, la Ciudad Santa de Jerusalén seguía bajo control gentil. No fue hasta la breve Guerra de los Seis Días, ocurrida del 5 al 10 de junio de 1967, que eso cambiaría. El decisivo triunfo de Israel sobre cinco naciones árabes aliadas condujo a la recuperación de la Ciudad Vieja de Jerusalén, que hasta entonces estaba bajo control jordano. Las palabras de Jesús se cumplieron; el período de los gentiles había llegado a su fin.

Jesús entonces declaró:

> "Habrá señales en el sol, la luna y las estrellas. En la tierra, las naciones estarán angustiadas y perplejas por el bramido y la agitación del mar. Se desmayarán de terror los hombres, temerosos por lo que va a sucederle al mundo, porque los cuerpos celestes serán sacudidos. Verán entonces al Hijo del hombre venir en una nube con poder y gran gloria".
>
> LUCAS 21:25-27

Jerusalén, así como la tierra de Israel, ahora es gobernada por el pueblo judío, por primera vez en más de mil ochocientos años. Eso es clarísimo: Jesús se refiere al período de 1967 en adelante. Hay quienes piensan que todo lo que dice en este discurso se refiere únicamente a los acontecimientos del primer siglo, pero estos tres versículos demuestran claramente que no es así.

Jesús habla de las señales: dolores de parto (ver Mateo 24:8). Es importante mencionar esta analogía. Así como las contracciones de parto de una mujer se vuelven cada vez más frecuentes e intensas, también lo hacen las señales en el sol, la luna, las estrellas, los terremotos, los tsunamis, las plagas, las pestes, las hambrunas y otras señales que Jesús menciona. Se volverán aún más frecuentes e intensas a medida que nos acerquemos a su regreso. Entonces llegaremos al clímax: *su venida en gran gloria*, y todo ojo lo verá. Me encantan las palabras del apóstol Juan:

> ¡Miren que viene en las nubes! Y todos lo verán con sus propios ojos, incluso quienes lo traspasaron; y por él harán lamentación todos los pueblos de la tierra. ¡Así será! Amén.
>
> APOCALIPSIS 1:7

Será un día glorioso y aterrador a la vez. Aterrador para los que se negaron a someterse a su señorío, quienes tercamente se negaron a obedecer sus deseos. Ese día, multitudes clamarán para que las rocas o las montañas caigan sobre ellos y los oculten del rostro de nuestro glorioso Rey (ver Apocalipsis 6:16). La ira será tan terrible y decisiva que, antes de que termine, a la gente "se les pudrirá la carne en vida, se les pudrirán los ojos en las cuencas y se les pudrirá la lengua en la boca" (Zacarías 14:12). Isaías escribió:

> ¡Giman, que el día del Señor está cerca! Llega de parte del Todopoderoso como una devastación. Por eso todas las manos desfallecen, todo el mundo pierde el ánimo. Quedan todos aterrados; dolores y angustias los atrapan: ¡se retuercen de dolor, como si estuvieran de parto! Espantados, se miran unos a otros; ¡tienen el rostro encendido! ¡Miren! ¡Ya viene el día del Señor —día cruel, de furor y ardiente ira—; dejará la tierra devastada y exterminará en ella a los pecadores! Las estrellas y las constelaciones del cielo dejarán de irradiar su luz; se oscurecerá el sol al salir y no brillará más la luna. Castigaré por su maldad al mundo y por su iniquidad a los malvados.
>
> ZACARÍAS 13:6-11

La ira de Dios se derramará, y el Rey cuyo rostro brilla como el sol irá sobre un caballo blanco, acompañado de sus santos: los ejércitos del cielo. Nadie, ni sobre la tierra ni debajo de ella, será ajeno a este acontecimiento. El apóstol Juan escribió sobre ese momento: "Vi a un ángel que, parado sobre el sol, gritaba a todas las aves que vuelan en medio del cielo: 'Vengan, reúnanse para la gran cena de Dios, para que coman carne de reyes, de jefes militares y de magnates; carne de caballos y de sus jinetes; carne de toda clase de gente, libres y esclavos, grandes y pequeños' (Apocalipsis 19:17-18). Las Escrituras declaran que en ese día, la humanidad será más escasa que el oro (Isaías 13:12).

Será un tiempo horrible; no tenemos nada en el pasado con qué compararlo. Ha sido advertido por los profetas, apóstoles, ángeles y hasta por el propio Jesús. Nunca ha habido ni habrá días tan terribles en toda la historia de la humanidad. Piensa en todos los terribles desastres naturales, guerras infernales, genocidios horrendos, plagas devastadoras y otros sufrimientos terribles que ha afrontado la humanidad. Ninguno de ellos se comparará con lo que está por venir. Voces divinas han estado clamando durante siglos, advirtiendo a la humanidad que huya de la ira venidera, pero seguimos adelante como si ese día nunca ha de llegar.

Esto debería aterrorizar a cualquiera que no permanezca en Cristo; sin embargo, muchos le restan importancia o lo menosprecian. Los que están en un extremo, se burlan de esta advertencia, diciendo: "No sucederá, nada ha cambiado en siglos". Mientras que en el otro extremo, dicen: "¡Ningún Dios amoroso haría esto!". Este grupo desconoce lo contagiosos que son el mal y la maldad. Si no se controlan, contaminarían toda la creación de Dios. Deben ser completamente destruidos para dar paso a un reino eternamente puro.

Dios ha sido muy paciente, bondadoso y tolerante, dándole a la humanidad todas las oportunidades para que acepte el sacrificio que su Hijo hizo al pagar con su vida para liberarnos de la ira venidera. No obstante, su espera es limitada. El fin está cerca, y sin embargo, muchos piensan que todo sigue igual. Es así de simple: cuando la humanidad elige el pecado y la rebelión en lugar de la sumisión total al señorío de Jesús, se pone del lado de la copa llena del juicio decretada por toda la rebelión de las generaciones pasadas hasta la presente.

Eso es serio, querido amigo. Reflexiona en esto: Si nuestro Creador pagó un precio tan terrible para liberarnos de la tiranía del sistema de este mundo y su juicio inminente, ¿por qué pensar que no es un asunto serio? Lo es, pero muchos ministros evitan advertir al respecto, pensando que eso repelerá y alejará a la gente de Dios, creyendo que eso es desagradable.

Cuando la Escritura advierte: "Huyan de la ira venidera" (Mateo 3:7 y Lucas 3:7), ¿cae eso en oídos sordos? ¿Hemos olvidado que se nos ha advertido de antemano?

> ¡Ya viene el Señor con fuego! ¡Sus carros de combate son como un torbellino! Descargará su enojo con furor, y su reprensión con llamas de fuego. Con fuego y con espada juzgará el Señor a todo mortal. ¡*Muchos morirán a manos del Señor*!
>
> Isaías 66:15-16

¡*Muchos morirán a manos del Señor!* ¿Cómo puede un Dios de amor hacer eso? Precisamente por eso debe hacerlo: *porque* es amor. Considera "la naturaleza del pecado y la muerte" como una enfermedad extremadamente contagiosa. Con el tiempo, pervertirá, corromperá y destruirá lo puro y santo. ¿Cómo puede Dios poner en peligro todo lo puro y hermoso? ¿Cómo podría permitirlo? Si lo hiciera, sería cruel, no amoroso. Puesto que Él es verdaderamente amor, por lo tanto, protege.

Cuando Adán eligió la naturaleza del pecado y la muerte, Dios expulsó rápidamente a la primera pareja del jardín para protegerlos. Si hubieran comido del árbol de la vida, habrían estado condenados a mantener su naturaleza malvada para siempre, convirtiendo así a la humanidad en un adversario para siempre de la naturaleza justa y bondadosa de Dios. La humanidad habría sido eternamente malvada, como lo son Satanás y sus huestes. Sin embargo, el amor rescató a los que decidieron adorarlo.

Dios ha sido paciente; ha sido sufrido; quiere que todos se arrepientan y alcancen la vida eterna a través del señorío de Jesucristo. Pero con el paso del tiempo, el corazón se les endurece cada vez más, hasta que llegue el momento —muy pronto— en que, si a los que queden se les dieran mil años más, no cambiarían. Es más, incluso después de los terribles juicios de los sellos y seis de los juicios de las trompetas de la tribulación, en los que miles de millones de personas morirán, aún escuchamos estas palabras aleccionadoras: "los que no murieron a causa de estas plagas, tampoco se arrepintieron de sus malas acciones" (Apocalipsis 9:20). En el día de su venida no habrá término medio. Leemos:

> El Señor dará a conocer su poder entre sus siervos y su furor entre sus enemigos.
>
> Isaías 66:14

Esto se refiere específicamente al gran y terrible día en que el Rey regresa a esta tierra, lo que continuaremos tratando con más profundidad más adelante en este mensaje. Sin embargo, necesitamos retomar el tema. Probablemente te preguntes qué pasó con el asunto del regreso de nuestro Novio por su novia. ¿Por qué escuchamos hablar de un juicio terrible? Hay una razón. Muchos asocian la venida del Novio por su novia con el juicio brevemente descrito. La pregunta que muchos se hacen es: ¿Coinciden estos eventos en uno solo, o hay dos acontecimientos significativos que vendrán en el futuro cercano?

Comenzamos este capítulo intentando conocer la época, la generación, en que sucederán todas estas cosas. Continuaremos esta búsqueda en el próximo capítulo y, finalmente, analizaremos si Jesús vendrá por su novia exactamente al mismo tiempo que la tierra está siendo juzgada.

Antes de terminar, preguntémonos: *¿Cómo nos irá a nosotros, a nuestros hijos o a los hijos de nuestros hijos en lo que se aproxima rápidamente?* Podemos estar preparados porque los asuntos importantes relacionados con este tiempo están claramente delineados en la Palabra de Dios. Me alegra mucho que dediques tiempo a esta preparación. Es mi más sincero deseo, y el de Dios, que sea para ti y tus descendientes un día del Señor grande, no terrible.

PASAJE. "No selles las palabras de la profecía de este libro, porque el tiempo está cerca. El que es injusto, sea injusto todavía; y el que es inmundo, sea inmundo todavía; y el que es justo, practique la justicia todavía; y el que es santo, santifíquese todavía" (Apocalipsis 22:10-11 RVR1960).

PUNTO. Tenemos una opción: ¿Seremos eternamente malos e inmundos o eternamente justos y santos?

PONDERA. ¿Qué dice la Escritura anterior (Apocalipsis 22:10-11) a la luz de lo que he leído en este capítulo? ¿Por qué Dios habla tanto del juicio venidero y nosotros tan poco? ¿Cómo podemos cambiar eso?

PIDE. Querido Padre celestial, puedes mantenerme fuerte hasta el día del Señor Jesucristo. Por favor, hazlo; fortaléceme para que sea hallado irreprensible en ese gran día de la venida de mi Señor. En el nombre de Jesús, amén.

PROFESA. Me aferraré a la justicia que se encuentra en Cristo y buscaré la santidad para estar listo para el día de su venida.

“NO ESTOY DICIENDO ESTO SOLO PARA UNA GENERACIÓN FUTURA, SINO TAMBIÉN PARA ESTA: ESTAS COSAS SUCEDERÁN”.

MARCOS 13:30 BEM

CAPÍTULO 11

ESTA GENERACIÓN NO PASARÁ

Imagínate a una novia comprometida en aquellos tiempos judíos antiquísimos. Su novio lleva casi un año ausente, ella espera preparada para esa noche especial en la que los gritos y el sonido de los shofares sonarán por las calles de su comunidad. Tiene su lámpara al lado de la cama, su baúl está lleno de sus pertenencias y su vestido de novia junto con su velo cuelgan en un lugar destacado de su dormitorio. Aunque su regreso era inminente desde el primer día en que se separaron, ella es plenamente consciente de que es el momento más probable para que él se la lleve lejos.

Esa es una situación muy similar a la de todo verdadero creyente en Cristo. Tenemos una profunda certeza, en nuestros corazones, de que su llegada está cerca; de que ya es el tiempo. Sin embargo, lo más importante es que, ¿puede esto confirmarse en las Escrituras? ¡Claro que sí, por supuesto! Ya empezamos esa búsqueda en el capítulo anterior. Así que continuemos.

Regresemos a las palabras que dijo Jesús y retomémoslas desde donde las dejamos. Vemos que, después de identificar las señales, Él hace una declaración reveladora, aunque muy fácil de obviar:

> "Verán entonces al Hijo del hombre venir en una nube con poder y gran gloria. Cuando comiencen a suceder estas cosas, cobren ánimo y levanten la cabeza, porque se acerca su redención".
>
> LUCAS 21:27-28

Cuando *comiencen* a suceder estas cosas —los dolores de parto—, Él no dice "una vez que hayan *terminado*". No, dice "*comiencen*". La raíz griega de esta palabra es *árchomai* y significa específicamente "iniciar una acción, proceso o estado del ser... 'comenzar'".[1] Así que, al comienzo de estos dolores de parto, se nos dice que hagamos algo.

Cuando Lisa estaba embarazada de nuestro segundo hijo (el primero tuvo que ser inducido), aprendí a "hacer algo" que era pertinente al comienzo del parto. Estaba en una reunión administrativa, en nuestra iglesia, cuando uno de los asistentes interrumpió repentinamente nuestra conversación y declaró con urgencia: "Pastor John, debe irse inmediatamente. Su esposa está por dar a luz".

Me levanté de un salto, dije "adiós", conduje a casa para recoger a Lisa y su maleta, y corrí al hospital. En dos horas nació Austin. El inicio del parto nos impulsó a ambos a actuar. Jesús nos instruye: "Cuando comience el parto de estas señales específicas, esto es lo que deben hacer".

El Maestro nos dice que hagamos dos cosas: primero, ponernos de pie. En griego, la palabra es *anakúptō*, que significa "levantarse o incorporarse desde una postura encorvada".[2] Imagino que esa "postura encorvada" indica que no estaban ocupados con la tarea en cuestión. En la parábola de Jesús sobre las vírgenes, mientras el novio se demoraba, todas durmieron (ver Mateo 25:5). Estaban desconectadas. Debo admitir que, al evocar el pasado, hace diez años estaba dormido comparado con lo que ha despertado en mi corazón en los últimos cinco años. El Espíritu Santo me llevó a estudiar la Palabra profética de Dios, lo que creó una mayor urgencia en mí en cuanto a esta época, una pasión intensificada por amar a la gente, hacer discípulos y ver a los perdidos salvos. Siento como si me hubiera levantado y estuviera más alerta.

La segunda frase es *levanten la cabeza*. Lo que significa, en efecto, alzar la vista y mirar hacia arriba. Sin embargo, otra definición de la palabra griega *epaírō* es: "ser llevado, ser elevado".[3] Se puede decir con seguridad que, en esencia, Él nos anima a que "dejemos de estar encorvados (o insensibilizados)", es decir, "que dejemos de ser insensibles por el apego a los asuntos de esta vida, porque los he llamado a vencer al mundo, ¡así que levántense! ¡Miren a lo alto! ¡Porque están a punto de ser llevados arriba!".

Respecto a esto, Pablo escribe:

> Ya que han resucitado con Cristo, *busquen* las cosas de arriba, donde está Cristo sentado a la derecha de Dios. *Concentren su atención en*

> *las cosas de arriba*, no en las de la tierra, pues ustedes han muerto y su vida está escondida con Cristo en Dios.
>
> COLOSENSES 3:1-3

Presta atención al vocablo *busquen*. Esa es la palabra clave que, en este caso, implica *poner la vista* en eso que nos interesa. Por tanto, cuando conduzco mi automóvil, mi vista *busca* —es decir, fija su enfoque— estar atento a lo que pueda haber en la carretera. Puedo bajar la vista momentáneamente para ver el panel de instrumentos, echar un vistazo a un pasajero que viaja conmigo u observar un hermoso paisaje, e incluso echar un vistazo rápido al GPS de mi teléfono pero, de inmediato, vuelvo a poner la vista donde debe estar *puesta*.

De igual manera, tenemos cosas que hacer en esta vida: trabajo, diversas tareas diarias y el descanso necesario, que puede incluir recreación o pasatiempos periódicos. Es necesario atender estas cosas pero, a menudo, se pueden realizar de la misma manera que conversar con un pasajero en nuestro vehículo; nuestra vista sigue puesta en la carretera. Sin embargo, si nuestra vista está puesta en las cosas de esta vida y periódicamente echamos un vistazo a las realidades del cielo, en realidad, no estamos *mirando hacia arriba*.

Pablo nos instruye a pensar en las cosas del cielo, no en las de la tierra. Dondequiera que fijemos nuestra vista, allí es donde irán nuestros pensamientos por defecto. Si tu mirada está puesta principalmente en la Liga Nacional de Futbol (NFL, por sus siglas en inglés), el entretenimiento, el éxito, la fama, la popularidad, la política, las redes sociales (la lista es casi interminable), puedes quedarte dormido fácilmente.

Piensa en la novia que te espera, que tiene sus tareas diarias en casa de sus padres: preparar comida, lavar ropa, sacar agua del pozo u otros quehaceres; sin embargo, en ese tiempo su mirada (o su atención) está puesta en su futuro esposo. Sus pensamientos se enfocan en su llegada, lo que no impide que realice las tareas diarias.

¿Adónde vas a parar cuando tu mente está en punto muerto? Ahí es donde se concentran tus pensamientos. Si piensas incesantemente y te consumen las estadísticas de tu equipo favorito de la Asociación Nacional Deportiva Universitaria (NCAA, por sus siglas en inglés), aumentar tus seguidores en YouTube o Instagram, ganar dinero y ... la lista es casi interminable... estás encorvado o, lo que es lo mismo, insensible. Tu mente está *puesta* en un mundo que pasa rápido. Si perteneces a Jesús, estás muerto a este mundo y tu vida está escondida con Cristo en Dios.

Observa la siguiente declaración de Pablo. Si atendemos la instrucción de levantarnos y mirar hacia arriba:

> Cuando Cristo, que es la vida de ustedes, se manifieste, entonces también ustedes serán *manifestados con él en gloria.*
>
> COLOSENSES 3:4

¡Maravilloso! ¡Seremos manifestados con Él en gloria! Reflexiona un momento en lo que acabamos de comentar en el capítulo anterior: ¡la gloria que se revelará cuando Jesús venga en las nubes! Los valientes clamarán a las rocas y a las montañas para que las oculten de Aquel que cabalga sobre el caballo blanco. En vista de ello, el apóstol Juan escribe:

> Queridos hermanos, ahora somos hijos de Dios, pero todavía no se ha manifestado lo que habremos de ser. Sabemos, sin embargo, que cuando Cristo venga seremos semejantes a él, porque lo veremos tal como él es.
>
> 1 JUAN 3:2

Un momento, Pablo acaba de escribir que nos manifestaremos con Él en gloria, no a distancia; estaremos con Él. ¡Seremos como Él! Brillaremos como nuestro Rey, nuestro amado Esposo, nuestro Señor y Maestro. Con estas palabras en mente, volvamos a la declaración de Daniel sobre el juicio del mundo en los últimos tiempos:

> "Entonces … habrá un *período de angustia*, como no lo ha habido jamás desde que las naciones existen. Pero tu pueblo será *liberado*; todos los que están inscritos en el libro. Del polvo de la tierra se levantarán las multitudes de los que duermen, algunos de ellos para vida eterna; pero otros para quedar en la vergüenza y el desprecio

> eternos. Los sabios *resplandecerán con el brillo del cielo*; los que guían a muchos en el camino de la justicia brillarán como las estrellas por toda la eternidad".
>
> DANIEL 12:1-3

¿Está tu corazón lleno de esperanza y emoción? *Brillaremos como el cielo.* Los que cumplan su comisión de hacer discípulos dentro de su esfera de influencia, ¡los harán brillar como estrellas por toda la eternidad! Judas y Zacarías escriben:

> Miren, el Señor viene con millares y millares de sus santos, para someter a juicio a todos.
>
> JUDAS 14-15

> Entonces vendrá el Señor mi Dios acompañado de todos los santos.
>
> ZACARÍAS 14:5

Hagamos un resumen de todo esto. Jesús dice que cuando veamos que todas estas señales *comiencen* a suceder, dejemos nuestra postura insensible, nos levantemos y miremos hacia lo alto, fijando la vista en las cosas de arriba, anhelando y pensando en la vida que pasaremos en su reino. Al hacer eso, Él nos rescatará; entonces nuestro Novio, acompañado por nosotros, brillará con su gloria resplandeciente como el cielo. Cuando aparezcamos con Él, siendo revelados a todo el mundo, ¡todos lo verán no solo a Él, sino también a nosotros, su amada novia!

Recuerda que, después de los siete días en su *jupá*, los novios salen y se revelan, es decir, se exponen ante los demás. La novia ya no usa velo y su hermoso rostro es visto por todos los invitados a la boda. Eso me hace evocar las palabras de Juan: "Todavía no se ha manifestado lo que habremos de ser. Sabemos, sin embargo, que cuando Cristo venga seremos semejantes a él" (1 Juan 3:2). Cuando entendemos esto, las palabras de Pablo —a los creyentes romanos— se hacen más claras:

> La creación aguarda con ansiedad la revelación de los hijos de Dios.
>
> ROMANOS 8:19

¡Estoy seguro de que, cada vez más, tu entusiasmo crece! A menos, claro, que sigas macilento, atado al sistema de este mundo, controlado por tu carne. Si es así, simplemente "Despiértate, tú que duermes, levántate de entre los muertos, y te alumbrará Cristo" (Efesios 5:14). Tu Novio aguarda por ti. Anhela tu amor y tu devoción. Él quiere confiar en ti; ese es el deseo de todo novio.

Volvamos a las palabras de Jesús y continuemos nuestra búsqueda para conocer el tiempo de su regreso.

> "Cuando comiencen a suceder estas cosas, cobren ánimo y levanten la cabeza, porque se acerca su redención. Jesús también propuso esta comparación:
>
> —Fíjense en la *higuera* y en *los demás árboles*. Cuando brotan las hojas, ustedes pueden verlo con sus propios ojos y saber que el verano está cerca. Igualmente, cuando vean que suceden estas cosas, sepan que el reino de Dios está cerca. Les aseguro que no pasará esta generación hasta que todas estas cosas sucedan. El cielo y la tierra pasarán, pero mis palabras jamás pasarán".
>
> LUCAS 21:28-33

Examina con sumo cuidado su ilustración: "Fíjense en la higuera y en los demás árboles". La RVR1960 dice "todos los árboles". ¿Por qué elige una higuera y, aún más interesante, por qué menciona los otros árboles? Eso no es un conocimiento común en Occidente pero, al final de la Primera Guerra Mundial, se formaron varias naciones tras la caída del Imperio Otomano. A continuación, se presentan algunas de ellas, junto con las fechas de su fundación y los árboles que las representan:

1. Arabia Saudita (1932), palma datilera
2. Líbano (1943), cedro
3. Siria (1945), olivo

4. Jordania (1946), roble del Monte Tabor
5. Kuwait (1961), palma datilera
6. Israel (1948), higuera

Antes que nada, debo aclarar un punto importante. Israel votó por nombrar el olivo como su árbol nacional; sin embargo, a menudo el Señor se refiere a Israel como una higuera (ver Oseas 9:10; Jeremías 8:13; Jeremías 24).

Al observar la higuera, junto con los demás árboles —Israel y las otras cinco naciones mencionadas en la región de Medio Oriente—, obtenemos una indicación de la estación. Es notable que su brote ocurriera en el mismo período, sobre todo cuando analizamos un lapso de dos mil años. Jesús dice que, una vez que eso suceda, sabremos que se acerca el verano y, en este caso, el verano representa su regreso. Porque continúa:

> "Les digo la verdad, no pasará esta generación hasta que hayan sucedido todas estas cosas".
>
> LUCAS 21:32-33 NTV

¡Estas declaraciones constituyen un caudal de información! Sin embargo, antes de profundizar en ellas, consideremos primero un hecho revelador: al examinar el discurso completo de Jesús, junto con los libros de Daniel y Apocalipsis, descubrimos un detalle significativo que distingue a nuestra generación de todas las demás. El hombre de pecado, el líder mundial que encarnará a Satanás, en un momento dado hará un pacto con Israel y violará ese convenio tres años y medio después cuando entre a su templo y proclame que "él es dios" (ver Marcos 13:14; Daniel 9:27). El punto es que debe existir una nación judía para que todo eso suceda. Ninguna otra generación, en mil ochocientos años, ha podido decir esto. Solo desde 1967 podemos decir que Jerusalén está bajo liderazgo judío. Es notable apreciar eso si reflexionamos en ello.

Ahora bien, analicemos las anteriores declaraciones de Jesús. Primero: "Les digo la verdad". Todo lo que les dijo a sus discípulos durante tres años se ha cumplido. Nunca dijo una sola mentira ni hizo una declaración engañosa; ellos lo sabían, pero aun así decidió prologar su declaración con estas palabras.

Pero, por si fuera poco, ¡redobló su apuesta al declarar que sus palabras son más seguras que la existencia del cielo y la tierra! Por lo tanto, podemos decir con certeza que nuestra generación no pasará hasta que Él regrese.

Ahora surge la pregunta: ¿Qué es una generación? En las Escrituras, vemos varios períodos que representan una generación. Esta puede ser de cuarenta o setenta años aunque, en la era de los patriarcas, se podría argumentar que eran cien años. El *Diccionario Bíblico de Nelson* define la palabra *generación* como "un grupo de personas que viven al mismo tiempo en un período determinado de la historia".[4]

Si el punto de partida del brote es 1967 (cuando culminó el dominio gentil sobre Jerusalén), podemos agregar cien años y llegar —con seguridad— a una conclusión sobre el plazo en el que Jesús podría regresar. Seamos claros: acepto que haya más investigación, debate o cuestionamiento sobre esto; mi intención es continuar dispuesto a recibir más enseñanza. Además, reconozco que mi afirmación es especulativa, ya que podría estar interpretando incorrectamente lo que dijo. Pero he valorado lo que he dicho a la luz de lo que revelan otras escrituras —que estamos a punto de ver—, así como de lo que han enseñado varios líderes respetables.

Dicho eso, es importante afirmar que debemos planificar y trabajar como si Él no regresara hasta dentro de doscientos años más (porque se nos manda que "negociemos entre tanto que vengo" [ver Lucas 19:13 RVR1960]). Sin embargo, debemos vivir como si Él regresara hoy. Dios permita que este conocimiento genere un mayor sentido de urgencia para que participemos en lo que Él nos ha llamado a hacer para el avance de su reino.

Al establecer la doctrina, es importante tener más de una referencia. La buena noticia es que sí la tenemos, por lo que analizaremos otros indicadores que la confirman, provenientes de los apóstoles y los profetas, en el próximo capítulo.

PASAJE. "Cuando comiencen a suceder estas cosas, cobren ánimo y levanten la cabeza, porque se acerca su redención" (Lucas 21:28).

PUNTO. Eres llamado a vencer al mundo. ¡Así que levántate! ¡Mira hacia lo alto! ¡Porque estás a punto de ser llevado arriba!

PONDERA. ¿En qué maneras has estado atado a este mundo? ¿Cómo puedes enfocar mejor tu mirada en las cosas del reino? ¿Qué pasos puedes dar para lograr eso?

PIDE. Querido Padre celestial, perdóname por ser insensible, como si estuviera durmiendo. De repente, decidí despertar al llamado que me has hecho para el avance del reino. Comenzaré por enfocar mi mirada según lo que dices que es importante en tu Palabra. En el nombre de Jesús, amén.

PROFESA. Alzaré mis ojos en dirección a donde viene mi ayuda.

TIENES TODO EL TIEMPO DEL MUNDO, MIL AÑOS O UN DÍA, PARA TI ES LO MISMO.

SALMOS 90:4 BEM

CAPÍTULO 12

LA DURACIÓN DE UN DÍA

¿Alguna vez has progresado en algo importante basado en una sola fuente de información? ¿Te parece que fue sensato hacer eso? ¿Consideraste la posibilidad de que existiera una mala interpretación o un posible error en tu única fuente? Piensa en alguna ocasión en la que, en vez de buscar una segunda confirmación, procediste con el único informe que tenías a la mano. Después descubriste que la información era, en efecto, poco fiable. ¿Cómo te sentiste?

Hace poco vi una competencia de golf de algunos equipos profesionales. Jugaban en un simulador de pantalla grande contra otro grupo de expertos. El miembro del equipo al que le tocaba el turno creyó oír que la distancia al hoyo era de 99 yardas. Sacó su palo *sand wedge* (diseñado para sacar la bola de las trampas de arena, típico para las 99 yardas) y golpeó con confianza, pero el tiro terminó a mitad de la distancia de la zona del hoyo (green) simulada. Sus compañeros empezaron a regañarlo porque en realidad eran 199 yardas. Creía de todo corazón que tenía la cifra correcta, pero se equivocó de manera notable.

¿Qué te parece esta situación? ¿Alguna vez has creído en una noticia aparecida en las redes sociales o en una que obtuviste en una búsqueda de Google y la has compartido en tus redes para luego descubrir, por una fuente más confiable, que era una noticia falsa?

Sabemos que las palabras de Jesús son perfectamente exactas, pero supongamos que malinterpretamos su discurso sobre la señal de la higuera y otros árboles. Aunque la interpretación que hagamos de ello parezca correcta, ¿no sería bueno tener una segunda opinión o confirmación? Incluso las Escrituras nos enseñan: "Todo asunto se resolverá mediante el testimonio de dos o tres testigos" (2 Corintios 13:1).

Tenemos otras confirmaciones. Primero, muchos de los primeros judíos y padres de la iglesia enseñaron que el dominio de la humanidad sobre la tierra duraría siete mil años. Esto se relaciona con los siete días de la creación que se encuentran en Génesis. Ellos vieron este periodo de tiempo dividido en cuatro eras: las tres primeras de dos mil años, cada una, y la última de mil años.

1. La era de la creación: 2000 años
2. La era de la ley: 2000 años
3. La era de la gracia: 2000 años
4. La era del reino: 1000 años

Eso es sensato. En el cuarto día, Dios creó el sol y, digamos que casi unos cuatro mil años después de Adán, nació Jesús. Aquí vemos que hay algo curioso y es que a Él se lo conoce como el "Sol de justicia" (Malaquías 4:2). Otro indicador sería que Dios descansó en el séptimo día de la creación; de manera similar, el séptimo milenio, también conocido como la era del reposo.

El lapso de esas eras o edades se define mediante indicadores clave. De Adán a Abraham hay aproximadamente dos mil años; de Abraham a Jesús, también unos dos mil años más o menos; y desde Jesús hasta ahora, exactamente dos mil años. Por tanto, los últimos mil años corresponderían al reinado de gran paz en los que Cristo regirá en esta tierra (ver Apocalipsis 20:2-7). Además, se nos informa que: "En seis tribulaciones te librará, y en la séptima no te tocará el mal" (Job 5:19 RVR1960). Esta es una correlación asombrosa.

En este sentido, Pedro escribe:

> … recuerden las palabras que los santos profetas pronunciaron en el pasado, y el mandamiento que dio nuestro Señor y Salvador por medio de los apóstoles. Ante todo, deben saber que en los últimos días vendrá gente burlona que, siguiendo sus malos deseos, se mofará y dirá: "¿Qué hubo de esa promesa de su venida? Nuestros antepasados murieron y nada ha cambiado desde el principio de la creación".
>
> 2 Pedro 3:2-4

Hay mucho que analizar aquí. Primero, observa esta frase "ante todo". No debemos ignorar el énfasis que se pone en lo que el apóstol escribe. Acaba de destacar el recuerdo de los profetas, además de las enseñanzas y los mandatos del Señor. Sin embargo, lo que él considera más importante es la advertencia a los creyentes profesantes que menosprecian la segunda venida de Jesús en nuestros días.

¿Cómo sabemos que esa gente "burlona" profesa la fe? En primer lugar, consideran que el mundo fue creado, no que haya evolucionado. Segundo, si leemos la carta completa de Pedro en contexto, junto con la misiva complementaria de Judas, ambas afirman que esas personas profesarán ser salvas pero, alarmantemente, enseñarán que "la maravillosa gracia de Dios nos permite llevar vidas inmorales" (ver Judas v. 4 y 2 Pedro 2). No solo pervertirán las enseñanzas de las Escrituras, sino que vivirán de una manera que niega el poder del evangelio. En pocas palabras, usarán el lenguaje del Nuevo Testamento, pero vivirán igual que una persona no salva. Seguirán sus instintos carnales, en vez de mostrar frutos de estar llenos del Espíritu de Dios.

Su estilo de vida sensual los llevará al engaño mental de burlarse de la idea de un Dios santo que regresará por su iglesia aún mientras vivan. Pedro continúa:

> Pero intencionalmente olvidan que desde tiempos antiguos, por la palabra de Dios, existía el cielo y también la tierra, que surgió del agua y mediante el agua. Por la palabra y el agua, el mundo de aquel entonces pereció inundado. Y ahora, por esa misma palabra, el cielo y la tierra están guardados para el fuego, reservados para el día del juicio y de la destrucción de los impíos.
>
> 2 PEDRO 3:5-7

En esencia, *olvidan* que este es el mismo Dios que con solo una palabra de su boca creó el universo entero y destruyó el mundo con un diluvio. También hizo que una nación caminara a través de un océano en tierra seca, los mantuvo vivos en el desierto haciendo llover alimentos sobre la tierra y sacó agua de una roca para dar de beber a millones de personas y sus animales. También trajo vivos a dos hombres al cielo, hizo que el sol se detuviera, embarazó a una virgen, resucitó a Jesús de entre los muertos y una serie de otros actos alucinantes. Estos engañados creen que, solo porque no han ocurrido actos similares en su minúsculo tiempo en la tierra (comparado con la historia de la humanidad), Dios ya no está haciendo grandes maravillas. ¡Qué insensatez!

Por tanto, Pedro trata de proteger a los que buscan un auténtico caminar con Jesús. Es muy interesante ver la manera en que nos protege:

> Pero no olviden, queridos hermanos, que para el Señor un día es como mil años y mil años, como un día.
>
> 2 Pedro 3:8

¿Ves la conexión? Abreviaré sus declaraciones para que te sea más fácil de reconocer: "Ellos deliberadamente *olvidan*... pero ustedes *no deben olvidar esto*". ¿Qué es lo que no debemos olvidar? ¡Que un día para el Señor es como mil de nuestros años!

Aquí vemos un indicador crucial. Lo que ellos "olvidan" y lo que nosotros "no debemos olvidar" es exactamente lo mismo: que Dios ciertamente hará lo que dice, pero en su tiempo, no en el nuestro. Es más seguro que el amanecer pero, insisto, muestra la importancia de conocer los tiempos y las épocas revelados por Dios.

A partir de este conocimiento, nos dirigimos al profeta Oseas. Es importante entender el contexto antes de leer. Aunque se dirige a la nación judía, al hacerlo, vislumbramos la época de la iglesia:

> "Seré como un león a Israel, como un león joven y fuerte a Judá. ¡Los despedazaré! Me los llevaré y no quedará nadie para rescatarlos. Entonces regresaré a mi lugar, hasta que reconozcan su culpa y se vuelvan a mí. Pues tan pronto lleguen las dificultades, me buscarán de todo corazón".
>
> Oseas 5:14-15

Hay dos momentos importantes en los que Dios permitió que Israel y Judá fueran destruidos. El primero fue la invasión babilónica. Si escudriñamos las Escrituras, descubriremos que los caldeos fueron despiadados con el pueblo judío, incluyendo a las mujeres, los niños y los bebés. Un pequeño remanente sobrevivió y fue llevado a Babilonia, pero la mayoría fue brutalmente masacrada. La otra ocasión fue la conquista de la ciudad de Jerusalén por Tito en el año 70 d. C., que culminó con la despoblación total de Israel por parte de Roma durante las décadas siguientes.

La pregunta es: ¿A qué incidente se refiere Dios a través del profeta Oseas? La respuesta es sencilla: sin duda, se trata de la devastación romana que abarcó del 70 al 132 d. C. Hay una afirmación clave en los versículos anteriores: "*Volveré* a mi lugar".

"Volver" significa dejar un lugar específico, ir a algún lugar y luego regresar al punto de partida. Jesús dejó "su lugar" con el Padre hace aproximadamente dos mil años y *regresó* a su lugar treinta y tres años después. Poco después, Israel fue "despedazado" por Roma.[1] Continúa:

> ¡Vengan, volvámonos al Señor!
>
> Él nos ha despedazado, pero nos sanará; nos ha herido, pero nos vendará.
>
> Después de dos días nos dará vida nuevamente; al tercer día nos levantará, y así viviremos en su presencia.
>
> OSEAS 6:1-2

Israel, como nación, finalmente clama: "¡Vengan, volvámonos al Señor!". ¿Cuándo sucederá eso? ¡Después de dos días! Recuerda lo que dijo Pedro, no debemos olvidarlo: Un día con el Señor es como mil años. Oseas dice "después de dos mil años". Así que ¡tenemos el tiempo!

¿Qué sucede durante estos dos mil años? En general, el pueblo judío sigue ciego a la redención que está a la disposición de la humanidad. Dios se centra en los gentiles durante este período. Esta es la era de la gracia, la era de la iglesia, en la que los gentiles (y definitivamente algunos judíos) reciben la salvación.

Tanto Pablo como Santiago nos hablan más al respecto. Empezando con Pablo:

> Porque no quiero, hermanos, que ignoréis este misterio, para que no seáis arrogantes en cuanto a vosotros mismos: que ha acontecido a

> Israel endurecimiento en parte, hasta que haya entrado la *plenitud de los gentiles*; y luego to*do Israel será salvo*, como está escrito.
>
> Romanos 11:25-26

Esto era un misterio para la iglesia judía primitiva. Se necesitó una visión celestial verídica para que Pedro fuera a la casa de Cornelio, el centurión romano. Una vez allí, Pedro no les dio a las personas la oportunidad de recibir a Jesús, probablemente porque desconfiaba de estar en un hogar gentil. Así que Dios hizo que su Espíritu cayera sobre ellos sin que Pedro tuviera que ver con eso (ver Hechos 10:44).

Pedro estaba ahora plenamente convencido de que los gentiles podían ser salvos y llenos del Espíritu de Dios. Pero la mayoría de los demás líderes judíos de la iglesia primitiva no estaban contentos con sus acciones. Así que convocaron una reunión de emergencia, tuvieron un acalorado debate y, el apóstol principal, Santiago, concluyó hablando proféticamente. Es probable que no se diera cuenta del alcance de lo que salió de su boca:

> "Hermanos, escúchenme. Pedro les ha contado acerca de la primera vez que Dios visitó a los gentiles para tomar de entre ellos un pueblo para sí. Y esta conversión de los gentiles es exactamente lo que predijeron los profetas".
>
> Hechos 15:13-15

Apunta sus palabras "para tomar de ellos", que se refieren a la cosecha de los gentiles que ocurriría a lo largo de un período de tiempo. Probablemente no se dio cuenta de que duraría dos mil años. Al examinar las palabras de Pablo y Santiago juntas, entendemos que una vez que la "plenitud" de los gentiles alcance la salvación, Dios volverá su atención a Israel, lo que será la última semana de Daniel: la septuagésima semana de años. Sus ojos se abrirán a la realidad de que realmente crucificaron a su Mesías, y según Pablo, Oseas y Zacarías (ver Zacarías 12:10-11), todo Israel se volverá repentinamente al Señor. Es beneficioso leer de nuevo las palabras de Oseas con este conocimiento:

> ¡Vengan, volvámonos al Señor! Él nos ha despedazado, pero nos sanará; nos ha herido, pero nos vendará. Después de dos días nos dará vida nuevamente; al tercer día nos levantará, y así viviremos en su presencia.
>
> OSEAS 6:1-2

En vista de lo que hemos aprendido, interpretemos sus palabras ¡precisamente lo que *no debemos olvidar*! Después de dos mil años, el Señor revivirá a Israel. Eso ocurrirá durante la última semana de Daniel (los siete años de tribulación). Después de eso, ¡resucitará a su pueblo para que viva ante sus ojos! El tercer milenio es la era del reino, cuando Jesucristo gobernará y regirá sobre las naciones del mundo. Durante este tiempo, Satanás y sus hordas demoníacas estarán encerrados y no podrán causar estragos entre las naciones (ver Apocalipsis 20:1-4).

La idea principal es que tenemos una cronología. Dios permitió que Roma creara a Israel en el año 70 d. C., hace casi dos mil años. Luego se nos dice que después de dos días —dos mil años— Él reviviría a Israel una vez más. Al sumar los números, llegamos al año 2070 d. C.

¿Recuerdas lo que comentamos sobre la parábola de la higuera de Jesús: que esta generación no pasaría hasta que todo se cumpliera? Si una generación son cien años, llegamos al año 2067 (cien años después de que el pueblo judío recuperó Jerusalén). Con el pasaje de Oseas como segunda confirmación, llegamos de nuevo al mismo período, ya que una generación puede durar entre cuarenta y cien años. Así pues, el lapso de tiempo de Jesús sería de 2007 a 2067. Claro que ya hemos pasado el año 2007, así que ¿podríamos estar en el marco, en la época? Dejaré que lo determinen con la verdad que se ha presentado. En mi opinión, estoy seguro de que sí.

Lo mismo ocurre con las palabras de Oseas. Jesús regresó a su "lugar" (Oseas 5:15) en el año 32 d. C. Si añadimos dos días (dos mil años), ¡llegamos al año 2032! Tito destruyó Jerusalén en el año 70 d. C. Sumando los dos mil años, llegamos al año 2070. Así pues, encontramos que el marco cronológico de Oseas es del año 2032 al 2070. Por lo tanto, ¡ambas fuentes indican aproximadamente el mismo período!

Podemos afirmar con seguridad que estamos en la época —la generación— de su regreso. ¿Cómo podemos estar tan seguros? Estas son las siguientes palabras de Oseas:

> Como el alba está dispuesta su salida.
>
> Oseas 6:3 RVR1960

¿Sale el sol a la hora señalada cada mañana? Sin duda. El momento de la salida de Jesús es tan cierto como el momento de la salida del sol. Insisto, no sabemos el día ni la hora, pero sí el momento. Las palabras de Oseas confirman nuestra interpretación de las palabras de Jesús como correctas.

¿Tenemos otras confirmaciones? Sí, por supuesto. Aquí hay una más. Cuando Dios sacó a Israel de Egipto, que es un símbolo del mundo, le dio a Moisés un atisbo de algo significativo:

> El Señor dijo: "Ve y consagra al pueblo *hoy y mañana*. Diles que laven sus ropas y que se preparen para el *tercer día*, porque en ese mismo día yo, el Señor, descenderé sobre el monte Sinaí, *a la vista de todo el pueblo*".
>
> Éxodo 19:10-11

El pueblo debía lavar sus ropas inmundas de Egipto (muy significativo; esto lo abordaremos en un capítulo futuro). Debían hacerlo durante dos días, lo que proféticamente representaba dos mil años. Insisto, vemos que fue el tercer día —el tercer milenio— cuando el Señor se manifestó *a la vista de todo el pueblo*. Una vez más, en relación con el reinado milenario de Cristo, es sin duda un privilegio estar *ante Él*. Una nota interesante: Fue al *comienzo del tercer día* que Él se apareció (ver Éxodo 19:16-20), lo que refleja el comienzo del tercer milenio después de la primera venida de Jesús.

¡Vivimos, verdaderamente, en los tiempos en que se están cumpliendo las profecías! Por tanto, querido lector, ¿qué nos aconseja el profeta Oseas? Lo que nos escribe con urgencia: "Conozcamos al Señor; esforcémonos por conocerlo" (6:3). Una pregunta diaria que cada uno de nosotros debería plantearse es la siguiente: *¿Estoy superando los obstáculos, las distracciones y las pruebas* *de esta vida presente para alcanzar la meta final de conocerlo íntimamente?* Si no es así, ahora es el momento de enderezar nuestro corazón.

PASAJE. El testigo fiel de todas estas cosas dice: "¡Sí, vengo pronto!" (Apocalipsis 22:20).

PUNTO. No olviden algo: un día con el Señor equivale a mil años.

PONDERA. ¿Por qué dijo Pedro "ante todo" con respecto a los burladores? ¿Qué comportamiento nos lleva a la ilusión de burlarnos de la idea de su pronto regreso? ¿Qué podemos hacer para mantener la conciencia de la época en la que vivimos?

PIDE. Querido Padre celestial, Jesús prometió que cuando viniera el Espíritu Santo, me guiaría a toda la verdad y me mostraría las cosas venideras (ver Juan 16:13). Te pido que me des unos ojos que vean y un corazón perspicaz para saber qué hacer en la época en la que vivo. En el nombre de Jesús, amén.

PROFESA. ¡Sí, ven pronto, Señor Jesús! (Ver Apocalipsis 22:20).

“¡ESTEN ATENTOS! VENGO SIN PREVIO AVISO, COMO UN LADRÓN. DICHOSO EL QUE SE MANTENGA DESPIERTO Y VESTIDO, PREPARADO PARA MÍ”.

APOCALIPSIS 16:15 BEM

CAPÍTULO 13

¡VELEN!

Antes que nos dediquemos a profundizar en los detalles de la segunda venida de Cristo, abordemos un alegato contrario y frecuente proclamado por los que cuestionan la cercanía de ese acontecimiento. La iglesia del primer siglo, incluso los que escribieron el Nuevo Testamento, creían que Jesús regresaría muy pronto; es más, muchos pensaban que eso sucedería estando ellos vivos.

Ahora bien, reforzaré este argumento. Al leer los evangelios, vemos que aun Jesús hizo declaraciones que podrían interpretarse como una señal de su regreso en el primer siglo. Una de ellas fue que, después de la resurrección, le reveló a Pedro que moriría como mártir. A lo que Pedro replicó: "Señor, ¿y este qué?" (refiriéndose al apóstol Juan, que estaba de pie junto a él).

> Jesús dijo: "Si quiero que él permanezca vivo hasta que yo vuelva, ¿a ti qué? Tú solo sígueme". Por este motivo corrió entre los hermanos el rumor de que aquel discípulo no moriría. Pero Jesús no dijo que no moriría.
>
> JUAN 21:22-23

Es fácil ver cómo esta declaración podría implicar un regreso en el primer siglo. Años más tarde, cuando el propio Juan recibió la revelación del libro de Apocalipsis, Jesús declaró en tres ocasiones:

> "¡Vengo pronto!".
>
> APOCALIPSIS 3:11; 22:7; 22:12

Otras declaraciones igualmente desconcertantes que se hallan en las epístolas incluyen la siguiente: "Así también ustedes, manténganse firmes y aguarden con paciencia la venida del Señor, que ya se acerca" (Santiago 5:8). El apóstol Pablo escribió: "Que su amabilidad sea evidente a todos. El Señor está cerca" (Filipenses 4:5). El apóstol Pedro declaró: "Ya se acerca el fin de todas las cosas" (1 Pedro 4:7). El escritor de Hebreos continuó reforzando la creencia: "Pues dentro de muy poco tiempo, 'el que ha de venir vendrá y no tardará'" (10:37). Hay más, pero ya entienden la idea.

¿Cómo podemos reconciliar que hayan pasado dos mil años y Jesús aún no ha regresado? ¿Se equivocaron los apóstoles? ¿Nos estaba engañando Dios? Ambas preguntas tienen la misma respuesta: ¡Definitivamente no! ¿Cuál es la explicación? Si no la doy, es fácil ver cómo estas declaraciones podrían alimentar el fuego de los burladores o escépticos. Sin embargo, hay una respuesta sencilla.

Permíteme ilustrarlo con una historia personal contada en un capítulo anterior. Lisa y yo estuvimos separados durante nuestro compromiso por dos meses; ella estaba en Lafayette, Indiana, preparándose para nuestra boda, mientras que yo estaba en Dallas, Texas, trabajando. Una semana antes de la boda, tenía programado volar a Indianápolis. Dos días antes del vuelo, hablamos por teléfono. No recuerdo las palabras exactas que usé, pero fue algo así como: "¡*Pronto* estaremos juntos, cariño!".

Comparados con los dos meses de separación, que parecían dos años, esos dos días ¡sí que fueron pronto o rápido! Jesús y los apóstoles tienen razón en sus declaraciones. Dos días (en el tiempo divino) no es mucho tiempo, especialmente considerando la eternidad pasada y la eternidad futura.

Para algunos, esta respuesta podría no ser suficiente, porque para nosotros aún falta mucho tiempo. Así que busquemos la sabiduría divina para presentarlo de esta manera. ¿Será que Dios lo hizo así para protegernos? ¿Acaso enfatizar un regreso inminente, ocurrido en el tiempo divino, mantendría a cada generación alerta, sobria y piadosamente, contribuyendo así a crear una sensación de urgencia para el avance del reino? ¡Claro que sí!

Jesús, después de hablar de las señales de su regreso en Mateo 24, relata una parábola muy interesante. Comienza hablando de un siervo fiel y sabio que espera y, por lo tanto, está preparado para el regreso de su señor. Pero luego contrasta al siervo fiel con un siervo insensato o malvado:

> "Pero ¿qué tal si ese siervo malo se pone a pensar: 'Mi señor se está demorando' y luego comienza a golpear a sus compañeros, a comer y beber con los borrachos? El señor de ese siervo volverá el día en que el siervo menos lo espere y a la hora menos pensada. Lo castigará severamente y le impondrá la condena que reciben los hipócritas. Entonces habrá llanto y crujir de dientes".
>
> MATEO 24:48-51

Es interesante notar que Pedro no solo identifica como "malo" al que anuncia el pronto regreso del rey, sino también a Jesús. Observa que el siervo *malo* se pone a pensar (la RVR1960 afirma: "dice en su corazón"). Parece que esa actitud interior conduce fácilmente a una vida impía. Así que termina volviéndose adversario de sus compañeros de servicio y encuentra más consuelo entablando amistad con quienes se entregan a los apetitos carnales.

¿Cómo golpearía este siervo a sus consiervos? La respuesta simple es: aprovechándose de los demás para su propio beneficio. Eso podría manifestarse en forma de chismes, calumnias, traiciones, groserías, palabras crueles, comportamiento frío, etc. De hecho, hay una larga lista de comportamientos autocomplacientes en 2 Timoteo 3:1-5. Este siervo malvado conoce la voluntad de su amo, pero se abstiene de hacerla. En esencia, trata a la ligera el comportamiento fiel y piadoso y vive el momento. Esta no es una representación de la novia por la que Jesús regresa. Replanteemos nuestra pregunta: ¿Pudo Dios, por el profundo amor que sintió por su pueblo, en cada generación desde la resurrección, concebir esta sabiduría para que no caigamos en conductas impías e indulgentes? ¿Será esta la razón por la que escuchamos tanto en el Nuevo Testamento el tema de "como ladrón en la noche"? En efecto, una vez que Jesús responde a las tres preguntas finales de los discípulos, continúa con algunas parábolas, la primera de las cuales es:

> "Velad, pues, porque no sabéis a qué hora ha de venir vuestro Señor. Pero sabed esto, que si el padre de familia supiese a qué hora el ladrón habría de venir, velaría, y no dejaría minar su casa. Por tanto, también

> vosotros estad preparados; porque el Hijo del Hombre vendrá a la hora que no pensáis".
>
> MATEO 24:42-44 RVR1960

Recuerdo que hace años, Lisa y yo ministramos en una conferencia en Canadá. Dos de nuestros hijos estaban con nosotros, mientras que los otros dos se quedaron en casa. El mayor, que por aquel entonces tenía veintipocos años, estaba solo en casa porque su hermano menor estaba pasando la noche en casa de un amigo cercano, calle abajo.

Una de esas noches, ya algo tarde, unos ladrones entraron en nuestra casa y robaron una cantidad considerable de objetos de valor. Es probable que estuvieran vigilándonos y pensaron que todos andábamos de viaje, porque no guardaron silencio al rebuscar entre nuestras pertenencias. En el proceso, despertaron a nuestro hijo mayor, que se levantó de la cama medio dormido, pensando que su hermano había vuelto a casa a buscar algo. Gritó su nombre, no oyó respuesta y regresó a su habitación del piso superior y se volvió a dormir. Por suerte, cuando los ladrones del piso de abajo oyeron la voz de Addison, huyeron de inmediato. La policía pudo detectar eso por el rastro que el ladrón dejó del robo, parece que se detuvo de repente y dejó varios objetos de valor intactos.

Nuestra familia fue sorprendida inesperadamente. No estábamos preparados para atraparlos ni detenerlos. Si lo hubiéramos sabido, las cosas habrían sido completamente diferentes y no habríamos perdido miles de dólares en artículos. Habríamos tomado medidas preventivas para disuadirlos o atraparlos. Ahora que pienso en esta historia, permíteme destacar nuevamente los versículos 42 al 44 (RVR1960):

> Velad, pues, porque no sabéis a qué hora ha de venir vuestro Señor... Por tanto, también vosotros estad preparados.

No estábamos *preparados* porque no estábamos *vigilando*. Habíamos vivido en esa casa por años y nunca habíamos sufrido un robo. Por eso no consideramos importante estar alerta ni vigilar. Personas no tan ingenuas como nosotros contratan a un guardia de seguridad para que vigile. Si se duerme, la familia queda desprotegida. Si vela y está despierto, los ladrones son detenidos.

¿Cuál es el punto principal de lo que digo? Lo que quiero decir es que Dios desea proteger a su pueblo dándole un sentido de alerta y de urgencia, pensando en el inminente regreso de su Hijo aunque parezca un misterio. Dado que las Escrituras revelan que estamos en la época de su venida, ¿cuánto más deberíamos vivir sobrios y vigilantes, como la antigua novia que —un año después de separarse de su prometido— permanecía atenta a su regreso?

Prestar atención a la advertencia de Jesús nos lleva a reflexionar sobre dos aspectos. ¿Qué significa *velar* y cómo nos *preparamos*? Abordaremos el hecho de *velar* en este capítulo; luego, después de analizar la segunda venida con más detalle, abordaremos el aspecto que tiene que ver con *estar preparados*.

En las advertencias de Jesús y los apóstoles acerca del fin de los tiempos, constantemente escuchamos la palabra *velar*. Observemos la frecuencia. En el evangelio de Marcos leemos:

> Mirad, velad y orad; porque no sabéis cuándo será el tiempo … Velad, pues, porque no sabéis cuándo vendrá el señor de la casa; si al anochecer, o a la medianoche, o al canto del gallo, o a la mañana … Y lo que a vosotros digo, a todos lo digo: Velad.
>
> MARCOS 13:33, 35, 37 RVR1960

Hay algunas cosas que destacar en el relato de Marcos. Primero, en tan solo tres versículos, Jesús nos ordena "velar" en tres momentos distintos. Esto por sí solo debería captar nuestra atención de forma significativa.

Segundo, añade la palabra "orar" en el versículo 33. Velamos permaneciendo en oración. Pablo instruye a la iglesia de Tesalónica, inmediatamente después de escribir sobre el inminente regreso del Señor, a "nunca dejar de orar" (1 Tesalonicenses 5:17). ¿Cómo podemos lograr esto?

Si la oración se limita a entrar en un aposento, cerrar la puerta y hacer peticiones, entonces este mandato es imposible. Debemos recordar que la oración no es un monólogo; es un diálogo. Es comunión con Dios. A veces hay palabras, pero no siempre.

Aquí hay una manera de ilustrar el mandato que parece imposible: Me encanta pasar días con Lisa. Su actividad favorita es trabajar juntas en el jardín. No es mi actividad favorita, pero estoy dispuesto a hacerlo solo para estar con ella. Históricamente, los días que trabajamos juntos logramos mucho y eso fortalece nuestro estrecho vínculo. ¿De verdad hablamos todo el tiempo? No. Podemos hablarnos en cualquier momento del día. Las líneas de comunicación están abiertas y nuestros oídos están atentos a nuestras voces en todo momento. Puede haber intervalos en los que conversamos mientras trabajamos. Puede haber momentos en los que me pida algo, como levantar un saco de tierra pesado, arrancar algunas malas hierbas o hablar sobre dónde plantar. Nada de esta comunicación podría lograrse si tuviera puestos mis auriculares con cancelación de ruido. Necesito estar atento a su voz.

La comunicación no se trata solo de palabras; es sensibilidad a lo que se dice de forma no verbal: una mirada, un gesto o una postura corporal. Puede haber momentos en los que miro a Lisa para ver si necesita algo, o si tal vez me está mirando con una de sus clásicas miradas. Después de estar casado con ella durante más de cuarenta años, puedo estar en una habitación, con muchas otras personas presentes, y ella puede mirarme de esa manera. Podría escribir un par de páginas de lo que acaba de comunicar, mientras que nadie más en la sala podría escribir ni un párrafo.

Esto ilustra la oración incesante. Nunca olvidaré cuando éramos un matrimonio joven y yo salía a un lugar apartado a orar una o dos horas todas las mañanas. Nunca la vi hacerlo, pero parecía estar más en sintonía con Dios que yo. Me quejé con el Señor y Él me dijo: "John, ¿te imaginas a Lisa dándote dos horas al día para comunicarte? Quizás el horario esté establecido de 4 a 6 p. m. Imagina tener un asunto urgente para comunicarle fuera del horario establecido. ¿Lo sientes?".

"¡No me gustaría!", repliqué.

Entonces dijo: "Hijo, tienes tu tiempo establecido conmigo por las mañanas, pero luego dices 'amén' y sigues con tu día sin escucharme ni comunicarte conmigo. ¡Quisiera las otras veintidós horas del día!". Este encuentro me cautivó y cambió mi vida. ¿Y a ti? ¿Cómo te impacta esto? La corrección amorosa del Señor hizo que el siguiente pasaje bíblico cobrara un significado mucho mayor:

> Me mantendré en mi guardia, me ubicaré sobre la muralla; *estaré pendiente* de lo que me diga, de su respuesta a mi queja.
>
> HABACUC 2:1

Observa que dice "estaré pendiente [*velando*] de lo que me diga". Curiosamente, no escribió "oigan y escuchen lo que Él diga". Hay una vigilancia constante, una observación continua desde una "atalaya", por así decirlo. Al hacer esto, nos mantenemos sensibles a lo que Él dice.

La tercera clave importante de las palabras de Jesús en el relato de Marcos es: "Lo que les digo a ustedes, lo digo a todos: ¡Velad!". Este punto queda muy claro: Su advertencia no es solo para los apóstoles y las iglesias primitivas; ¡es para nosotros hoy!

En el relato de Lucas encontramos otra pista muy interesante con el mandato de Jesús de velar. Observa atentamente sus palabras:

> "Velad, pues, y orad en todo tiempo para que seáis tenidos por dignos de *escapar* de todas estas cosas que vendrán, y de estar en pie delante del Hijo del Hombre".
>
> LUCAS 21:36 RVR1960

¡Un momento, usa la palabra *escapar*! Se nos instruye a velar y orar sin cesar (siempre), con el propósito de ser dignos de escapar de lo que Él mencionó anteriormente. Bien, ahora vamos en la dirección correcta, la dirección que quiero llevarlos en el próximo capítulo. Disculpen, pero los dejaré en suspenso hasta que llegue el momento adecuado para hablar de esta importante palabra, escapar.

Veamos algunos mandatos más importantes para estar atentos con respecto a su venida.

> No durmamos como los demás, sino velemos y seamos *sobrios*.
>
> 1 TESALONICENSES 5:6

Se nos instruye no solo a velar, sino a ser sobrios, sobre todo que nos abstengamos de caer en un estado de sueño. La palabra *sobrio* se define como "controlar los propios procesos de pensamiento y, por lo tanto, no estar en peligro de caer en pensamientos irracionales".[1] Cuando Jesús advierte: "Se desmayarán de terror los hombres, temerosos por lo que va a sucederle al mundo" (Lucas 21:26), deja clara la importancia de mantener el control de nuestros procesos de pensamiento.

En la misma línea, Pedro escribe:

> El fin del mundo se acerca. Por consiguiente, sean serios y disciplinados en sus oraciones.
>
> 1 Pedro 4:7 NTV

La Biblia afirma que "el fin del mundo se acerca", por lo tanto, debemos ser "disciplinados" en nuestras oraciones. Nuestros instintos no suelen inclinarse hacia la disciplina; más bien, esta debe desarrollarse con un propósito. En un capítulo anterior, analizamos la investigación de Barna que reveló que millones de personas se han alejado de la fe. Eso no es sorprendente, pero también se descubrió que cuarenta y cinco millones de personas en Estados Unidos dejaron de orar entre los años 2010 y 2020. ¿Por qué no advertimos con más frecuencia a la iglesia que el fin de todas las cosas está cerca? Eso ayudaría a impulsar el deseo de ser disciplinados con nuestras oraciones.

Existen muchos otros textos bíblicos sobre la disciplina de velar y orar. Es un énfasis fuerte. Ojalá que hagas una búsqueda pero, aunque solo existieran las que se enumeran, ¡vemos que Dios tiene mucho que decir al respecto!

PASAJE. "Velen y oren para que no cedan ante la tentación" (Mateo 26:41 NTV).

PUNTO. Debemos estar alerta y velar en oración constante puesto que desconocemos la hora de su regreso.

PONDERA. ¿Cómo puedes desarrollar la disciplina de orar continuamente? ¿Vives consciente de que el Señor es tu compañero constante?

Piensa y enumera algunas maneras en que Él puede hablarte sin necesidad de usar palabras.

PIDE. Padre celestial, me diste el Espíritu Santo como garantía para el regreso de Jesús. Por favor, ayúdame a ser más sensible a lo que dices, velando y no solo escuchando las palabras articuladas. En el nombre de Jesús, amén.

PROFESA. Velaré y oraré hoy y todos los días.

NO OBSTANTE, PERMÍTANME DECIRLES ALGO MARAVILLOSO, UN MISTERIO QUE PROBABLEMENTE NUNCA ENTENDERÉ DEL TODO. NO TODOS VAMOS A MORIR, PERO TODOS VAMOS A SER TRANSFORMADOS. SE OIRÁ UN TOQUE QUE PONDRÁ FIN A TODOS LOS TOQUES DE TROMPETA Y EN EL MOMENTO EN QUE MIREN HACIA ARRIBA Y PARPADEEN, TODO ACABARÁ. A LA SEÑAL DE ESA TROMPETA CELESTIAL.

1 CORINTIOS 15:51-52 BEM

CAPÍTULO 14

EL ARREBATAMIENTO

La enorme y gozosa esperanza que mantenemos en cuanto a nuestra transformación milagrosa ocurrirá cuando Jesús regrese. Una vez que alguien se arrepiente de su desobediencia a Dios y recibe a Jesucristo como su Salvador, se producen tres maravillosas transformaciones en la persona, pero no todas ocurren al mismo tiempo.

La primera sucede en el instante en que aceptamos a Jesucristo como nuestro Señor e involucra lo que somos realmente: somos espíritu. Morimos y renacemos de manera instantánea. Eso es un hecho absolutamente milagroso, ya que seguimos siendo el mismo individuo en lo físico, lo emocional y lo mental, pero —en lo espiritual— somos una criatura completamente nueva (ver 2 Corintios 5:17). Dios deposita su naturaleza divina en nosotros e inicia una nueva vida como hijos del Todopoderoso.

En el momento de la conversión, nuestra alma —constituida por intelecto, emociones y voluntad— comienza su trayecto de transformación. Es un proceso que requiere la Palabra de Dios implantada. Pablo escribe al respecto: "No se amolden al mundo actual, sino sean transformados mediante la renovación de su mente" (Romanos 12:2), mientras que Santiago se dirige a los que ya están en la fe: "Despójense de toda inmoralidad y de la maldad que tanto abunda, para que puedan recibir con humildad la palabra sembrada en ustedes, la cual tiene poder para salvarles" (Santiago 1:21). Esta transformación es la única de las tres en la que se requiere nuestra cooperación. Podemos acelerar o dificultar el proceso, incluso detenerlo o revertirlo. Todo depende de que escuchemos y obedezcamos la Palabra de Dios. Se ha escrito muchísimo, y podría escribirse mucho más, sobre este proceso de transformación, pero ese no es el enfoque de este mensaje.

La tercera transformación es la que todos los verdaderos creyentes anhelan: nuestros nuevos cuerpos. Pablo escribe en cuanto a ello:

> Mientras tanto, suspiramos anhelando ser revestidos de nuestra morada celestial, porque cuando seamos revestidos, no se nos hallará desnudos.
>
> 2 Corintios 5:2-3

Recibir nuestros cuerpos celestiales constituye nuestra transformación final. Curiosamente, en la carta a la iglesia de Corinto, Pablo denomina eso un "secreto maravilloso"; otras traducciones lo llaman "un misterio". No se trata de algo inquietante; más bien, es algo que estuvo oculto para el pueblo de Dios hasta después de que el Espíritu Santo descendió sobre la iglesia. Jesús se refirió a la incapacidad de los discípulos para comprender ciertas verdades cuando afirmó: "Muchas cosas me quedan aún por decirles, que por ahora no podrían soportar. Pero cuando venga el Espíritu de la verdad, él los guiará a toda la verdad" (Juan 16:12-13).

La mayoría de esos misterios los ha descubierto el apóstol Pablo. Esas verdades, antes veladas, están fácilmente a la disposición de todos los que buscan conocer y son enseñados por el Espíritu del Nuevo Testamento. Todavía no son tan evidentes, por lo que Pedro escribe: "Tengan presente que la paciencia de nuestro Señor significa salvación, tal como les escribió también nuestro querido hermano Pablo, con la sabiduría que Dios le dio. En todas sus cartas se refiere a estos mismos temas. Hay en ellas algunos puntos difíciles de entender" (2 Pedro 3:15-16).

En cuanto a este misterio específico de nuestro versículo inicial, ¿qué verdad estaba oculta previamente? Esa verdad es que hay una generación de nosotros que no morirá, pero nuestros cuerpos mortales serán transformados instantánea y milagrosamente en cuerpos inmortales. Eso ocurrirá no solo con nosotros los que estemos vivos, sino también con aquellos que murieron en Cristo y cuyos cuerpos yacen en la tierra. Nada diferente a la transformación del cuerpo mortal de Jesús tres días después de su muerte en un cuerpo celestial. En la actualidad, Él es el único en el cielo y en la tierra con este cuerpo, pero a su regreso todos seremos bendecidos con uno similar al de Él.

Aunque Pablo se refiere a ello como un cuerpo celestial, es plenamente capaz de funcionar con humanos en cuerpos mortales. Jesús, después que resucitó, interactuó con los demás sin llamar la atención. Caminó con dos discípulos, sin ser reconocido, rumbo a Emaús. María lo confundió con un jardinero. Los discípulos, a simple vista, lo percibieron como un hombre común y corriente que estaba a la orilla del mar; poco después, incluso desayunó pescado con ellos. Tenía carne y hueso, por lo que no se diferenciaba de cualquier otro ser humano. Jesús animó a sus hombres: "Miren mis manos y mis pies. ¡Soy yo mismo! Tóquenme y vean; un espíritu no tiene carne ni huesos, como ven que los tengo yo" (Lucas 24:39).

Al mismo tiempo, podía aparecer y desaparecer de forma instantánea, atravesar puertas cerradas e incluso flotar en el cielo. Sin embargo, aun así, seguía sin diferenciarse de cualquier ser humano normal. No obstante, cuando Juan lo vio en la isla de Patmos, su rostro resplandecía como el sol en todo su esplendor, sus ojos eran como rayos láser y su voz resonaba como el rugiente océano. Cuando Él regrese a la tierra, los humanos más fuertes se encogerán y temblarán de miedo absoluto ante su aparición.

Si comparamos esos acontecimientos, es evidente que ese "cuerpo celestial" puede adoptar diferentes formas y, sin embargo, seguir siendo el mismo. Solo podemos imaginar su funcionalidad en este momento, pero algún día "llevaremos también la imagen del [hombre] celestial" (1 Corintios 15:49).

Insisto, nuestra transformación sucederá instantáneamente. Es más, Pablo dice "en un momento". La palabra griega es *átomos*, de la que proviene nuestra palabra *átomo*. En referencia al tiempo, "significa un punto indivisible del tiempo, un instante, un momento".[1] Según la física cuántica, el marcador del "punto indivisible del tiempo" se llama tiempo de Planck y es de 10^{-43} segundos.[2] Cuando llegamos a ese punto, es imposible acortar el tiempo. En esencia, es inimaginable la rapidez con la que ocurrirá dicha transformación.

Sin embargo, surgen otras preguntas, la primera es: ¿Cómo ocurre este proceso? Pablo escribe lo siguiente:

> Conforme a lo dicho por el Señor ... El Señor mismo descenderá del cielo con voz de mando, con voz de arcángel y con trompeta de Dios, y los muertos en Cristo resucitarán primero. Luego los que estemos

> vivos, los que hayamos quedado, seremos arrebatados junto con ellos en las nubes para encontrarnos con el Señor en el aire. Y así estaremos con el Señor para siempre. Por lo tanto, *anímense* unos a otros con estas palabras.
>
> 1 TESALONICENSES 4:15-18

Comencemos con la declaración final: "*Anímense* unos a otros con estas palabras". ¡No se *asusten* ni se *prevengan* mutuamente! La raíz de la palabra también implica el significado de *consuelo.* ¿Hablar del regreso de Jesús te trae consuelo y valor como piadoso seguidor de Jesús? ¿O te da un poco de miedo? Si te da miedo, entonces no se te ha comunicado correctamente.

La siguiente declaración a destacar es la frase "Conforme a lo dicho por el Señor". Todas las epístolas son Palabra de Dios, así que el hecho de que Pablo introduzca esta frase en sus declaraciones muestra un gran énfasis que debe considerarse. Creo que hay dos razones principales. Primero, se nos advierte que la gente se burlará de su inminente regreso. Dirán: "Sí, sí, sí, hemos oído hablar de esto durante generaciones, y no se ha materializado. Nada ha cambiado desde que fallecieron los padres de la iglesia primitiva" (mi paráfrasis de 2 Pedro 3:3-4).

La segunda razón: ¡escribe sobre un acontecimiento, en verdad, extraordinario! Esta será la primera vez en aproximadamente dos mil años que el Señor Jesús dejará la gran ciudad de Dios, la Jerusalén celestial. Nuestro Novio no envía ángeles por nosotros, aunque muchos de ellos lo acompañarán. No, viene en persona por su novia: por la iglesia, por ti y por mí. Eso se parece a la antigua boda judía: el novio viene, acompañado de su cortejo nupcial, por su novia. Gritos y shofares resuenan repentinamente por las calles a una hora inesperada del atardecer, mientras el novio arriba sigilosamente para "arrebatar" a su novia. De igual manera, esto es una sorpresa, un día y una hora que solo nuestro Padre conoce, y estará acompañado de un grito y el toque de una trompeta muy fuerte.

En un instante, los que murieron en Cristo, en generaciones pasadas, se levantarán de sus tumbas. A modo de comentario, podemos concluir con certeza que esas personas no han estado en la tierra todo ese tiempo, porque Pablo escribe que estar ausente del cuerpo es estar presente con el

Señor. Actualmente, la ciudad de Dios está compuesta por Él mismo, Jesús, el Espíritu de Dios, una innumerable compañía de ángeles y "los espíritus de los justos hechos perfectos" (Hebreos 12:23). Estos son los hombres y mujeres que nos precedieron en Cristo, santos del Antiguo y del Nuevo Testamento, que hoy poseen cuerpos espirituales, probablemente de forma visible, translúcidos, con características similares a las de los cuerpos humanos. Lo creo porque se encuentran en una ciudad física que un día descenderá a la tierra.

Así como el Espíritu de Jesús estuvo en el inframundo por tres días y tres noches mientras su cuerpo físico yacía en la tumba (ver 1 Pedro 3:19; Efesios 4:9), estos santos han estado separados de sus cuerpos por un tiempo. Sin embargo, así como Jesús se reunió con su cuerpo físico y se transformó instantáneamente en su cuerpo glorificado actual por el poder del Espíritu de Dios, solo estos santos experimentarán lo mismo. Se unirán, al instante, a sus cuerpos, que para la mayoría serán polvo y huesos, y serán glorificados por el mismo Espíritu como lo fue Jesús en el día de la resurrección. Por eso se le llama con frecuencia "el primogénito de entre los muertos" (Colosenses 1:18; Apocalipsis 1:5).

La siguiente pregunta que debemos plantearnos es: ¿Qué sucede con los santos que viven actualmente en la tierra? Repasemos las palabras de Pablo:

> Luego los que estemos vivos, los que hayamos quedado, seremos arrebatados *junto con ellos* en las nubes para encontrarnos con el Señor en el aire. Y así estaremos con el Señor para siempre. Por lo tanto, anímense unos a otros con estas palabras.
>
> 1 Tesalonicenses 4:17-18

Es importante destacar las palabras que Pablo dice: *junto con ellos*. En ese instante, mientras los santos fallecidos se transforman en sus cuerpos celestiales, ocurrirá exactamente lo mismo con los vivos. En palabras de Pablo: "No todos moriremos, pero todos seremos transformados, en un instante, en un abrir y cerrar de ojos" (1 Corintios 15:51-52).

La frase que usa para describir este instante es "arrebatado". En griego, la palabra *harpázō* se define como "agarrar o apoderarse por la fuerza, con el propósito de quitar o controlar: 'apoderarse, arrebatar, llevarse'".[3] Esta palabra se encuentra catorce veces en el Nuevo Testamento y, en todos los relatos, se enfatiza como "arrebatar". Veamos algunas de ellas traducidas en la versión Reina Valera 1960 (nota: las palabras en cursiva se traducen de la palabra griega *harpázō*; las palabras que no están en cursiva son los términos circundantes, conservados para contexto):

- Mateo 11:12. . . . . "lo *arrebatan*"
- Mateo 13:19 . . . . "*arrebata*"
- Juan 6:15 . . . . "*apoderarse*"
- Juan 10:12 . . . . "el lobo *arrebata* las ovejas"
- Hechos 8:39 . . . . "el Espíritu del Señor *arrebató* a Felipe"
- Hechos 23:10. . . . . "*arrebatasen* de en medio de ellos"
- 2 Corintios 12:4 . . . . "fue *arrebatado* al paraíso"
- 1 Tesalonicenses 4:17. . . . . "*arrebatados* ... en las nubes"
- Apocalipsis 12:5. . . . . "su hijo fue *arrebatado* para Dios y su trono"

Hay otras cuatro escrituras (Mateo 12:29; Juan 10:28-29; 2 Corintios 12:2; Judas v. 23); los animo a consultarlas. ¿Cuál es la idea principal de ellas? Los otros usos de esta palabra no dejan lugar a dudas: significan una toma y un arrebatamiento repentinos y rápidos. Jesús hará exactamente esto con su novia viva en la tierra. Esto de ninguna manera implica un proceso gradual o figurativo.

Muchos han usado la palabra *rapto*. Dudo en hacer eso, ya que parece ser un término que suele provocar discusiones o impedir que la gente comprenda la importancia de esta escritura. Por favor, no se formen una opinión basándose en los razonamientos ignorantes de otros o en sus propias conclusiones sin una investigación adecuada. Es cierto que la palabra no aparece en nuestra Biblia en español, pero sí aparece en la Biblia en latín.

Un padre de la iglesia primitiva, llamado Jerónimo, tardó veintitrés años en convertir el Nuevo Testamento del griego al latín. Completó el proyecto en el año 390 d. C., y la traducción es ampliamente conocida como la Vulgata Latina. Los Padres de la Iglesia valoraron tanto su obra que se utilizó para traducir el Nuevo Testamento a varios idiomas extranjeros durante los siguientes mil años.

La palabra latina que Jerónimo usó para *harpázō* fue *rapiemur*, relacionada con el vocablo latino *raptus*, del cual deriva el término *rapto*. Aun cuando la palabra no se encuentra en nuestra Biblia en español, como tampoco el vocablo Trinidad, es ampliamente aceptada como una descripción precisa de la relación y la unidad del Padre, el Hijo y el Espíritu Santo. ¿Por qué *Trinidad* no es tan controvertida como *rapto*?

De ahora en adelante, no usaré la palabra *rapto*, sino que me quedaré con nuestra traducción al español: "arrebatado" o "arrebatados". El único propósito por el que he de mencionar el vocablo *rapto* es para establecer una conexión para los que han escuchado a otros maestros sensatos usarlo en relación con lo que Pablo escribe a los tesalonicenses y los corintios.

La siguiente pregunta que debemos formularnos es: ¿Dónde nos encontramos con Él? Es importante especificar esto porque se mencionan dos lugares completamente distintos con respecto a su segunda venida. Uno es en el aire, el otro en una montaña. A fin de cuentas, debemos preguntarnos: ¿Se trata de uno o dos acontecimientos diferentes? No eludiremos esta importante cuestión. Como indagación inicial, comparemos las palabras de Pablo con las del profeta Zacarías. El apóstol escribe:

> Luego los que estemos vivos, los que hayamos quedado, seremos arrebatados junto con ellos en las *nubes* para encontrarnos con el Señor en el *aire*.
>
> 1 Tesalonicenses 4:17

En este texto, tenemos dos palabras que —claramente— indican ubicación: *nubes* y *aire*. La palabra *nubes* es una traducción exacta; la palabra griega simplemente significa "una nube" en nuestra atmósfera.[4] El vocablo *aire* se define como "el aire celestial que rodea la tierra".[5] Así que está claro que este suceso ocurrirá en la atmósfera, en algún lugar entre donde vuelan nuestros aviones y la exosfera, la atmósfera exterior que los cohetes necesitan atravesar para salir o volver a entrar en la tierra.

¿Por qué es esto importante? Apocalipsis muestra que cuando Él regrese con sus santos, librará una guerra contra una coalición de naciones que se han reunido en Armagedón para luchar (ver Apocalipsis 16:16; 19:11-21). Zacarías escribe:

> Entonces saldrá el Señor y peleará contra aquellas naciones, como cuando pelea en el día de la batalla. En aquel día sus pies estarán en el monte de los Olivos que se encuentra al este de Jerusalén. El monte de los Olivos se partirá en dos.
>
> Zacarías 14:3-4

Tanto Pablo como Zacarías son muy claros en cuanto al lugar y el propósito. Por lo tanto, debemos preguntarnos: ¿Por qué nos encontramos con el Señor en las nubes, pero también se nos dice que sus pies estarán en el monte de los Olivos? ¿Son estos acontecimientos uno y el mismo? ¿Nos encontramos con Él en el aire, inmediatamente nos subiremos a nuestros caballos blancos, daremos una vuelta en U y lo seguiremos de regreso para presenciar la aniquilación de sus enemigos y su instauración en el monte? ¿Viene por su novia y libra una guerra al mismo tiempo? ¿Usa un traje de bodas bajo su armadura para la guerra o son dos cosas distintas? Responderemos estas preguntas en la siguiente sección.

PASAJE. "Llegó el novio. Las jóvenes que estaban preparadas entraron con él al banquete de bodas" (Mateo 25:10).

PUNTO. Nuestro Novio viene por su novia con un grito y un fuerte toque de trompeta.

PONDERA. Lee Apocalipsis 19:11-16. ¿Parece que Jesús viene a buscar a su Novia o viene a la guerra? Si es a la guerra, ¿cuándo vendrá por su Novia? ¿Son el mismo acontecimiento?

PIDE. Señor, no eres autor de la confusión, sino el Dios del orden. Has prometido revelar tu voluntad cuando te busque con fervor. Pido entendimiento con respecto a las escrituras proféticas del regreso de Jesús por su Novia. En el nombre de Jesús, amén.

PROFESA. ¡Apresura tu venida, Señor Jesús!

SEMANA 3

LA UNIÓN DE LA NOVIA Y EL NOVIO

BUSQUEN A DIOS, TODOS USTEDES, GENTE DISCIPLINADA QUE VIVEN SEGÚN LA JUSTICIA DE DIOS. BUSQUEN LOS CAMINOS RECTOS DE DIOS. BUSQUEN UNA VIDA TRANQUILA Y DISCIPLINADA. TAL VEZ QUEDEN OCULTOS EN EL DÍA DE LA IRA DE DIOS.

SOFONÍAS 2:3 BEM

CAPÍTULO 15

NO DESTINADOS A LA IRA

Al fin estamos en el punto en que tenemos que tratar la ineludible discusión sobre la escatología. Al hablar del regreso de Jesús, ¿se refiere eso al Novio que *arrebata* a su novia o al Rey conquistador que regresa para *derrotar toda rebelión* y establecer su reinado milenario? La respuesta no es una u otra; ¡sino ambas cosas! No obstante, esto nos lleva a la pregunta irrevocable: *Si se trata de ambas cosas, ¿han de ocurrir al mismo tiempo o en momentos distintos?* Si la respuesta es "distintos", ¿cómo pueden dos narrativas completamente diferentes formar parte del mismo acontecimiento?

Imagínate una boda occidental típica. He oficiado muchas. La mayoría de las veces el evento se divide en dos fases: la ceremonia y la recepción. Cada una ocurre en dos momentos distintos y puede realizarse en dos lugares diferentes. Mi esposa y yo celebramos la ceremonia en la iglesia y después fuimos, en automóvil, a una casa histórica donde se celebró la recepción. Ambas actividades, aunque diferentes en función, hora y lugar, formaron parte de la misma boda. Al orar, escudriñar las Escrituras y leer los escritos de ministros confiables y padres de la iglesia, he llegado a creer que la segunda venida de Jesús es un suceso que ocurre en dos fases, cada una con una función, un tiempo y un lugar diferentes.

Antes de profundizar, permíteme presentar lo que se va a discutir con una introducción y una advertencia. No existe una escritura aislada que aborde con claridad nuestra pregunta, sino más bien un complejo entramado de pasajes, cada uno de los cuales brinda un elemento de lo que está por venir. Al analizarlos en conjunto, revelan una imagen de lo que —de otro modo— no sería obvio. Creo que hay un propósito divino detrás de esto. ¿Para qué?

Bueno, para que sigamos buscando, para que podamos encontrar los hermosos secretos ocultos de la sabiduría en el *collage* de escrituras proféticas.

Me cuesta abordar este tema debido a la preocupación por una posible división. Querido lector, ten en cuenta que esto es solo para que reflexiones, ores, te animes y disfrutes debatiendo con otros. Esto no pretende ser dogmático ni usarse como argumento para discutir con quienes no están de acuerdo. Es más, agregaré algo de humor. Mi propia esposa no está muy de acuerdo del todo con mi interpretación, aunque es la persona más cercana a mí en este mundo. Nos respetamos mutuamente nuestras posturas personales y, a menudo, bromeamos al respecto.

Ahora quizás pienses: *Si a John le inquieta abordar esto, ¿por qué lo habla?* Esta es una pregunta justa, por lo que pensé seriamente en evitar el tema por completo. Medité en qué sería mayor: el peligro potencial o el beneficio. Sin embargo, al final, concluí que la esperanza y el consuelo superaban con creces cualquier riesgo potencial. Además, decidí que es inevitable para una discusión adecuada sobre el tema en cuanto a *El Rey ya viene*.

En primer lugar, permíteme presentar las tres creencias más comunes sobre el "arrebatamiento" de la iglesia. El primero es la visión postribulacionista. Los que adoptan esta perspectiva creen que todos los aspectos de la segunda venida ocurren al mismo tiempo. En otras palabras, si volvemos al ejemplo de nuestra boda, la ceremonia y la recepción son una sola cosa que ocurre en el mismo lugar, al mismo tiempo. En esencia, los que sostienen esta creencia afirman que Jesús "arrebatará" a su novia al final de los siete años de tribulación.

Si esta perspectiva es correcta, me es difícil determinar por qué es necesario un encuentro en las nubes. ¿Por qué no nos "arrebata" para encontrarnos con Él en el monte de los Olivos, donde pondrá sus pies (Zacarías 14:3-4)? Pero no puede ser así, de lo contrario, los escritos de Pablo a los tesalonicenses y los corintios serían inaplicables e inexistentes. Eso ciertamente no es una opción, sobre todo cuando sus declaraciones son precedidas por esta afirmación tajante: "Conforme a lo dicho por el Señor".

Considera que, si la perspectiva postribulacionista es exacta, solo queda un escenario posible: Jesús "arrebatará" a la iglesia en las nubes. Una vez allí, montaremos inmediatamente a caballo, daremos un giro de 180 grados y lo seguiremos de regreso a la tierra para presenciar la derrota que propinará a las naciones rebeldes. Aunque parece extraño, es posible.

Sin embargo, hay algunas complicaciones. Una de las principales es que la Iglesia seguirá en la tierra durante la severa ira de Dios, la cual incluye: los juicios de los siete sellos, los juicios de las siete trompetas y, al final, los juicios de las siete copas. Habrá problemas, angustia, sufrimiento y muerte nunca antes vistos ni vividos.

Es inquietante ver que un breve resumen de la ira venidera contradice lo que entendemos de la paternidad de Dios. Una de las devastaciones que ha de causar su ira incluye la muerte de una cuarta parte de la humanidad durante el juicio del cuarto sello, sin mencionar las catástrofes que implican los otros seis sellos.

Los juicios de las trompetas son aún peores: la sentencia de uno de ellos hará que un tercio de la tierra arda en fuego y una gran parte de la humanidad muera debido a que un tercio del agua se volverá venenosa. En otro juicio, el de las trompetas, la gente buscará la muerte para escapar de un tormento inimaginable, pero no la hallará. La sexta trompeta matará a otro tercio de la humanidad (ya tenemos entre cuatro y cinco mil millones de muertes y estamos lejos de terminar).

Los juicios de las copas finales incluyen la conversión de toda el agua de la tierra en sangre, por lo que todo lo que vive en el agua morirá. Las ráfagas de calor abrasador que el sol liberará quemarán a los habitantes de la tierra. Habrá terribles tormentas con granizo de hasta treinta y dos kilos cada una. Esto es solo una muestra de la terrible ira que se derramará.

Si la perspectiva postribulacionista es correcta, su Novia no solo tendrá que tratar con esta inimaginable ira de Dios, sino también con la del hombre de pecado y sus legiones leales. Este gobernante global, que es la encarnación de Satanás, recibe autoridad para vencer a los santos (ver Daniel 7:25 y Apocalipsis 13:7; estudiaremos quiénes son estos santos en el próximo capítulo). Si estos santos son la novia de Cristo, entonces es una novia maltratada que sobrevive, en vez de una novia gloriosa "arrebatada".

Al final de la furia de la tribulación, la gente será más escasa que el oro. Si toda la humanidad es tan poca, ¿cuánta escasez habrá de los santos debido a un doble golpe, tanto del cielo como del gobernante mundial? No sería una gran unión para el Novio y la novia, y tampoco sería una gran sorpresa, pues el profeta Daniel da un número exacto de días (ver Daniel 12:11-12).

Ahora bien, consideremos la segunda perspectiva, la de la mitad de la tribulación. Esta cree que el arrebatamiento de la novia ocurrirá en algún momento durante los siete años de tribulación. En lo particular, me cuesta entender en qué escrituras se basa esta idea, así que no puedo decir mucho al respecto. Los que creen esto declaran que no estaremos aquí durante la gran tribulación (los últimos tres años y medio), sino solo en la primera mitad. Una nota importante: lo peor de la ira de Dios se derrama en la segunda mitad de la tribulación; sin embargo, una buena parte de los juicios de la ira de Dios también ocurrirá en la primera mitad.

El tercer punto de vista, el pretribulacionista, considera que el arrebatamiento ocurre antes de la tribulación. Algunos creen que marca el inicio de la tribulación; otros piensan que puede haber un breve lapso de tiempo desconocido entre el arrebatamiento y el comienzo de la tribulación. Creo en esta tercera perspectiva, sin ningún lapso de tiempo. En otras palabras, el arrebatamiento inicia la tribulación.

Recuerda, tengo algunos amigos que no están de acuerdo con mi postura. Siguen siendo mis queridos amigos y todos nos mantenemos ocupados en los campos de cosecha, haciendo discípulos y esperando con ansias su regreso. Una de las grandes ventajas que veo en la interpretación de mi esposa y mis amigos es que mantiene nuestros corazones y mentes preparados para enfrentar dificultades extremas, lo cual no es malo. Se nos exhorta a "armarnos para sufrir como Cristo sufrió" (mi paráfrasis de 1 Pedro 4:1). Sin embargo, dicho eso, sigo sin verlo desarrollarse de esta manera en las Escrituras, y daré siete razones que creo válidas en los próximos capítulos.

Antes de comenzar, hay una afirmación que debe aclararse para evitar que nuestras discusiones resulten confusas. Hay tres grupos de santos en la tierra, en el marco temporal general de la segunda venida (tanto antes como durante la tribulación):

1. **La iglesia o la novia de Cristo**. Estos han recibido a Jesucristo como su Señor y lo siguen fielmente. La mayor parte de este grupo ya estará en el cielo; sin embargo, aún habrá un gran segmento en la tierra cuando el Señor regrese para arrebatar a su novia. Este grupo estará compuesto por muchos gentiles y algunos judíos.

2. **Los santos judíos**. Este es el pueblo judío, cuyos ojos serán abiertos durante la tribulación para reconocer y adorar a su Mesías, Jesucristo. Es a ellos a quienes Pablo se refiere cuando dice que, una vez que se complete el número de gentiles, todo Israel será salvo (ver Romanos 11:25-26).
3. **Los santos de la tribulación**. Estos incluirán a todos los de la categoría 2 (los santos judíos), pero también a los gentiles que se salven durante la tribulación. Podría haber incluido los números 2 y 3 en una sola categoría, pero habrá ocasiones en que necesite aislar a los santos judíos.

Ahora analicemos por qué las Escrituras muestran que el arrebatamiento de la novia ocurre antes de los siete años de tribulación. Abordaré siete puntos principales, aunque no son absolutos y —es más— el séptimo no proviene de las Escrituras, es lo que enseñaron los padres de la iglesia primitiva. A continuación tenemos la lista:

1. No estamos destinados a la ira.
2. Entramos en la recámara celestial antes que se derrame la ira.
3. La iglesia está ausente en gran parte del Apocalipsis.
4. Los veinticuatro ancianos comparecen antes de que se derrame la ira de Dios.
5. El que los detiene debe ser eliminado.
6. Como en los días de Noé, los justos serán perdonados.
7. Es lo que enseñaron los padres de la iglesia primitiva.

Aunque tratar este tema por completo tomará los siguientes cuatro capítulos, será fascinante. Así que comencemos:

1. NO ESTAMOS DESTINADOS A LA IRA.

Hay más de veinticinco referencias a la ira de Dios en el Nuevo Testamento, y aún más en el Antiguo. La mayoría de ellas identifican la culminación del juicio que ocurre durante los siete años de tribulación. Algunas incluyen:

> Oí una gran voz que decía desde el templo a los siete ángeles: Id y derramad sobre la tierra las siete copas de la *ira de Dios*.
>
> APOCALIPSIS 16:1 RVR1960

> Porque el gran día de *su ira* ha llegado; ¿y quién podrá sostenerse en pie?
>
> APOCALIPSIS 6:17 RVR1960

> Se airaron las naciones, y *tu ira* ha venido.
>
> APOCALIPSIS 11:18 RVR1960

Esta es solo una muestra de las diversas referencias que se hallan en el libro de Apocalipsis, aunque también se encuentran muchas en las epístolas. En el Nuevo Testamento, las palabras para describir la ira de Dios son *thumós* y *orgḗ*, las cuales se usan en el libro de Apocalipsis. La primera palabra incluye "la idea de castigo o juicio punitivo".[1] Aún más esclarecedora y llamativa es esta definición de *thumós*: "indignación, ira como el arrebato de una mente vengativa".[2]

La segunda palabra, *orgḗ*, que se usa en la mayoría de las referencias, se define como "castigo divino basado en el juicio airado de Dios contra alguien".[3] Estas son definiciones muy fuertes que no dejan margen de maniobra; la tribulación es el tiempo de su juicio y de sus castigos penales. De hecho, otro pasaje se refiere a ella como *feroz*:

> Él mismo exprime uvas en el lagar para sacar el vino del *furor* del castigo que viene de Dios Todopoderoso.
>
> APOCALIPSIS 19:15

Repasemos de nuevo, para dar continuidad, la descripción de Isaías en cuanto al día del Señor, también conocido como la tribulación de los siete años:

> ¡Miren! ¡Ya viene el día del Señor —día *cruel*, de *furor* y ardiente *ira*—; dejará la tierra devastada y exterminará en ella a los pecadores! Las estrellas y las constelaciones del cielo dejarán de irradiar su luz; se

> oscurecerá el sol al salir y no brillará más la luna. Castigaré por su maldad al mundo y por su iniquidad a los malvados. Pondré fin a la soberbia de los arrogantes y humillaré el orgullo de los violentos. Voy a hacer que haya menos gente que oro fino, menos mortales que oro de Ofir.
>
> Isaías 13:9-12

Su ira se describe como *cruel*, pues procederá de su feroz ira, por lo que *castigará* y *destruirá*. Estas escrituras dejan muy claro que el período de tribulación es, sin duda, la ira de Dios y no está destinada a la novia de su Hijo, sino a un mundo rebelde.

Pablo escribe en perfecta conformidad con los pasajes anteriores en sus epístolas. Solo usa la palabra *orgḗ*. Un ejemplo es Romanos 5:9, donde afirma: "Ahora que hemos sido justificados por su sangre, ¡con cuánta más razón, por medio de él, seremos *salvados del castigo* [de la ira] de Dios!". El uso más interesante de esta palabra se encuentra en su Primera Carta a los Tesalonicenses. Pablo enmarca el arrebatamiento de la iglesia con el mensaje muy claro de que no estamos destinados a la ira. Estos son los argumentos:

> Esperar de los cielos a su Hijo, al cual resucitó de los muertos, a Jesús, quien nos libra de la ira venidera.
>
> 1 Tesalonicenses 1:10 RVR1960

Por otra parte, procede a escribir sobre el arrebatamiento de la novia de Jesús en los capítulos cuarto y quinto, afirmando lo siguiente al final de su análisis de este profundo evento:

> Porque *no nos ha puesto Dios para ira*, sino para alcanzar salvación por medio de nuestro Señor Jesucristo... Por lo cual, animaos unos a otros, y edificaos unos a otros, así como lo hacéis.
>
> 1 Tesalonicenses 5:9-11

Es claro que la novia (la iglesia) no está destinada a experimentar la ira de Dios y, por segunda vez en este grupo de pasajes, Pablo les dice a los creyentes que se consuelen unos a otros con estas palabras. Nadie consideraría el mensaje de pasar por la ira de Dios como algo que les brinde consuelo y ánimo.

Hay quienes protestarían: "¡Esta es una mentalidad *escapista*! Estamos destinados a la tribulación". Es correcto, como dice Jesús: "En el mundo tendréis aflicción [tribulaciones]" (Juan 16:33 RVR1960). Sin embargo, existe una enorme diferencia entre *tribulación* y *la tribulación*. Jesús se refiere a persecuciones, dificultades, aflicciones y sufrimiento por las pruebas de este mundo.

Gracias a nuestro trabajo con naciones en las que los cristianos son perseguidos, he aprendido con mayor facilidad que otros creyentes occidentales sobre la intensa persecución que se está produciendo en diversas partes del orbe. De hecho, mientras escribía este capítulo, nuestras fuentes me informaron que más de mil creyentes fueron ejecutados el último mes por su fe en tan solo una parte del mundo. Los cristianos están siendo encarcelados y torturados en muchos lugares del planeta. Los estudios muestran que más cristianos han sido martirizados por su fe en los últimos cien años que en cualquier otro momento de la historia.[4] Estas son las tribulaciones de las que habla Jesús; sin embargo, la tribulación de siete años es la ira de Dios. Hay una enorme diferencia: una es la ira del mundo contra los creyentes, mientras que la otra es la ira de Dios contra el mundo.

Veamos la acusación de que el arrebatamiento pretribulacionista tiene que ver con una mentalidad de escape. Si eso es tan cobarde y poco heroico, ¿por qué Jesús instruye a los creyentes en cuanto a la tribulación de siete años de esta manera:

> "Manténganse despiertos y oren para que puedan escapar de todo lo que está por suceder"?
>
> Lucas 21:36

No es cobardía escapar de la *ira de Dios*. Jesús cargó con la ira de Dios para librarnos del castigo divino venidero. Sin embargo, sí es correcto identificar como un "acto de cobardía" el intento de escapar de *la ira del mundo* negando nuestra fe o menospreciando la Palabra de Dios.

PASAJE. Pero por tu dureza y por tu corazón no arrepentido, atesoras para ti mismo ira para el día de la ira y de la revelación del justo juicio de Dios (Romanos 2:5 RVR1960).

PUNTO. La novia de Cristo no está destinada a la ira de Dios.

PONDERA. ¿Cuál es la diferencia entre la *tribulación* y la *ira de Dios*? Enumera ejemplos bíblicos que ilustren cada una. Por otro lado, ¿cuál es la diferencia entre la disciplina de Dios y su ira? ¿Es dolorosa la disciplina? ¿Es útil? (Ver Hebreos 12:3-11). ¿Cómo se relacionan o no la tribulación y la disciplina?

PIDE. Padre celestial, ayúdame a distinguir entre la tribulación del mundo y la disciplina de tu amorosa mano. Dame fuerza para ser fuerte y superar la tribulación del mundo, y para aceptar tu amorosa disciplina. En el nombre de Jesús, amén.

PROFESA. Aceptaré la disciplina de Dios, pero no estoy destinado a su ira.

VENGAN, PUEBLO MÍO, VUELVAN A CASA Y ENCIÉRRENSE. ESCÓNDANSE POR UN TIEMPO HASTA QUE LA IRA CASTIGADORA HAYA PASADO, PORQUE DIOS VA A SALIR DE SU LUGAR PARA CORREGIR EL MAL DE LOS PUEBLOS DE LA TIERRA. LA TIERRA MISMA SEÑALARÁ LAS MANCHAS DE SANGRE; MOSTRARÁ DÓNDE HAN ESCONDIDO A LOS ASESINADOS.

ISAÍAS 26:20-21 BEM

CAPÍTULO 16

OCULTOS EN EL APOSENTO

Ya hemos analizado la primera razón por la que creo que la novia no estará presente durante los siete años de tribulación; así que analizaremos las demás en los próximos tres capítulos.

2. ENTRAMOS EN EL APOSENTO CELESTIAL ANTES DEL DERRAMAMIENTO DE LA IRA.

Insisto, vislumbramos la antigua boda judía en las palabras de Isaías, pero no es evidente por completo. Repasemos brevemente lo que comentamos en el capítulo 9: cómo preparaba el novio la habitación para su esposa, es decir, su *aposento*. Con la aprobación de su padre, llegaba inesperadamente a la comunidad de su novia, entre gritos y shofares resonando en su recorrido por las calles. Atrapaba a su novia y se la llevaba inmediatamente a la habitación nupcial, donde pasaban juntos los siguientes siete días. Después, la pareja salía de su escondite y el esposo presentaba a su esposa, sin velo, a todos los presentes.

Antes de hacer la comparación, analicemos con más detalle las palabras de Isaías para obtener más contexto. La palabra profética comienza diciendo:

> Pero los que mueren en el Señor vivirán; ¡sus cuerpos se levantarán otra vez! Los que duermen en la tierra se levantarán y cantarán de alegría. Pues tu luz que da vida descenderá como el rocío sobre tu pueblo, en el lugar de los muertos.
>
> Isaías 26:19, 21 NTV

Sin duda, se refiere a la resurrección de los santos, que es un aspecto fundamental de la segunda venida. También vemos que el marco cronológico se aclara en el versículo 21. Al comparar las palabras de Isaías con nuestra interpretación del mismo acontecimiento en el Nuevo Testamento, obtenemos una imagen más completa. Pablo escribe:

> Lo cierto es que Cristo ha sido levantado de entre los muertos, como primicias de los que murieron.
>
> 1 Corintios 15:20

Y usando casi exactamente las mismas palabras de Isaías, Pablo apunta:

> Los muertos en Cristo resucitarán primero.
>
> 1 Tesalonicenses 4:16

Pablo, entonces, da una descripción más completa de la resurrección del creyente que Isaías. Veámosla a continuación: "Nuestros cuerpos son enterrados en deshonra, pero serán resucitados en gloria. Son enterrados en debilidad, pero serán resucitados en fuerza. Son enterrados como cuerpos humanos naturales, pero serán resucitados como cuerpos espirituales (1 Corintios 15:43-44 NTV). Pablo amplifica las palabras de Isaías, que escribió que la "luz que da vida descenderá como el rocío sobre tu pueblo, en el lugar de los muertos" (26:19). Pablo continúa:

> Sucederá en un instante, en un abrir y cerrar de ojos… Pues, cuando suene la trompeta, los que hayan muerto resucitarán para vivir por siempre. Y nosotros, los que estemos vivos, también seremos transformados.
>
> 1 Corintios 15:52 NTV

Esto no puede ser más claro, Isaías y Pablo escriben sobre el mismo acontecimiento exactamente. El apóstol, incluso, afirma que esta promesa profética proviene "directamente del Señor" (1 Tesalonicenses 4:15). No te equivoques, llegará un día en el que Jesús descenderá a la atmósfera terrestre, que casualmente es la comunidad donde reside su novia (ya sea en la tumba o aún viva), tomará a su amada y la llevará a la *habitación* que Él ha preparado (ver Juan 14:1-3). Continuemos con la *siguiente declaración* de Isaías y veremos la correlación con la boda judía:

> ¡Anda, pueblo mío, entra en tus habitaciones y cierra tus puertas tras de ti; escóndete por un momento, hasta que pase la ira! ¡Estén alerta! El Señor va a salir de su morada para castigar la maldad de los habitantes de la tierra.
>
> Isaías 26:20-21

Ahora, analicemos detenidamente este tapiz de escrituras. La pregunta más importante es: ¿Dónde están esas recámaras para los muertos resucitados en el Señor? ¿Están en la tierra o en el cielo? En otras palabras, mientras se derrama la indignación —la ira de Dios—, el pueblo de Dios —que resucita de la tumba— ¿volverá a vivir en la tierra y se esconderá en lugares remotos como bosques, desiertos, cuevas, comunidades, etc., para evitar las plagas de los juicios? ¡De ninguna manera! Esta idea no tiene asidero: resucitar de los muertos para ocultarse en la tierra de la persecución del Anticristo y la ira de Dios no tiene ningún sentido, eso no es nada sensato. Sin embargo, podemos afirmar —sin lugar a dudas— que esos santos resucitados estarán escondidos en las recámaras celestiales.

Ahora, la siguiente pregunta importante es: ¿Qué sucede en la misma fracción de segundo que esos muertos resucitan de las tumbas? La respuesta yace en el misterio que no le fue revelado a Isaías ni a ningún otro profeta del Antiguo Testamento: el misterio que Pablo recibió "directamente del Señor". El misterio de que los que estén vivos en Cristo también serán arrebatados "juntamente con ellos" (1 Tesalonicenses 4:17) *—en el mismo instante—* para encontrarse con el Señor y estar con Él por siempre.

¿Qué es lo que las Escrituras dejan claro? Que si los muertos en Cristo (*escondidos en sus recámaras*) resucitan antes de que se derrame la ira, entonces los que están vivos también serán "arrebatados" antes de que se derrame la ira *(¡y estarán en esas mismas moradas!)*. Tanto los muertos como los vivos se unen al Señor en el mismo instante. Sofonías también lo confirma:

> Busquen al Señor, todos ustedes, los humildes *de la tierra*, los que obedecen sus órdenes. Busquen la justicia, busquen la humildad; tal vez encontrarán refugio en el día de la ira del Señor.
>
> SOFONÍAS 2:3

De vuelta a la boda judía, una vez que la pareja está en la habitación nupcial, pasan siete *días solos*. Se esconden, se ocultan de todas las actividades que ocurren afuera.

Este punto es tan importante que se debe reiterar. Isaías y Sofonías afirman claramente que *justo antes* de que el Señor castigue a los habitantes del mundo, ocurrirá un acontecimiento llamado el Día del Señor —la tribulación y la gran tribulación—, y los que están muertos en el Señor resucitarán y serán escondidos en sus habitaciones. Pablo completará el cuadro con "el misterio" de que quienes estamos vivos en Cristo seremos arrebatados al mismo tiempo.

Al completarse los siete años, Jesús regresará con su novia descubierta, derrotará toda rebelión y establecerá su reino con ella reinando a su lado. Observa, desde esa perspectiva, las notables similitudes en las siguientes escrituras:

> Miren, el Señor viene con millares y millares de sus santos, para someter a juicio a todos y para reprender a cada uno de los pecadores impíos por todas las malas obras que han cometido, así como por las injurias que han proferido contra él.
>
> JUDAS 14-15

Judas no describe a Jesús viniendo *por* su novia, como lo hizo Pablo con los tesalonicenses, sino que viene *con* ella. Un aspecto de las palabras de Judas describe *la revelación* de la novia de Jesús que ocurrirá siete años después del arrebatamiento. Los siguientes versículos hablan específicamente de la revelación:

> Por esto el mundo no nos conoce, porque no le conoció a él. Amados, ahora somos hijos de Dios, y aún no se ha manifestado lo que seremos; pero sabemos que cuando él se manifieste, seremos semejantes a él.
>
> 1 JUAN 3:1-2 RVR1960

> Cuando Cristo, que es la vida de ustedes, se manifieste, entonces también ustedes serán manifestados con él en gloria.
>
> COLOSENSES 3:4

> La creación aguarda con ansiedad la revelación de los hijos de Dios.
>
> ROMANOS 8:19

Las similitudes empiezan entre el antiguo matrimonio judío y los escritos de los apóstoles y de los profetas acerca del regreso de Jesús. Ten en cuenta que estos hombres conocían muy bien el formato de las bodas en su cultura, a diferencia de lo que los occidentales del siglo veintiuno comprendemos.

3. LA IGLESIA ESTÁ AUSENTE EN GRAN PARTE DE APOCALIPSIS.

En Apocalipsis, capítulos 1 al 3, la iglesia solo se menciona diecinueve veces. No volvemos a saber de ella hasta Apocalipsis 22. ¿A qué se debe esa abrupta desaparición? Para mayor claridad, hay que señalar que la palabra *santos* aparece aproximadamente media docena de veces en los capítulos intermedios, pero no el vocablo *iglesia*. ¿Quiénes son esas personas si la iglesia, a esas alturas, ha desaparecido? Son las que pertenecen a la categoría 3, indicada en el capítulo anterior: los santos de la tribulación (que comprenden tanto judíos como gentiles). Son las multitudes que serán salvadas durante la tribulación (ver Apocalipsis 7).

Al mantener a estos grupos separados y en sus respectivos contextos, evitamos confusiones. En cuanto a la iglesia, es interesante y no casual que, después de que Jesús habla a las siete iglesias, el siguiente versículo diga:

> *Después de esto* miré y allí en el cielo había una puerta abierta. Y la voz que me había hablado antes con *sonido como de trompeta me dijo:* "*Sube acá*: voy a mostrarte lo que tiene que suceder después de esto".
>
> APOCALIPSIS 4:1

Después de esto. ¿Después de qué cosas? Jesús acaba de hablar a siete iglesias históricas. Los mensajes a esas iglesias no habrían sido incluidos en las Escrituras si no tuvieran una aplicación profética. Hay tres perspectivas principales sobre cómo se aplican esos mensajes:

1. Pertenecen a las siete iglesias históricas.
2. Se relacionan con las diferentes fases de la condición de la iglesia durante los últimos dos mil años.
3. Identifican las diversas condiciones de la iglesia global antes de su segunda venida.

¿Cuál de ellas es correcta? ¿Es posible que las tres lo sean? Responderemos a esto en los capítulos finales, pero lo importante para nuestra discusión ahora es la notable similitud que el versículo anterior tiene con 1 Tesalonicenses 4:15-17, a saber, la fuerte voz de trompeta y las palabras: "Sube acá". Ambos versículos hablan de un arrebatamiento con una terminología similar.

¿Podría ser que la iglesia ya no se menciona por su nombre porque está en el aposento nupcial con Jesús? ¿No es eso lo que profetizaron Isaías y Sofonías, que vimos anteriormente? Esto nos lleva a la siguiente razón bíblica para un "arrebatamiento" pretribulacionista.

4. LOS VEINTICUATRO ANCIANOS APARECEN ANTES DE DERRAMARSE LA IRA DE DIOS.

Otro punto interesante surge al hablar de la ausencia de la iglesia en la tierra, en el libro de Apocalipsis, capítulos 4 a 21. Si leemos la visión de Juan en cuanto a la sala del trono en los capítulos 4 y 5, reconocemos casi todas las numerosas descripciones del trono de Dios contenidas en otros libros de las Escrituras. Vemos a los cuatro seres vivientes: los serafines, la miríada de ángeles, Jesús (el Cordero), Dios Todopoderoso y el Espíritu de Dios. Sin embargo, hay un nuevo grupo que no hemos visto en ningún otro lugar de las Escrituras: *los veinticuatro ancianos.* Además, ahora falta un grupo: "los espíritus de los justos… hechos perfectos" (Hebreos 12:23). ¿Quiénes son "los ancianos"? ¿Por qué aparecen de repente? ¿Por qué no se encuentran en las visiones de la sala del trono que recibieron Ezequiel, Isaías, el libro de Hebreos y el salmista? Además, ¿adónde fueron los "espíritus de los hechos perfectos"? ¿Recibieron cuerpos resucitados en el arrebatamiento de la novia?

Creo que los veinticuatro ancianos representan a los santos del Antiguo y del Nuevo Testamento combinados en un solo grupo. Lo que voy a escribir es una conjetura, y no debe asimilarse como una verdad absoluta, pero ¿podría el número veinticuatro provenir de las doce tribus de Israel y los doce apóstoles que fueron elegidos por el Señor como fundadores de la iglesia? Insisto, es solo una idea que no puedo respaldar firmemente con las Escrituras, pero la razón por la que me inclino mucho por esta opción se encuentra en su cántico:

> Cantaban un nuevo cántico, diciendo: "Digno eres de tomar el libro y de abrir sus sellos; porque tú fuiste inmolado, y con tu sangre *nos has redimido para Dios*, de *todo linaje y lengua y pueblo y nación*; y nos has hecho para nuestro Dios *reyes* y *sacerdotes*, y *reinaremos sobre la tierra*".
>
> APOCALIPSIS 5:9-10 RVR1960

Hay cuatro indicadores en estos versículos que muestran que este grupo probablemente corresponda a los santos del Antiguo Testamento y la iglesia del Nuevo Testamento. Observa las palabras "nos has redimido para Dios". Permíteme comenzar diciendo que algunas traducciones, por alguna razón, se han tomado la libertad de cambiar esta cita a "rescató a un pueblo para Dios". Sin embargo, la palabra griega que se usa para nosotros es *hēmás*, que se define como: "Nuestro, nos, nosotros" y debe distinguirse de *humás*, vuestro, vosotros".[1] Sin duda, se identifican a sí mismos, no a otros.

La iglesia ha sido redimida por la sangre de Jesús, y esta buena noticia también se predicó a quienes esperaron pacientemente en el seno de Abraham a que el Mesías viniera y rociara su sangre sobre el propiciatorio de Dios (ver Lucas 16:22-23; Efesios 4:9-10; 1 Pedro 3:18-19). Estos ancianos afirman claramente que han sido redimidos por la sangre de Jesús.

En segundo lugar, observa que fueron redimidos de "todo linaje y lengua y pueblo y nación". Esto muestra que esos ancianos no son seres angelicales. Fueron redimidos para Dios por la sangre de su Hijo de todo linaje y lengua y pueblo y nación.

Es probable que algunos se pregunten: ¿Podrían estos veinticuatro ancianos ser individuos que llevaron vidas excepcionales y, por lo tanto, fueron seleccionados para formar parte de este grupo élite? Insisto, eso es imposible. Hay 195 naciones en la tierra. En cuanto a las tribus, las fuentes nos dicen que hay unos cinco mil pueblos indígenas repartidos por todas las zonas climáticas y continentes habitados del mundo.[2] Si cada anciano fuera una persona, entonces solo tendríamos veinticuatro naciones o tribus representadas, lo que no cubre todas las tribus, lenguas, pueblos y naciones.

En tercer lugar, observa que han sido hechos "reyes y sacerdotes" para nuestro Dios. Solo hay dos individuos y un solo grupo identificados como tales en las Escrituras: Melquisedec (ver Hebreos 7:1), Jesucristo (ver Hebreos 3:1; Apocalipsis 19:16) y los que son rescatados por la sangre de Jesús:

> Al que nos ama y que por su sangre nos ha librado de nuestros pecados, al que ha hecho de nosotros un reino, sacerdotes al servicio de Dios su Padre.
>
> Apocalipsis 1:5-6

El cuarto identificador se encuentra en sus palabras: "Reinaremos sobre la tierra". Pablo escribe: "Si resistimos, también reinaremos con él" (2 Timoteo 2:12; ver también Apocalipsis 20:6). A los ángeles no se les promete que gobernarán con Cristo, ni siquiera a los serafines. La Escritura es clara al respecto, ya que afirma: "Dios no puso bajo el dominio de los ángeles el mundo venidero del que estamos hablando" (Hebreos 2:5). Los únicos a quienes se les promete gobernar con Jesucristo son sus santos fieles.

Estas son las cuatro razones de peso para creer que esos ancianos son, en efecto, una representación de la iglesia y de los santos del Antiguo Testamento. Pero hay más. Una de las primeras cosas que Juan observa tras ser arrebatado a la sala del trono, además del propio Señor, son esos ancianos. Escuchemos cómo los describe:

> Al instante vino sobre mí el Espíritu y vi un trono en el cielo y a alguien sentado en el trono ... Rodeaban al trono otros veinticuatro tronos en los que estaban sentados veinticuatro ancianos vestidos de blanco y con una corona de oro en la cabeza.
>
> Apocalipsis 4:2-4

Esos ancianos estaban vestidos de blanco y tenían coronas de oro. ¿Quién viste de blanco y tiene coronas? Aquí se nos dice: “Ya ha llegado el día de las bodas del Cordero. Su novia se ha preparado y se le ha concedido vestirse de tela de lino fino, limpio y resplandeciente” (Apocalipsis 19:7-8).

En segundo lugar, sus coronas. Pablo escribe: “Por lo demás me espera la *corona* de justicia que el Señor, el Juez justo, me otorgará en aquel día; y no solo a mí, sino también a todos los que con amor hayan esperado su venida” (2 Timoteo 4:8). Pablo relaciona las coronas que se entregarán en el día del regreso de Cristo con todos los que esperan con ansias su venida. ¡Esos son todos sus amados santos, su novia!

Ahora viene lo asombroso. Esos ancianos aparecen antes de que se derrame la ira de Dios. Ningún sello se ha roto todavía. Es tal como declara el profeta Isaías: ¡estamos escondidos en el aposento nupcial antes de que se derrame la ira!

Las razones más convincentes están por venir.

PASAJE. Les decimos lo siguiente de parte del Señor (1 Tesalonicenses 4:15 NTV).

PUNTO. La resurrección de los santos ocurre antes de que se derrame la ira, no durante ni al final.

PONDERA. ¿Por qué crees que Pablo usa las palabras “de parte del Señor” al escribir sobre la resurrección y el arrebatamiento? ¿Previó el Espíritu de Dios la controversia que rodearía este gran evento? ¿Cómo puedes usar lo que has visto en este capítulo para animar y consolar a tus seres queridos? ¿Cómo puedes evitar disputas?

PIDE. Padre, te ruego que me ayudes a permanecer en tu Palabra, para que pueda ser hallado fiel y estar listo para mi resurrección o para mi arrebatamiento que pronto vendrá. En el nombre de Jesús, amén.

PROFESA. Jesús ha preparado una habitación para protegerme a mí y a sus amados santos de la ira venidera.

ES CIERTO QUE EL MISTERIO DE LA MALDAD YA ESTÁ EJERCIENDO SU PODER; PERO FALTA QUE SEA QUITADO DE EN MEDIO EL QUE AHORA LO DETIENE.

2 TESALONICENSES 2:7

CAPÍTULO 17

EL RETENEDOR

¿Qué pasaría si nuestra sociedad, o cualquier otra, existiera sin la influencia de la iglesia? ¿Cómo serían nuestras comunidades? Imagina que la fuerza de la piedad desapareciera por completo de todas las esferas de la vida: los sistemas educativos, los mercados, los gobiernos, las artes... La lista es demasiado larga para compilarla. ¿Existirían organizaciones benéficas o de ayuda, centros de atención para ancianos, proveedores de atención médica de buena calidad o cualquier otro proveedor de servicios para ayudar a los necesitados? Al reflexionar sobre esto, se puede concluir fácilmente que terminaríamos en un mundo narcisista y tenebroso.

Considera las generaciones pasadas; ¿qué sucedió cuando las personas piadosas escaseaban? El caso más obvio ocurrió en los días de Noé: "Al ver el Señor que la maldad del ser humano en la tierra era muy grande y que toda inclinación de su corazón tendía siempre hacia el mal" (Génesis 6:5). Otras civilizaciones que uno recuerda rápidamente son Sodoma y Gomorra, Egipto en la época de Ramsés II, Israel en la época en que "cada pueblo hacía lo que bien le parecía" (Jueces 17:6), y podemos identificar fácilmente muchas otras.

La tendencia natural de la humanidad es, y siempre ha sido, hundirse en la corrupción. Si no hay una justicia fuerte, las civilizaciones se alejan cada vez más de una vida sana. ¿A qué se debe eso? ¿Por qué la humanidad, ajena a la Palabra de Dios, se aleja de lo verdadero y lo correcto, gravitando constantemente hacia los malos pensamientos? ¿Por qué la gente se deja llevar tan fácilmente por la creencia de que lo bueno es malo y lo malo es bueno? Seso se debe a la "corriente de este mundo". Al respecto, Pablo escribe:

> Anduvisteis en otro tiempo, siguiendo la *corriente de este mundo*, conforme al príncipe de la potestad del aire, el espíritu que ahora opera en los hijos de desobediencia.
>
> EFESIOS 2:2 RVR1960

La civilización está controlada por una corriente oculta de fuerzas oscuras que aleja a la humanidad de lo verdaderamente mejor y la conduce a la autodestrucción. Esta corriente es tan poderosa y engañosa que las Escrituras la identifican como "el misterio de la iniquidad" (2 Tesalonicenses 2:7). Esta frase por sí sola es muy reveladora, pero solo si la entendemos. Si no la reconocemos, sin duda nos afectará.

Imagina que estás en un bote de remos, en el río Niágara, sin saber adónde conduce. Si te serenas, la corriente te llevará por su curso. Con el tiempo, acabarás siendo uno más de los cientos de personas que han caído en picada sobre las famosas Cataratas del Niágara. Pero si entiendes adónde conduce, puedes tomar precauciones para evitar una muerte segura.

¿Qué es la *iniquidad*? En griego, la palabra es *anomia* y significa, esencialmente, vivir fuera de la ley. Esto podía abarcar desde la completa ignorancia de la ley hasta la rebelión flagrante contra ella.[1] La mejor ilustración de la anarquía —o su origen— ocurrió en el jardín del Edén. En medio de ese huerto encontramos dos árboles destacados: el árbol de la vida y el árbol del conocimiento del bien y del mal. Ya hemos hablado de este tema en cierta medida, ahora profundizaremos más.

El árbol de la vida simboliza que nuestra verdadera vida se encuentra en Dios. Dicho más claramente: Él es mi Creador perfecto y amoroso; por lo tanto, lo que Él quiere para mí es lo mejor. Comparo esto con la época cuando nuestros cuatro hijos eran pequeños. En mi rol de padre, el día de Navidad era otro "día de trabajo". En pocas palabras, ellos abrían sus regalos y después papá los armaba. Ahora bien, soy un hombre típico. Por lo general, abro la caja, esparzo las piezas en el suelo, pongo la caja y el manual de instrucciones a un lado y empiezo a armar. Después de una hora aproximadamente, termino, pero todavía quedan algunas piezas en el suelo. Pensando que las piezas sobran, procedo a hacer funcionar el juguete y, para mi gran disgusto, ¡no funciona! Ahora me molesto. ¡Eso está defectuoso y esa empresa me acaba de hacer perder una hora de mi tiempo el día de Navidad!

Como es un día festivo, no puedo llamar al número gratuito para quejarme. ¿Qué hago? Agarro el manual de instrucciones, escrito por el diseñador del juguete, lo desarmo, lo vuelvo a armar siguiendo las instrucciones, y ¡vaya!, esta vez no quedan piezas en el suelo. Así que enciendo el juguete y ¡funciona! Esto ilustra a la perfección el árbol de la vida: si simplemente hacemos lo que Dios manda, floreceremos.

Por el lado contrario, ¿qué comportamiento identifica al árbol del conocimiento del bien y del mal? Está muy claro en las Escrituras: "La mujer vio que el fruto del árbol era *bueno* … atractivo a la vista y era deseable para adquirir *sabiduría…*" (Génesis 3:6). Observa que no dice: "Y vio que era *malo* y que la haría *malvada*". Las devastadoras consecuencias de su decisión se camuflaron tras lo que *era bueno para ella*. Destacar este hecho nos da una idea clara de lo que este árbol realmente representa. En esencia, "Elijo lo que es bueno para mí, más allá de lo que Dios dice. Me aparto de su ley, de la libertad (ver Santiago 1:25), ley de vida (ver Romanos 8:2), ley de amor (ver Santiago 2:8) y otras leyes vivificantes. Me he entregado al misterio o poder secreto de la iniquidad". Esto nos lleva a otra razón por la que creo que las Escrituras muestran que el arrebatamiento ocurrirá antes de la tribulación de siete años.

5. HAY QUE QUITAR LO QUE LO RETIENE.

El apóstol Pablo se vio en la necesidad de escribir una segunda carta a la iglesia de Tesalónica. Los creyentes allí necesitaban consuelo, pues algunos "maestros" los habían inquietado. A la joven iglesia se le dijo que el arrebatamiento ya había ocurrido y que el Día del Señor —la tribulación— ya había comenzado. Pablo contraataca con estas palabras:

> No se dejen engañar de ninguna manera, porque primero tiene que llegar la rebelión contra Dios [la apostasía] y manifestarse el hombre de maldad [el hijo de perdición], el que está destinado a la destrucción. Este se opone y se levanta contra todo lo que lleva el nombre de

> dios o es objeto de adoración, hasta el punto de adueñarse del templo de Dios y pretender ser Dios.
>
> 2 Tesalonicenses 2:3-4

Dos cosas deben ocurrir antes de que la tribulación comience. La primera es la apostasía: el alejamiento de la fe de muchos creyentes profesantes. La segunda es la identidad del hombre de pecado. Muchos se refieren a él como el Anticristo. Sin embargo, este término solo se usa una vez en el Nuevo Testamento (1 Juan 2:18). Otros nombres que se le dan son *la bestia, el hijo de perdición, el maligno, el inicuo* y algunos más. Para simplificar, me referiré a él como el Anticristo.

Él es la antítesis perfecta de Jesucristo y la personificación plena del propio e inicuo Satanás. Su revelación ocurrirá al inicio de los siete años cuando se haga un pacto de paz con la nación judía, pero a la mitad:

> Durante una semana ese gobernante hará un pacto con muchos, pero a media semana pondrá fin a los sacrificios y ofrendas. Y en el Templo establecerá la abominación que causa destrucción, hasta que sobrevenga el desastroso fin que le ha sido decretado.
>
> Daniel 9:27

¿Cómo engañará un hombre tan malvado al pueblo judío al comienzo de la tribulación de los siete años? Si la anarquía se disfraza de "lo que es bueno para mí" y ya está actuando "secretamente" en la sociedad, entonces, muy similar a lo que ocurrió en el jardín con Eva, la apariencia inicial de ese hombre parecerá buena y sabia.

A la mitad de los últimos siete años, se proclamará Dios y por encima de todo lo que se llama Dios. ¡Algo horroroso! Pon atención atentamente a lo que Pablo continúa diciendo:

> Bien saben que hay algo que *detiene* a este hombre, a fin de que él se manifieste a su debido tiempo. Es cierto que el misterio de la maldad ya está ejerciendo su poder; pero falta que sea quitado de en medio el

> que ahora lo *detiene*. Entonces se manifestará aquel malvado, a quien el Señor Jesús derrocará con el soplo de su boca y destruirá con el esplendor de su venida.
>
> 2 Tesalonicenses 2:6-8

En estos versículos vemos que hay un *retenedor* que hace *dos cosas*: primero, refrena el poder secreto de la iniquidad; y segundo, impide que el Anticristo se manifieste. ¿Quién es ese retenedor?, Mi amigo y erudito griego Rick Renner escribe:

> Las palabras griegas que describen a este retenedor, en los versículos 6 y 7, son tanto neutras como masculinas en el texto original. Eso implica que la identidad del que retiene puede ser una cosa, una persona (o personas), o ambas.[2]

Para que el retenedor pueda refrenar el poder secreto de la anarquía, tendría que estar presente en todas las áreas de nuestro complejo social. Ha habido cuatro o cinco teorías sobre la identidad del retenedor, pero solo dos destacan como plausibles. La primera opción es que es el Espíritu Santo, y muchos creen que es Él —incluso los traductores de algunas versiones de la Biblia—, ya que escribieron el pronombre con mayúscula inicial. Sin embargo, me cuesta aceptar esta interpretación, pues sabemos que habrá una tremenda cosecha de almas en la tribulación, y "nadie puede llamar a Jesús Señor, sino por el Espíritu Santo" (1 Corintios 12:3). Él es quien abre el corazón de la persona para que reconozca a Jesús como el Cristo. Por lo tanto, el Espíritu Santo debe estar presente durante la tribulación.

La otra posibilidad es el cuerpo de Cristo o la iglesia. Me gusta esta opción. Recordemos nuestra pregunta al principio del capítulo: ¿Cómo sería la sociedad si de repente la influencia de la iglesia desapareciera por completo? Jesús afirma:

> "Sobre esta piedra edificaré mi iglesia y las puertas de los dominios de la muerte no prevalecerán contra ella. Te daré las llaves del reino

> de los cielos; todo lo que ates en la tierra quedará atado en el cielo y todo lo que desates en la tierra quedará desatado en el cielo".
>
> MATEO 16:18-19

La iglesia no puede ser *conquistada*; por lo tanto, es una fuerza restrictiva contra el misterio de la anarquía. En la versión Reina-Valera 1960 se traduce: "Edificaré mi iglesia, y las puertas del Hades no prevalecerán contra ella". Las puertas no son ofensivas, sino defensivas. A la iglesia se le dice que haga avanzar el reino haciendo discípulos de todas las naciones (ver Mateo 28:19). La palabra griega para *naciones* es *ethnos*, que se define como "un conjunto de personas unidas por parentesco, cultura y tradiciones comunes".[3] Esto incluye naciones, tribus, territorios y grupos étnicos. Sin embargo, también abarca a personas con una característica común, como fisicoculturistas, artistas, pilotos, estilistas, vendedores, amas de casa, etc.

La iglesia avanza perpetuamente. Es una fuerza de luz, una que las puertas de las tinieblas no pueden detener. Así como las tinieblas no vencen a la luz, sino que siempre son vencidas por ella, también la iglesia no solo ha sido una fuerza restrictiva, sino una fuerza que avanza. Más aún, Jesús comunica claramente en una parábola que la iglesia debe "ocuparse hasta que yo vuelva" (ver Lucas 19:13).

La iglesia ha sido duramente perseguida a lo largo de toda su existencia. Muchos cristianos han sido brutalmente martirizados, pero la iglesia continúa ocupando, avanzando y derribando las fortalezas del infierno. Ninguna fuerza ha podido vencerla a lo largo de los dos mil años de la era de la gracia.

Sin embargo, durante la tribulación, el Anticristo recibirá poder sobre los santos. Triunfará y conquistará todo lo que desee. El cielo lo permitirá:

> A la bestia se le permitió hablar con arrogancia y proferir blasfemias contra Dios; además, se le confirió autoridad para actuar durante cuarenta y dos meses.
>
> APOCALIPSIS 13:5, 7

Insisto, debemos preguntarnos: ¿Autoridad contra quiénes? Contra los santos en la tribulación: todo Israel y muchos gentiles convertidos. Ellos no reciben la promesa de Jesús a la iglesia de que "todos los poderes del infierno *no la vencerán*" (Mateo 16:18). Durante esos siete años, se le permitirá al Anticristo conquistar a los creyentes. Daniel profetiza que los santos estarán bajo su *control* durante los últimos tres años y medio.

> Desafiará al Altísimo y oprimirá al pueblo santo del Altísimo. Procurará cambiar las leyes de los santos y sus festivales sagrados y ellos quedarán bajo el *dominio* de ese rey por un tiempo, tiempos y medio tiempo.
>
> Daniel 7:25 NTV

Insisto, Daniel profetiza sobre el hombre de pecado:

> Se volverá muy fuerte, pero no por su propio poder. Provocará una tremenda cantidad de destrucción y tendrá éxito en todo lo que emprenda. Destruirá a líderes poderosos y *arrasará* al pueblo santo.
>
> Daniel 8:24

¡*Arrasará* al pueblo santo! Más tarde, el ángel Gabriel le dice a Daniel que serán "completamente destrozados" (Daniel 12:7). ¡Desgarrador! A este profeta se le estaba mostrando lo que le sucedería a su nación. Jesús, en la misma línea, predice que una vez que el Anticristo se declare Dios, comenzará una gran matanza. Y da el indicador clave de quién se está hablando:

> Llegará el día cuando verán de lo que habló el profeta Daniel: el objeto sacrílego que causa profanación de pie en el Lugar Santo. (Lector, ¡presta atención!). Entonces los que estén en Judea huyan a las colinas. La persona que esté en la azotea no baje a la casa para empacar. La persona que esté en el campo no regrese ni para buscar un abrigo. ¡Qué terribles serán esos días para las mujeres embarazadas y para las madres que amamantan! Y oren para que la huida no sea en invierno o *en día de descanso*. Pues habrá más angustia que en cualquier otro momento desde el principio del mundo. Y jamás habrá una angustia tan grande. De hecho, a menos que se acorte ese tiempo

de calamidad, ni una sola persona sobrevivirá; pero se acortará por el bien de los elegidos de Dios

MATEO 24:15-22

Jesús hace referencia a lo que acabamos de leer en Daniel 9:27: lo que ocurrirá tres años y medio después del inicio de la tribulación, el momento en que el Anticristo se declare Dios. Si el mensaje de Jesús está dirigido a la iglesia, ¿por qué dice: "Oren para que la huida no sea en invierno o en día de descanso [en sábado]"? Esto aclara a quién se dirige: al pueblo judío que ahora ha aceptado a su Mesías.

Zacarías ofrece una terrible perspectiva de lo que ocurrirá: el Anticristo asesinará a dos tercios del pueblo de Israel; el tercio que sobreviva será purificado como plata y oro (ver Zacarías 13:7-9). Esto, sin duda, marcará la mayor angustia de todos los tiempos.

A pesar de la persecución que ha sufrido la iglesia durante los últimos dos mil años, nunca ha sido vencida ni conquistada. Respecto a la iglesia, las palabras de Jesús afirman de manera clara: "Que las puertas de los dominios de la muerte no prevalecerán contra ella" (Mateo 16:18). Sin embargo, las Escrituras afirman diáfanamente que el Anticristo *oprimirá, devastará, conquistará y destrozará* por completo a los santos. Si no entendemos lo que acabamos de analizar, esto parecería una contradicción, pero ahora sabemos que cada una de estas palabras descriptivas proviene de múltiples pasajes bíblicos que se aplican a los santos de la tribulación (ver la categoría 3 del capítulo 15), no a la iglesia. La iglesia, o la novia, ya habrá sido llevada y escondida en la habitación nupcial del cielo.

PASAJE. "Ustedes son la luz del mundo" (Mateo 5:14).

PUNTO. La iglesia es la luz del mundo que restringe o retiene el poder secreto de la iniquidad y la identidad del hombre de pecado.

PONDERA. ¿Acaso la luz vence a las tinieblas? ¿Pueden las tinieblas vencer a la luz? ¿Existe algo como una "oscuridad relámpago"? ¿Qué significa que el Anticristo oprimirá, devastará, conquistará y destrozará por completo a los santos? ¿Permitirá el cielo que la humanidad caiga sin control en la depravación total durante la tribulación?

PIDE. Padre celestial, te pido que no me dejes agobiar por las lujurias y los afanes de esta vida y que el día me sorprenda inesperadamente. Que pueda seguir siendo una fuerza restrictiva contra la iniquidad que busca infiltrarse en mi esfera de influencia. En el nombre de Jesús, amén.

PROFESA. Soy parte de la fuerza restrictiva contra la iniquidad.

LA VENIDA DEL HIJO DEL HOMBRE SERÁ COMO EN TIEMPOS DE NOÉ

MATEO 24:37

CAPÍTULO 18

COMO EN LOS DÍAS DE NOÉ

Nuestro Creador es maravillosamente paciente, bondadoso, sufrido y misericordioso. ¡Su insondable amor es eterno! No obstante, con el tiempo, la desobediencia de la humanidad ha alcanzado un punto sin retorno, por lo que la ira divina resultante es bastante grave. Por desdicha, muchos desconocen la severidad de la ira de Dios. Creo que se debe a que no reconocen cuán ofensivo es el pecado para nuestro santo Creador.

Isaías fue uno de los hombres más piadosos de la tierra durante su generación. Declaró la justicia de Dios y mostró la pecaminosidad de los hombres, al punto que exclamó: "¡Ay de los que se aprovechan de la debilidad ajena, de los borrachos, de los que tientan y se burlan de Dios, de los que llaman al mal bien y al bien mal, de los soberbios, y de otros pecados que parecen insignificantes para nuestra mentalidad occidental!" (mi paráfrasis de Isaías 5:8-22).

Pero en el capítulo siguiente, el profeta fue "arrebatado" hasta el trono de Dios y vio con sus propios ojos la gloria divina. Su reacción no fue: "¡Hola, Dios, soy yo, Isaías! ¡He estado ocupado en tu obra!". Ni tampoco: "¡Ah, ahí está! ¡He esperado esto toda mi vida!". Al contrario, lo que dijo fue: "¡Ay de mí, que estoy perdido! Soy un hombre de labios impuros y vivo en medio de un pueblo de labios impuros y mis ojos han visto al Rey, al Señor de los Ejércitos" (Isaías 6:5). ¿Qué provocó tal reacción? Por primera vez en su vida, se dio cuenta de quién era realmente ese Dios santo, y también de quién era él ante Dios.

Job fue identificado como un "hombre íntegro e intachable, que me honra y vive apartado del mal" (Job 1:8). ¿Quién hizo este notable comentario? No fue el pastor de Job que exageró el carácter de su miembro favorito de la iglesia, ni fue un líder civil que se jactó del servicio comunitario de Job; ¡fue Dios todopoderoso! Y, por favor, considera que no solo lo compararon con los miembros de su comunidad, sino con toda persona en la tierra, y Dios no exagera. ¿No te encantaría que el Señor hiciera este comentario sobre ti? ¡A mí sí!

Sin embargo, más tarde, cuando Job ve al Señor, clama: "De oídas te había oído, pero ahora mis ojos te ven. Por eso me aborrezco" (Job 42:5-6). Recuerden que aborrecer significa odiar, despreciar, detestar. ¿Qué sucedió? Job había oído hablar de Dios por lo que le dijeron sus padres, en sus reuniones de confraternidad, y lo había descubierto en oración, pero nunca había estado en su gloriosa presencia. Al contemplar al Señor Dios por primera vez en su vida, Job recibe la revelación inicial de quién es ese Dios santo al que ha estado sirviendo, y también quién es él ante la Deidad.

Moisés fue el hombre más piadoso de su generación. Dios declaró que era el más humilde del planeta Tierra (ver Números 12:3). ¿No te encantaría que dijeran eso de ti? Pero, repito, no se trata de cualquiera que comenta, sino de Dios todopoderoso. Este es Moisés, que ha sido reverenciado por generaciones. Sin embargo, cuando vio al Señor, dijo: "Estoy temblando de miedo" (Hebreos 12:21).

Juan, el apóstol, fue el discípulo que siguió a Jesús más de cerca. Él era a quien el Maestro "amaba". Sin embargo, cuando vio a Jesús en el monte en su gloria, junto con Pedro y Santiago, todos "se aterrorizaron y cayeron rostro en tierra" (Mateo 17:6). Más tarde, en la isla de Patmos, vio a Jesús y cayó a sus pies como si hubiera muerto.

La humanidad, en comparación con Dios, es tan depravada que hay una brecha demasiado grande para expresar eso. Cuanto más comprendemos esta realidad, más nos maravillamos de su salvación, pero al mismo tiempo, nuestra comprensión de su ira se hace más aterradora. ¿Será por eso que el salmista escribe: "¿Quién comprenderá el poder de tu ira?" (Salmo 90:11)?

El amor de Dios es incomprensible, pero también lo es su ira. Observa esta advertencia para los creyentes: "¡Horrenda cosa es caer en manos del Dios vivo!" (Hebreos 10:31). Insisto, ¿será por eso que Pedro escribe a la iglesia: "Si los justos *apenas* se salvan, ¿qué será de los pecadores impíos?" (1 Pedro 4:18). La palabra *apenas* aquí se define como "con dificultad, escasamente, difícilmente".[1] Al igual que Isaías, Job, Moisés o Juan, incluso la persona más piadosa de la tierra *apenas* se salva de la ira divina.

Al contemplar nuestras enseñanzas actuales, esta gran entrega ha perdido su peso; la hemos simplificado y convertido en algo común. ¿Podría esta marginación deberse a que vivimos en un mundo muy enfermo, a que somos afectados por él tanto que nos hemos adaptado a él? Con poca convicción, ¿por qué nos entretenemos con las cosas que ofenden a Dios? Una encuesta reciente muestra que más del 50% de los hombres cristianos, tanto profesantes como practicantes (aquellos que asisten a la iglesia y oran habitualmente), ven pornografía con frecuencia, pero lo más alarmante es que ¡el 47% de esos hombres no tiene ningún problema con ella![2] La gente se casa, se divorcia sin ninguna razón bíblica y se vuelve a casar sin darle importancia. Hombres y mujeres solteros viven juntos y asisten a sus iglesias evangélicas creyendo que están bien con Dios. Hay quienes se autodenominan "cristianos gays". ¡Una joven presume en Instagram de haber sentido la presencia de Jesús durante todo el tiempo en que su bebé fue asesinado en su vientre! ¿Cómo podemos alejarnos tanto de lo santo y lo piadoso, si aún profesamos la fe?

¿Nos hemos vuelto insensibles al comportamiento que separa a la humanidad de Dios? ¿Acaso nuestra "cultura cristiana occidental" normal es extremadamente enferma comparada con la del cielo? Si padeces de una enfermedad física y mental, y vives con personas que comparten tu condición, cuanto más tiempo permanezcas en esa atmósfera, más creerás que todos son normales. No es hasta que un extraño, alguien que tiene una mente sana y un cuerpo sano y fuerte, entra en tu comunidad que entiendes la realidad de tu verdadera condición y la de todos los demás. ¿Será esa la razón por la que hombres tan piadosos reaccionaron con tanto terror al entrar en contacto con nuestro Dios santo? Isaías clamó primero por su propia condición, pero su siguiente clamor agonizante fue por los de su comunidad. Se lamentó porque "Vivo en medio de un pueblo de labios inmundos" (Isaías 6:5).

¡Separados de Dios, no somos normales! Somos depravados, enfermos y absolutamente malvados. Merecemos la ira máxima por nuestra condición y nuestro comportamiento corrupto. Cuanto más entendemos esto, más comprendemos la grandeza de la misericordia divina. Nunca debemos dejarnos llevar por una actitud privilegiada. La magnitud de la ira de Dios es indescriptible, eso es lo que merecemos. Esto nos lleva a la siguiente razón por la que creo que la iglesia no estará presente durante la tribulación de siete años.

6. COMO EN LOS DÍAS DE NOÉ, LOS JUSTOS SERÁN PERDONADOS.

Las Escrituras contienen tres relatos aterradores del derramamiento de la ira de Dios sobre los gentiles. Primero, sobre toda la raza humana en los días de Noé. El Señor abrió las fuentes del abismo e hizo que una lluvia torrencial cayera constantemente durante cuarenta días y cuarenta noches. Eso cubrió la tierra de agua, ahogando a todo ser viviente. Sin embargo, hubo un hombre que anduvo con Dios; ni una gota de agua lo afectó a él ni a su familia. Dios esperó hasta que Noé estuviera a salvo en el arca —*su habitación de seguridad*— antes de derramar su ira.

El segundo es Sodoma y Gomorra. Leemos que "el Señor hizo llover fuego y azufre ardiente desde el cielo sobre Sodoma y Gomorra. Las destruyó por completo, junto con las demás ciudades y aldeas de la llanura, exterminando a toda la gente" (Génesis 19:24-25).

En 2021, una revista científica publicó un artículo de sesenta y cuatro páginas que señala una terrible explosión de una bola de fuego ocurrida en la misma zona geográfica que esas dos ciudades hace más de tres mil quinientos años. La investigación fue realizada por un equipo internacional de científicos. Ellos determinaron que los ocho mil habitantes de una ciudad de cuarenta hectáreas (que se cree que es Sodoma) fueron incinerados por una bola de fuego con una temperatura superior a los 1900 °C. Esos expertos estiman que un meteorito explotó aproximadamente a cuatro kilómetros de altura, creando una onda expansiva de 1190 km/h, mil veces más potente que la bomba atómica que detonó Hiroshima, Japón.[3]

El libro de Génesis nos dice: "Dios había escuchado la petición de Abraham y salvó la vida de Lot, a quien sacó del desastre que se tragó a las ciudades de la llanura" (Génesis 19:29 NTV). Al igual que con Noé, los justos fueron puestos a salvo antes de que se derramara la ira de Dios. Los ángeles se aseguraron de que Lot y su familia estuvieran lo suficientemente lejos de la incineración para que no sintieran sus efectos.

El tercer relato del derramamiento de la ira de Dios fue sobre los egipcios. Sin embargo, este es diferente en dos aspectos. Primero, en los dos juicios anteriores, los incrédulos no recibieron ninguna advertencia sobre lo que se avecinaba; fueron tomados por sorpresa. Mientras que con Egipto, el pueblo fue advertido de cada juicio y, en algunos casos, se les informó del momento oportuno.

Segundo, el pueblo de Dios no fue expulsado de la tierra que fue juzgada. Los israelitas tuvieron que soportar las tres primeras plagas que cayeron sobre Egipto: la conversión de toda el agua en sangre y la inimaginable invasión de ranas y mosquitos. Sin embargo, Dios resguardó a Gosén, el hogar de su pueblo, de las siete plagas finales.

¿Cómo se relacionan esos juicios con nuestra tema? Curiosamente, en los escritos del Nuevo Testamento sobre el derramamiento de ira venidero, solo dos de los tres se usan como comparaciones, y con frecuencia: el gran diluvio y Sodoma y Gomorra. Egipto no se usa ni una sola vez como ejemplo de la ira venidera de Dios. A continuación tenemos las listas para el estudio personal:

Los días de Noé: Mateo 24:37-38; Lucas 17:26-27; 2 Pedro 2:5
Sodoma y Gomorra: Lucas 17:28-30; 2 Pedro 2:6-7; Judas 7

Veamos brevemente un pasaje sobre cada uno. Comencemos con Noé:

> "Cuando el Hijo del Hombre regrese, será como en los días de Noé. En aquellos días, la gente disfrutaba de banquetes, fiestas y bodas hasta el momento en que Noé subió a su barca y vino el diluvio y los destruyó a todos".
>
> LUCAS 17:26-27 NTV

Aquí hay una comparación recurrente que hacen tanto Jesús como los apóstoles. Ellos destacan que los incrédulos se encontraban en un estado de paz, prosperidad y seguridad antes del juicio. No había indicios de lo que vendría. Lo mismo ocurre con las antiguas ciudades gemelas:

> "El mundo será como en los días de Lot, cuando las personas se ocupaban de sus quehaceres diarios —comían y bebían, compraban y vendían, cultivaban y edificaban— hasta la mañana en que Lot salió de Sodoma. Entonces llovió del cielo fuego y azufre ardiente, y destruyó a todos".
>
> LUCAS 17:28-29 NTV

Cuando la ira de Dios se derrame en la tribulación, no habrá una vida normal para los que habiten la tierra. Muchos sufrirán tanto que buscarán la muerte durante meses, pero se les escapará. El agua se convertirá en sangre y caerán granizos de treinta y cinco kilos, por mencionar solo algunos de los acontecimientos desastrosos. La destrucción y la muerte serán tan abundantes que, al final, habrá tan poca gente como el oro. En la misma línea, Pablo escribe:

> Porque ya saben que el día del Señor [la tribulación de siete años] llegará como ladrón en la noche. Cuando la gente esté diciendo: "Paz y seguridad", vendrá de improviso sobre ellos la destrucción, como llegan los dolores de parto a la mujer embarazada. De ninguna manera podrán escapar. Ustedes, en cambio, hermanos, no están en la oscuridad para que ese día los sorprenda como un ladrón. Todos ustedes son hijos de la luz y del día.
>
> 1 TESALONICENSES 5:2-5

Dos cosas hay que tener en cuenta. Primero, todos los incrédulos dirán: "Paz y seguridad". Esto no será lo que diga la gente mientras se derraman los juicios de los sellos, las trompetas y las copas. Sin embargo, los incrédulos podrían decir eso antes de que el Novio venga sigilosamente a arrebatar a su novia. Segundo, Pablo afirma que ese día no nos sorprenderá como un ladrón porque, como *hijos de la luz*, habremos sido arrebatados antes del Día del Señor: el derramamiento de la destrucción.

Como nota final, solo podemos imaginar la horrible experiencia de los tres juicios del Antiguo Testamento. Sin embargo, las Escrituras nos dicen repetidas veces que el sufrimiento que ocurrirá en la tribulación será mucho mayor que cualquiera de esos, o cualquier otro caos catastrófico en la historia. Nunca ha habido ni habrá tanta angustia y muerte como en esos días.

7. ESO ES LO QUE ENSEÑARON LOS PRIMITIVOS PADRES DE LA IGLESIA

A causa de esta última razón, lo que escribo no se basará en las Escrituras, sino en las palabras de los primeros padres de la iglesia. ¿Cómo debemos interpretar sus escritos? De la misma manera que interpretaríamos los escritos de Billy Graham, A. W. Tozer, C. S. Lewis o cualquier otro gran padre o teólogo de la iglesia más reciente. Con gran cautela, advierto severamente: las palabras de ellos no deben tomarse como una verdad absoluta, pero debemos considerar que fueron ungidos, dedicaron mucho tiempo a la oración y no se diferenciaban demasiado de Juan, el apóstol, quien escribió el Apocalipsis.

Muchos argumentan hoy que el concepto del rapto se originó en el siglo diecinueve con un hombre llamado John Nelson Darby, un destacado erudito bíblico y respetado líder de la iglesia. Sin embargo, esto no es exacto; varios padres de la iglesia primitiva escribieron al respecto. Aquí tenemos algunos:

Ireneo (130-203 d. C.): un conocido obispo de Lyon, en la Galia. Escribió que Enoc fue un ejemplo del arrebatamiento de la iglesia:

> Y por lo tanto, cuando al final la iglesia sea arrebatada repentinamente, se dice: "Habrá tribulación como no la ha habido desde el principio".
>
> *Contra las herejías*, 5.29

Victorino: obispo de Poetovio (Europa Oriental). Escribió un comentario en el año 240 d. C. y finalmente fue martirizado por su fe. Escribió:

> La ira de Dios siempre golpea a los testarudos... y esto ocurrirán en el último tiempo, cuando la iglesia haya salido de en medio.
>
> *Comentario al Apocalipsis*, 15.1

Efraín (306-373 d. C.): reconocido erudito y teólogo. Fundó la Escuela de Nisibis, que se convirtió en el centro de aprendizaje de la iglesia oriental. Escribió:

> Porque todos los santos y elegidos de Dios son reunidos antes de la tribulación venidera, y son llevados al Señor para que no vean la confusión y la gran tribulación que se avecina sobre el mundo injusto.[4]

Otros que escribieron en concordancia con estos tres padres de la iglesia son el Pastor de Hermas (150 d. C.), Hipólito (210 d. C.) y Cipriano (250 d. C.). Es importante señalar que, al igual que en la actualidad, parece que los primeros padres de la iglesia no estuvieron de acuerdo unánimemente en cuanto al "arrebatamiento" de la iglesia antes de la tribulación.

Querido lector, he presentado siete razones que evidencian que la iglesia será arrebatada antes de la tribulación. Una vez más, y no puedo enfatizarlo lo suficiente, espero que estas razones generen urgencia en tu labor por el reino de Dios y te motiven a estar preparados en todo momento. También espero fervientemente que lo expresado brinde aliento y consuelo a quienes sirven diligente y de todo corazón a nuestro Señor y Esposo, Jesucristo.

PASAJE. El día del Señor llegará como ladrón en la noche... Ustedes, en cambio, hermanos, no están en la oscuridad para que ese día los sorprenda como un ladrón. Todos ustedes son hijos de la luz y del día. No somos de la noche ni de la oscuridad (1 Tesalonicenses 5:2, 4-5).

PUNTO. El Día del Señor impactará a los hijos de las tinieblas y a los hijos de la luz de manera diferente.

PONDERA. ¿Cómo puede el Día del Señor sorprender a unos y no a otros? Describe cómo es estar en tinieblas; por otro lado, describe cómo es no estar en tinieblas. Cuenta cómo es ser hijos (e hijas) de la luz y del día (ver Efesios 5:8 y 1 Juan 1:6-7; 2:9-11).

PIDE. Padre, en el nombre de Jesús, enséñame a andar y permanecer en la luz como Jesús está en la luz. Ruego que el día no me sorprenda como ladrón. Amén.

PROFESA. Permaneceré en la luz para que el día no me sorprenda como ladrón.

YA HA LLEGADO EL DÍA DE LAS BODAS DEL CORDERO. SU NOVIA SE HA PREPARADO.

APOCALIPSIS 19:7

CAPÍTULO 19

PREPARÉMONOS

La mayoría de los estudiantes universitarios están muy familiarizados con la semana de exámenes finales. Como estudiante de ingeniería en la Universidad de Purdue, al igual que otros que nos tomábamos en serio nuestra educación, yo sabía que ese era el clímax académico del semestre. Después de meses de instrucción, los exámenes finales revelaban cuánto habíamos aprendido. Esos exámenes saldrían bien si prestamos atención en clase, si hicimos las tareas y si habíamos estudiado. Si descuidábamos esas responsabilidades, nos arrepentiríamos, sobre todo una vez que se publicaran nuestras calificaciones finales.

En la Universidad Purdue, los exámenes se realizaban en aulas o salones de clase de varios edificios del recinto. Era obligación de cada estudiante investigar el lugar, la fecha y la hora del examen final. En promedio, eso tomaba unos diez minutos, pero la mayor parte del tiempo y la energía se dedicaban a la *preparación* para el examen.

Ahora bien, hemos dedicado varios capítulos a analizar los detalles del pronto regreso de Jesús, lo cual es importante. Sin embargo, al igual que obtener detalles sobre el examen final, la mayor parte de nuestro enfoque debe ser la *preparación* para el regreso de Cristo. Tuve compañeros de fraternidad insensatos que se pasaban la mayor parte del semestre asistiendo a fiestas, conquistando chicas y buscando diversión y placer. Faltaban a clases, descuidaban las tareas y no prestaban atención al estudio. Sin excepción, entraban en pánico durante la semana de exámenes finales, atiborrándose —por lo general— de cafeína u otros estímulos para trasnochar antes de los exámenes. Habían perdido el enfoque en su propósito en la universidad: estudiar. La mayoría no alcanzaba su potencial, no aprendía del todo lo que se enseñaba y tenía poco que mostrar de su estadía en la escuela.

Los estudiantes sabios se mantenían enfocados en su educación. Su preparación para los exámenes finales comenzaba el primer día del semestre. Consistía en asistir habitualmente a clase, hacer buenas preguntas, completar sus tareas y buscar amigos que manifestaran buenos hábitos de estudio. Para todos los estudiantes, la semana de exámenes finales, simplemente, reflejaba sus decisiones durante el semestre.

A la luz de eso, considera nuestro pasaje inicial: "Su novia se ha preparado". Otra traducción dice: "Su esposa se ha preparado" (RVR1960). Insisto, somos responsables de la preparación. Así como nuestros maestros nos dieron lo necesario para el examen final, pero no nos guiaron para que lo hiciéramos, el Señor ha provisto lo necesario a fin de que estemos preparados para lo que viene en estos últimos días.

De vuelta a la ilustración de una boda judía antigua, ¿te imaginas a la novia gastando todo su tiempo y energía intentando averiguar qué noche vendría el novio, y —en el proceso— descuidando la confección de su vestido de boda, la preparación de sus pertenencias y la de sus maletas para el gran día? Peor aún, ¿qué pasaría si se cansara de la ausencia del novio y no le fuera fiel, viviera despreocupada por el momento y perdiera su virginidad mientras esperaba su regreso?

Tanto la analogía de la universidad como la de la boda transmiten un mensaje similar: nuestras decisiones y acciones determinan si estaremos preparados o no. Los resultados de ambas metáforas son similares: si la estudiante o la novia está preparada, el resultado final es abundante alegría, satisfacción y plenitud. Sin embargo, ¿cuáles son las consecuencias de no estar preparada? Usaré mi ejemplo para responder a esta pregunta. Aunque hayan pasado más de cuarenta años, aún recuerdo el anhelo de recibir mi boleta de calificaciones por correo al final de cada semestre. Si no hubiera sido diligente, me encontraba nervioso e incluso temblando. Si me hubiera mantenido enfocado, mi actitud habría sido confiada. Recuerdo claramente el semestre en el que no me esforcé al máximo; me sentí *avergonzado* cuando mis padres vieron mis calificaciones. De igual manera, si la novia no está preparada, una vez que el novio aparece, siente *vergüenza*. Observa con atención lo que escribe el apóstol Juan:

Queridos hijos, permanezcan en él para que, cuando se manifieste, podamos presentarnos ante él confiadamente, seguros de no ser *avergonzados* en su venida.

1 JUAN 2:28

La palabra *permanezcan* proviene del griego *ménō*, que significa "mantenerse, morar, habitar... perseverar firme"; y en cuanto a la relación, "estar y permanecer unidos a él, uno con él en corazón, mente y voluntad".[1] Esta definición trasmite claramente coherencia y cercanía en nuestro caminar. Otra forma de decir *permanecer* en el contexto del mensaje de Juan es *permanecer en comunión con Jesús.*

Este pasaje está claramente escrito para hijos de Dios: creyentes, no incrédulos. Si no *permanecemos en comunión* con Él, seremos como mis hermanos de fraternidad insensatos o como la novia insensata. Este pasaje también dice que sentiremos *vergüenza.* La palabra griega es *aischúnō*, que significa "sentir vergüenza o desgracia por haber hecho algo malo o algo que va por debajo de la propia dignidad".[2] Esto es aleccionador, pero es una realidad.

Hubo innumerables veces que no quise abrir mi libro de termodinámica o física para estudiar o hacer la tarea. Pero consciente de que mis padres, a quienes amaba profundamente y que generosamente pagaron mi inscripción completa, verían mis calificaciones, sentía un temor sano. Temía que se decepcionaran; no quería sentir *vergüenza* ante ellos. Experimenté eso una vez, y fue doloroso. Me decidí a no permitir que volviera a ocurrir, así que mi motivación para evitar entristecerlos me facilitó no seguir el ejemplo de mis insensatos hermanos de fraternidad que vivían el momento. Fortalecía la disciplina necesaria para abrir mis libros de texto cuando no tenía ganas.

Conocer el precio que nuestro Padre y su Hijo Jesús pagaron por nuestra redención y cuán profundamente nos aman debería estimularnos a permanecer firmes. La conciencia de que podemos avergonzarnos cuando Jesús aparece debería infundirnos un temor sano. Este temor santo desarrolla la disciplina espiritual para obedecerle cuando no tenemos ganas. Pablo escribe:

> Mis queridos hermanos, como han obedecido siempre —no solo en mi *presencia*, sino mucho más ahora en mi *ausencia*—, lleven a cabo su salvación con *temor* y *temblor*.
>
> FILIPENSES 2:12

Pablo les escribe a los creyentes filipenses. Sin embargo, es la Palabra de Dios y debe leerse como si Él nos hablara en persona. Es más fácil obedecer a Dios cuando sentimos su *presencia* tangible en los servicios, las reuniones de oración, la rica comunión con los demás, las bendiciones manifestadas y las oraciones contestadas. Sin embargo, ¿qué pasa en *su ausencia*? ¿Cuando no sentimos su presencia tangible y las distracciones y las tentaciones nos atraen? ¿Cuando nos sentimos un poco solos, navegando por internet y encontrando pornografía a altas horas de la noche? ¿Cuando nuestra esposa nos ha criticado y una de nuestras compañeras se nos insinúa durante un viaje de negocios? ¿Cuando alguien nos hiere profundamente y queremos vengarnos? ¿Obedeceremos en esos momentos? El sano temor de decepcionar a nuestro Señor nos resguardará de esas trampas. Eso nos salvaguarda de sentir vergüenza a su regreso.

Entonces, ¿cómo podemos permanecer en comunión con Él? Unos versículos antes, Juan escribe:

> Por lo tanto, ustedes deben seguir fieles a lo que se les ha enseñado desde el principio. Si lo hacen, permanecerán en comunión con el Hijo y con el Padre.
>
> 1 JUAN 2:24 NTV

Esto es muy claro: ser constantemente obedientes a lo que se nos enseñó desde el principio nos mantiene en comunión con Él. ¿Qué quiere decir Juan con "desde el principio"? ¿Se refiere a nuestra primeros pasos en el cristianismo, independientemente de lo que se nos haya enseñado? ¡Absolutamente no! Este no es nuestro fundamento seguro. Se nos dice: "En el *principio* ya existía el Verbo... y el Verbo era Dios... [y] el Verbo se hizo hombre" (Juan 1:1, 14). Jesús es el principio, la verdad, la Palabra eterna revelada. Permanecer fieles a lo que se nos ha enseñado desde el principio es simplemente esto: una relación continua de intimidad fundada y guiada por lo que Jesús, a través de su Espíritu, nos dice a través del consejero general de las Escrituras. Es posible que en nuestros primeros pasos en el cristianismo cometimos algunos errores con respecto a la verdad.

Sin embargo, nuestro fundamento debe ser firme, pues la siguiente declaración de Juan dice:

> Estas cosas les escribo acerca de los que procuran engañarlos.
>
> 1 JUAN 2:26

Según las Escrituras, en estos últimos días, abundan los falsos maestros. Esos lobos afirman representar a Dios y aparentan ser buenos, pero aíslan porciones estratégicas de las Escrituras y omiten otras astutamente para alterar el mensaje central de la verdad. Sus enseñanzas distorsionadas traen falsas esperanzas y consuelo, por lo que *alejan* —sutilmente— *a las personas de la comunión* con el Señor de la gloria. O, en el extremo opuesto, y en casos más extraños, son legalistas, lo que también nos aleja de su presencia. Pablo nos anima encarecidamente a mantenernos firmes en la Palabra de Dios para que "no nos dejemos llevar por personas que intenten engañarnos con mentiras tan hábiles que parezcan la verdad" (Efesios 4:14 NTV). Él hablaba muy en serio sobre esto, por lo que escribió en otra carta:

> Ciertos individuos están sembrando confusión entre ustedes y quieren tergiversar el evangelio de Cristo. Pero aun si alguno de nosotros o un ángel del cielo les predicara acerca de unas buenas noticias distintas de las que hemos predicado, ¡que caiga bajo maldición!
>
> GÁLATAS 1:7-8

Pablo se incluyó a sí mismo en esta severa advertencia, llegando incluso a decir que incluso si fuera un ángel del cielo, ¡ni siquiera un ángel caído! Yo también me incluyo en ello. Si alguien dice algo diferente del consejero general de la Palabra de Dios, no permita que sus palabras corrompan su vida alejándolo de la comunión con Jesús. Sé como los nobles y sabios creyentes de Berea, que "escuchaban con atención el mensaje de Pablo. Escudriñaban las

Escrituras día tras día para ver si Pablo y Silas enseñaban la verdad" (Hechos 17:11).

Observa la palabra *pervertir.* Proviene del griego *metastréphō*, que se define como "causar un cambio de estado, con énfasis en la diferencia en el estado resultante".[3] En pocas palabras, la enseñanza suena lógica y verdadera, pero su énfasis hace que el mensaje central se desvíe de lo que originalmente pretendía significar. Parece verdad, pero es una mentira que nos corromperá. Daré dos ejemplos. En la carta de Pablo, ya mencionada, él se enfocó en los maestros que sutilmente distorsionaban la gracia de Dios. Que tergiversaban el énfasis de la gracia como un don que solo se puede recibir por fe para obtenerlo guardando la ley, es decir, trabajando para ganarla. Aunque Jesús seguía siendo predicado, el mensaje de ellos no representaba la verdad en cuanto a quién es Él; presentaban a "un Jesús diferente" (2 Corintios 11:4; los corintios vivieron la misma batalla). Ellos presentaban su mensaje con astucia e incluso sonaba como verdadero, pero una investigación cuidadosa del consejo general de la Palabra de Dios ("enseñado desde el principio") reveló su engañoso error.

En la actualidad, sucede lo contrario en gran medida. Los falsos maestros se han infiltrado y distorsionado la gracia de una forma diferente. Curiosamente, la iglesia primitiva también tuvo que abordar este grave problema. Judas escribe: "Algunos impíos se han infiltrado en sus iglesias, diciendo que la maravillosa gracia de Dios nos permite vivir vidas inmorales" (Judas 4). Insisto, como en el ejemplo anterior, el cambio de énfasis es muy sutil. Enseña correctamente que la gracia es un don de perdón y salvación, pero omite la verdad bíblica de que *nos capacita* para obedecer lo que antes no podíamos hacer por nuestra propia cuenta. Pedro escribe: "Su divino poder [*el don de la gracia*] … nos ha concedido todas las cosas que necesitamos para vivir con devoción" (2 Pedro 1:3). Santiago aporta el equilibrio al escribir: "Yo les mostraré mi fe con mis buenas acciones" (Santiago 2:18 NTV).

El fundamento del consejo de la Escritura ("enseñado desde el principio") se ha corrompido y, debido al cambio de énfasis, su sutileza implica que vivir en pecado es algo irrelevante. Ahora excusamos peligrosamente el pecado habitual al consolarnos con una gracia distorsionada.

¡Pero esto no es lo que se enseñó desde el principio! Nuestra naturaleza era pecar antes de ser transformados, pero el viejo hombre murió, y Dios depositó su naturaleza divina en nosotros en el momento en que nos hicimos uno con Cristo. Ahora ya no somos esclavos del pecado, sino que tenemos el poder de elegir si nos sometemos a la justicia o cederemos a nuestra carne sometiéndonos a la esclavitud del pecado. Por eso Juan escribe:

> Si afirmamos que tenemos *comunión* con él, pero vivimos en la oscuridad [el pecado habitual] mentimos y no ponemos en práctica la verdad.
>
> 1 JUAN 1:6

El cambio de énfasis de la falsa enseñanza de la gracia facilita la sumisión al pecado, lo que a la vez nos aleja de la comunión con Jesús. Juan no se dirige a alguien que peca periódicamente y de repente, sino a alguien que peca de manera habitual (ver 1 Juan 3:6).

En cualquiera de los dos ejemplos anteriores, el cambio de énfasis del mensaje fundamental de la gracia (lo que se enseñó desde el principio) es bastante peligroso. Nos aleja de la verdad que nos resguarda de la vergüenza ante su venida, que es —simplemente— permanecer en Él. Si no permanecemos en Él, ¡perdemos la comunión con Él! Observa que no dije *relación* con Él, sino *comunión*. La comunión habla de intimidad, sin la cual nos alejamos cada vez más del corazón de Dios. El pecado endurece nuestro corazón y nos mantiene desconectados de la comunión que nos fortalece.

Si no mantenemos la comunión con Él, podemos fácilmente desobedecer lo que Él nos insta a hacer. Es como ser parte de un equipo de fútbol, uno de los once jugadores, pero no puedes entrar a la reunión para escuchar la jugada que ordena el mariscal de campo, tu líder. Una vez que se lanza el balón, solo puedes adivinar qué debes hacer. Estás fuera de comunión con tu líder y tu equipo. Los demás jugadores saben exactamente cuál es su papel, pero tú no tienes ni idea. Cuando termine la jugada, te *avergonzarás* ante tu líder y los demás miembros del equipo. Esto es lo que el pecado le hace a nuestro corazón: nos mantiene fuera de la comunión con Jesús; de modo que si eso continúa, inevitablemente nos avergonzaremos cuando Él aparezca.

Es importante mantener un sano temor de no alejarnos de su comunión. Estoy seguro de que muchos de mis hermanos de fraternidad, una vez en el mundo laboral, desearían haber sido constantes con su aprendizaje y no haber sido tan fácilmente arrastrados por lo irrelevante. A una escala mucho mayor, muchos, cuando Jesús venga, experimentarán un profundo arrepentimiento por no haber permanecido en Él.

PASAJE. Queridos hijos, permanezcan en él para que, cuando se manifieste, podamos presentarnos ante él confiadamente, seguros de no ser avergonzados en su venida (1 Juan 2:28).

PUNTO. Cuando Jesús regrese, tendremos confianza o nos avergonzaremos.

PONDERA. ¿Estoy permitiendo que el pecado persista en mi vida? ¿Qué creencia me ha llevado a hacer eso? ¿Qué significa esta afirmación: "Dios me ha dado todo lo que necesito para tener una vida piadosa"?

PIDE. Querido Padre, que pueda permanecer en comunión contigo. Renuncio a toda creencia de que podría tener intimidad contigo mientras viva en pecado habitualmente. Renuncio, por el poder de tu gracia, a los pecados que he tolerado. En el nombre de Jesús, amén.

PROFESA. ¡Ya no soy esclavo del pecado! (Ver Romanos 6:5-7).

¡CELEBREMOS, ALEGRÉMONOS, DÉMOSLE LA GLORIA! LAS BODAS DEL CORDERO HAN LLEGADO; SU ESPOSA SE HA PREPARADO. SE LE HA DADO UN VESTIDO NUPCIAL DE LINO BRILLANTE Y RESPLANDECIENTE. EL LINO SON LAS ACCIONES JUSTAS DE LOS SANTOS.

APOCALIPSIS 19:7-8 BEM

CAPÍTULO 20

NUESTRO VESTIDO DE BODA

Las bodas del Cordero: ¡qué gloriosa será esa ocasión! No hay palabras que puedan describir la grandeza, la maravilla y la celebración de ese magnífico acontecimiento. Al reflexionar en mi propia experiencia, no es difícil recordar la emoción que sentí cuando llegó el día de la boda de Lisa conmigo. Sin embargo, no sucedió por inercia. Se requirió una preparación considerable para que fuera nuestro día más memorable.

No comprendí del todo el enorme trabajo que Lisa dedicó a la boda hasta que llegué a la ciudad una semana antes. Hubo mucho que ver con los detalles de la planificación, la programación y la coordinación de personal, sin mencionar el trabajo de transformar una iglesia presbiteriana y una casa histórica en hermosos entornos adecuados para la ocasión.

Sin embargo, lo que me dio la mayor alegría y placer no fue la decoración, las flores, la comida, el espectacular pastel ni los adornos. Nada de eso se comparaba con la fastuosa belleza que contemplé cuando Lisa apareció al fondo de la iglesia con su padre. El entorno solo realzó el centro del día: mi gloriosa novia. Su esplendor se intensificaba con cada paso que daba hacia mí; su suave y tierna sonrisa así como el profundo amor que vi en sus grandes ojos solo magnificaron su atractivo. Estaba abrumada; su semblante era impresionante, y gran parte de ello se debía a su precioso vestido blanco que acentuaba su belleza.

Sin embargo, imaginemos un escenario diferente: uno en el que la novia, en su gran momento, apareciera al fondo de una iglesia desaliñada y con un vestido blanco sucio, mugriento y arrugado. ¡El novio se quedaría completamente impresionado! Su primer pensamiento probablemente sería: "*¡Qué inapropiado!*". Apenas se fijaría en su novia, pues su atención se enfocaría en la suciedad, la mugre y las manchas que cubran su vestido. Se sentiría decepcionado, como mínimo y, quizás, hasta enojado.

¿Qué le comunicaría su falta de planificación e inacción? ¿Qué ese era un evento más, algo insignificante, que ni siquiera le importaba? Podría ser importante para ella en ese momento, pero su falta de preparación reflejaría su visión general del matrimonio; comunicaría una actitud trivial respecto a la unión.

Somos responsables de prepararnos para nuestra boda con el Rey, pues se nos dice explícitamente que la esposa de Jesús "se ha preparado". Para reiterar las palabras del apóstol Juan, la novia de Cristo debe "vestirse de *lino fino, limpio* y *resplandeciente*, porque el lino fino es las *acciones justas* de los santos" (Apocalipsis 19:8). Se destacan tres aspectos específicos: primero, la prenda es hecha de *lino fino*; segundo, es *limpia*; y tercero, es *resplandeciente*. Ten presentes estos tres aspectos al continuar nuestra conversación.

La palabra griega para *acciones justas* es *dikaíōma*, definida como "un acto que está de acuerdo con lo que Dios requiere".[1] Otro diccionario griego la define como "una acción que cumple con las expectativas de lo que es correcto o justo".[2] Esto se refiere a lo que hacemos, no solo a lo que creemos. La gracia y la fe son lo más importante, pero la evidencia de que realmente poseemos ambas cosas son las acciones pertinentes que efectuamos. Jesús les dice a las siete iglesias en el libro de Apocalipsis una de dos afirmaciones. Dependiendo de la traducción, Él dice: "Sé todo lo que *haces*" (2:2, 19; 3:1, 8, 15) o "Conozco tus obras" (2:9, 13). Curiosamente, no le dice eso a una sola iglesia: "Sé todo lo que *haces*". El énfasis recae en nuestras *obras* correspondientes, no solo en lo que *creemos*.

Además, el hecho de que esta prenda esté limpia y brillante nos dice que no solo importan nuestro trabajo, nuestras obras y nuestras acciones, sino también nuestros pensamientos, motivaciones e intenciones. ¿Son puros? En otras palabras, ¿proviene nuestra conducta de un corazón que permanece en comunión o en unión con el Señor? ¿Amamos lo que Él ama y odiamos lo que Él odia? ¿Somos santos como Él es santo, comprometidos como Él siempre lo está?

Demos un paso atrás y analicemos la visión general de la novia. En el Nuevo Testamento, solo hay una descripción clara de la iglesia por la que Jesús regresa. No se trata de una *iglesia relevante*. Por favor, no me malinterpreten; la relevancia es importante, ya que ganaremos muchas menos almas perdidas sin ella. Pablo enfatiza: "Me hice todo para todos, a fin de salvar a algunos por todos los medios posibles" (1 Corintios 9:22).

La novia no se identifica como una *iglesia comunitaria*. Insisto, la *comunidad* es muy importante. Dios es quien dijo: "No es bueno que el hombre esté solo" (Génesis 2:18). Si observamos en qué se centraba la iglesia primitiva, vemos que era en la oración, la doctrina y la comunión (ver Hechos 2:42). ¡La comunión es muy importante!

No se la describe como una *iglesia de liderazgo*. Sí, el liderazgo es fundamental para el éxito del cuerpo de Cristo. No lograríamos mucho a gran escala sin un buen liderazgo. Este se identifica como uno de los dones de Dios para la iglesia (ver Romanos 12:8).

No obstante, aún más importante es el servicio. Jesús amplió el significado del servicio al lavar los pies de los apóstoles en su último mensaje ilustrado. En otro incidente, declaró con valentía: "Yo estoy entre ustedes como uno que sirve" (Lucas 22:27). Sin embargo, la iglesia no se identifica como una *novia que sirve*.

La única descripción de la iglesia por la que Jesús regresa se encuentra en las palabras de Pablo a los efesios:

> Cristo amó a la iglesia y se entregó por ella para hacerla santa. Él la purificó, lavándola con agua mediante la palabra, para presentársela a sí mismo como una iglesia radiante, sin mancha ni arruga ni ninguna otra imperfección, sino *santa* e intachable.
>
> EFESIOS 5:25-27

La descripción única y general de la novia por la que regresa es una iglesia santa. Esto es lo que hace que sus vestiduras sean limpias y brillantes; es lo que la hace gloriosa. ¡Esto no se puede enfatizar lo suficiente! Para enfatizar este importante punto, veámoslo desde un enfoque diferente. Es interesante notar que, cuando Isaías ve al Señor en su trono, los poderosos serafines claman tan fuerte que estremecen la enorme sala del trono celestial hasta sus cimientos. Esa es una estructura que probablemente albergue a más de mil millones de seres. ¿Te imaginas el volumen y la intensidad de sus gritos? No cantan una canción para que Dios se sienta especial o apreciado; responden a lo que contemplan. A cada instante se revela una nueva faceta de su gloria, y una grita a los otros tres seres vivientes: "¡Santo, santo, santo es el Señor de los Ejércitos celestiales!" (Isaías 6:3; ver también Apocalipsis 4:5-8).

Al igual que Isaías, que exclamó: "¡Ay de mí!", estos ángeles están abrumados por la gloria de Dios. No piensan: "Vamos, llevamos diez billones de años haciendo esto, nos gustaría tomarnos un descanso y explorar otras partes del universo". No, no quieren estar en ningún otro lugar, pues no hay nada más espectacular, hermoso e imponente en toda la creación que el Creador mismo.

Lo notable es que no están clamando: "Fiel, fiel, fiel..".. ¿Es Dios fiel? Sí, nadie en el universo está más solo; ¡Él es perfectamente confiable! Pero esta no es su característica más notable. Ni siquiera están clamando: "Amor, amor, amor..".. ¿Es Dios amor? ¡Sí! Él no tiene amor, Él es amor; es su esencia misma (ver 1 Juan 4:8). Sin embargo, insisto, esta característica no es lo que destaca. ¡Lo que sobresale por encima de todos los demás rasgos es su *santidad*! Oswald Chambers escribió:

> Cuando predicamos el amor de Dios, corremos el peligro de olvidar que la Biblia no revela primero el amor de Dios, sino la intensa y ardiente santidad de Dios, con su amor en el centro de esa santidad.[3]

Aquí está la interesante correlación. La característica sobresaliente de Dios es su santidad, ¡y lo mismo aplica a su novia! Eso no es casualidad. Pensando en esto, debemos prestar mucha atención a la santidad. Esto se confirma en las palabras de Pedro:

> Pero el día del Señor vendrá como un ladrón. En aquel día los cielos desaparecerán con un estruendo espantoso, los elementos serán destruidos por el fuego; y la tierra, con todo lo que hay en ella, será

> quemada. Ya que todo será destruido de esa manera, *¿no deberían vivir ustedes con devoción, siguiendo una conducta santa?*
>
> 2 PEDRO 3:10-11

¡Qué palabras tan fuertes! Insisto de nuevo, otro escritor de las Escrituras nos muestra la ira de Dios. Seamos sinceros: ¡es una descripción aterradora de lo que el mundo va a enfrentar! A la luz de ello, ¿enfatiza Pedro nuestro éxito, liderazgo, relevancia, compañerismo o cualquier otro aspecto relevante de nuestro caminar cristiano? No, el comportamiento que enfatiza es que llevemos una *vida santa y piadosa*, que sin duda se identifica con nuestras *obras justas*, la misma materia de la que está hecha nuestra vestidura limpia y brillante.

Sé que muchos ven la santidad como algo aburrido, monótono o incluso opresivo. Lamentablemente, debido al legalismo o la ignorancia, tienen una visión distorsionada de lo que realmente es. C. S. Lewis escribió: "Qué poco saben quienes piensan que la santidad es aburrida. Cuando uno se encuentra con la verdadera... es irresistible".[4]

Una razón por la que parece tan aburrida es la forma en que se ha presentado. Muchos maestros la han convertido en un fin en sí misma. Cuando hacemos eso, caemos fácilmente en el legalismo, que nos quita la vida. En realidad, es una puerta o un puente hacia algo que todo corazón anhela si realmente desea una relación con Jesús. Pero permíteme primero explicar la santidad, para luego abordar a qué conduce.

La raíz de la palabra *santo* es la palabra griega *hagios*, que significa "apartado para Dios, para ser, por así decirlo, exclusivamente suyo".[5] Me encanta esta definición, la que se expresa hermosamente en estas palabras de Dios para nosotros: "¡Salgan de en medio de ellos y apártense! No toquen nada impuro y yo los recibiré" (2 Corintios 6:17).

Imagínate a un joven, al que llamaremos Matt, que lleva un par de años saliendo con una chica llamada Sara. Está profundamente enamorado y quiere casarse con ella. Planeó metódicamente su propuesta y, una vez que llegó el gran momento, se arrodilló y le suplicó con cariño estas sentidas palabras: "Sara, te amo con todo mi corazón. Quiero pasar el resto de mi vida contigo. ¿Te casarías conmigo?".

Ella exclamó con un emocionado "¡Sí, sí, sí!". Inmediatamente lo levantó, saltó a sus brazos, rodeándolo con los pies y los brazos alrededor de su cuello, casi ahogándolo, y celebró con alegría y euforia. Tras besarse apasionadamente, abrazarse y contemplar juntos el hermoso anillo de compromiso durante un par de minutos, ella comenzó a hablar con aire soñador sobre lo que les esperaba.

Matt escucha con alegría cómo sueña Sara en voz alta con la maravillosa vida que les espera, los hijos que tendrán, cómo pasarán el tiempo juntos y muchas otras facetas de la vida matrimonial. Pero entonces se sorprendió por lo que sucedió después. Sin perder el ritmo y con la misma sinceridad, continúa: "Matt, como sabes, salí con Tim dos años en la escuela. Me encantaría pasar un par de noches a solas con él cada año. Además, Aaron fue mi novio de la universidad y me gustaría hacer el mismo acuerdo. Pero tú serás mi favorito, Matt. Te querré mucho más que a Tim y a Aaron, y pasaremos al menos 360 noches al año solos".

¿Cuál crees que sería la respuesta de Matt? No es difícil de adivinar. ¿Conoces a algún joven que acepte ese acuerdo estando casado? La mayoría se sorprendería, luego se enfurecería y, finalmente, exasperado, exigiría que le devolviera el anillo de compromiso; acto seguido, rompe la relación. ¿Creemos que Jesús regresa por una novia que le comunica con sus acciones: "Eres mi favorito, te amo más que a mis antiguos pecados, pero aún así me gustaría salir con ellos. Cuando me coquetean, eso me ayuda a mejorar mi autoestima y me da placer. Solo duermo con ellos unas pocas noches al año"?

Si crees esto, eres tan ingenuo y desconectado de la realidad como Sara. Sin embargo, de alguna manera no hemos dejado muy claro que para recibir a Jesús debemos romper con nuestros pecados. Esto se identifica en el Nuevo Testamento como arrepentimiento y es obligatorio para entablar y mantener una relación con Jesús. Eso significa que no coquetearemos ni participaremos en esos comportamientos con los que le hundimos clavos a las manos y los pies de Jesús.

Cuando recordamos lo que tratamos sobre el "precio de la novia" que pagó por nosotros (el terrible sufrimiento que soportó), ¿cómo es posible que podamos siquiera coquetear con lo que el mundo busca y ama? Santiago escribe a los creyentes profesantes:

> Cuando piden, no reciben porque piden con malas intenciones, para satisfacer sus propias pasiones. ¡Oh, gente adúltera! ¿No saben que la amistad con el mundo es enemistad con Dios? Si alguien quiere ser amigo del mundo se vuelve enemigo de Dios. ¿O creen que la Escritura dice en vano que Dios ama celosamente al espíritu que hizo morar en nosotros?
>
> SANTIAGO 4:3-5

El mundo busca el placer y la autogratificación, y se enorgullece de sus logros. No se niega a sí mismo, ni toma su cruz, ni sigue las palabras de Jesús. Sin embargo, a los creyentes auténticos se les da la gracia y la verdad para hacerlo.

En nuestra iglesia occidental moderna, hay numerosos "creyentes" profesantes que aún desean lo que los incrédulos buscan al tiempo que sostienen una "relación" con Jesús. Eso es absolutamente imposible; los que piensan así están tan engañados como Sara y el cielo los considera adúlteros. ¡Están rompiendo su pacto con Dios!

Una vida santa implica vivir una existencia apartada. Así como una mujer fiel, comprometida o casada, no coquetea con otros hombres, también llevamos vidas separadas porque estamos comprometidos con Uno, y así como Jesús se entregó completamente por nosotros, también nosotros nos entregamos por completo a Él. Esta es la receta para un matrimonio eterno exitoso.

La santidad no es una opción; es la única manera de tener una relación pura, resplandeciente e inmaculada con nuestro Novio. En el siguiente capítulo, veremos cómo podemos evitar que nuestro vestido de bodas se manche. Luego, mostraremos a qué nos lleva la santidad. Ese es, realmente, el aspecto más emocionante de nuestra relación con Dios.

PASAJE. "Tienes en Sardis a unos cuantos que no se han manchado la ropa. Ellos, por ser dignos, andarán conmigo vestidos de blanco" (Apocalipsis 3:4).

PUNTO. Debemos prepararnos manteniendo limpio nuestro vestido de bodas.

PONDERA. ¿Cómo es, en la práctica, prepararse para la venida de Jesús? ¿Qué mancharía mi vestido? ¿Hay algún comportamiento con el que coqueteo que ofenda a Jesús?

PIDE. Señor Dios, decido entregarme por completo a Jesús como una novia entrega su corazón y su vida a su novio. Ya no viviré para mí, sino para Jesucristo. Jesús, ¡eres mi supremo Señor y Esposo! Amén.

PROFESA. Estoy completamente entregada. No coqueteo con lo que ofende a mi Esposo.

QUE SEAN SIEMPRE TUS VESTIDOS BLANCOS Y QUE NO FALTE NUNCA EL PERFUME EN TU CABEZA.

ECLESIASTÉS 9:8

CAPÍTULO 21

MANTÉN LIMPIO TU VESTIDO

A la mayoría de nosotros nos encanta un buen plato de pasta. Mi esposa es siciliana y, cuando prepara una de sus especialidades, siento que es un lujo. Lisa suele hacer salsas más ligeras a base de aceite de oliva pero, de vez en cuando, prepara una salsa de tomate roja. Si lo hace, y llego a la mesa con una camisa blanca, me anima a cambiarme para no mancharla. Mi respuesta habitual es: "No, no pasa nada, tendré cuidado". Pero casi siempre me arrepiento de no haber seguido su consejo, ya que las salpicaduras de salsa en mi camisa parecen inevitables. Como ignoro su advertencia, termino con mi camisa blanca toda manchada.

Todos sabemos que no debemos caminar sobre el barro con zapatillas blancas ni pintar, hacer jardinería o trabajar en un vehículo con una camisa blanca, a menos que no nos importe mancharla. Debemos tener cuidado con los muebles, las colchas, las cortinas, las paredes y una variedad de otros artículos blancos. ¿Por qué? Porque el blanco no oculta la suciedad, la mugre ni ninguna otra mancha.

Un principio muy similar se aplica en el ámbito espiritual. Hay entornos, prácticas y estilos de vida atractivos que la gente del mundo considera normales y que, si se practican o incluso se coquetea con ellos, manchan la vestidura blanca del creyente. Solo manteniéndonos fuertes en nuestro espíritu mediante la oración y una ingesta constante de la Palabra de Dios, podemos reconocer y resistir la tentación (ver Mateo 26:41; Hechos 20:32; Judas 20). Si no nos fortalecemos de esa manera, es fácil caer presa de la corrupción, como si se manchara fácilmente la camisa blanca con la salsa de pasta de Lisa. Un aspecto fundamental del cristianismo auténtico es "guardarse sin mancha del mundo" (Santiago 1:27). Para decirlo sin rodeos, manchamos nuestra vestidura blanca de bodas cuando buscamos una relación con el mundo, viviendo como los perdidos. A lo que no me refiero, ciertamente, es a ir a los diversos sectores de la sociedad con el propósito de llevar su luz; al contrario, ¡se nos manda a hacer eso! Más bien, me refiero a adoptar un comportamiento opuesto a la Palabra de Dios, suponiendo que no habrá consecuencias. Se nos dice: "¿Acaso un hombre pone una llama en su regazo sin que sus vestidos se enciendan? ¿Acaso puede andar sobre brasas sin que sus pies se quemen?" (Proverbios 6:27-28). En resumen: ¡Tu ropa terminará manchada!

Permíteme que te diga algunos detalles para evitar confusiones. Me refiero a comportamientos como ir a un sitio pornográfico asumiendo que no dañaremos nuestra alma. Otro sería negarse a perdonar a quien nos ha hecho daño, planear una venganza, chismear o calumniar con el fin de perjudicar a alguien. Con este tipo de comportamientos manchamos nuestras vestiduras.

Otro ejemplo sería divorciarse por razones no bíblicas (ver Mateo 19:9): romper la unión debido a diferencias irreconciliables, falta de convivencia, desarrollar diferentes intereses, pérdida del amor o las numerosas otras razones no bíblicas por las que las personas han roto el pacto sagrado en nuestros tiempos. ¿Hemos olvidado que el Señor Dios es específico al abordar esto? Él declara:

> "Porque el que no ama a su esposa, sino que la repudia, cubre su manto de violencia".
>
> MALAQUÍAS 2:16

La mancha no es salsa roja; es mucho peor: es violencia. Así como las manchas de salsa roja en una prenda blanca requieren una limpieza profunda para eliminarlas, también la violencia que el divorcio no bíblico ejerce sobre nuestras almas no se elimina fácilmente. El perdón de Dios, mediante la sangre de Jesús, nos limpia de inmediato una vez que nos divorciamos de forma genuina y repentina. Sin embargo, se requiere humildad intencional, el lavado de la Palabra de Dios, perdón y, a veces, rendición para limpiar la mancha de nuestra alma.

Nos arriesgamos a manchar nuestro manto cuando formamos amistad con incrédulos que no muestran interés en abandonar el sistema de este mundo. No desean honrar a Dios; en vez de eso, persisten en la inmoralidad, el adulterio, las perversiones sexuales, la avaricia y otras conductas impías, algunos incluso afirmando ser cristianos. Entrelazar tu vida con ellos es peligroso y, si continúas así, inevitablemente manchará tus vestiduras y afectará tu capacidad de permanecer en comunión con Jesús. No es casualidad que se nos diga:

> No formen alianza con los incrédulos. ¿Qué tienen en común la justicia y la maldad? ¿O qué comunión puede tener la luz con la oscuridad? ¿Qué armonía tiene Cristo con Belial? ¿Qué tiene en común un creyente con un incrédulo?
>
> 2 Corintios 6:14-15

Aquí no hay margen de maniobra. Con frecuencia, la gente ignora estas palabras específicas de Dios, alegando que la interpretación literal es legalista y crea esclavitud. La refutación para desestimar este mandato es que Jesús fue llamado "amigo de pecadores". De eso precisamente se le acusó. Sin embargo, él estaba trayendo el reino de Dios a los perdidos, hambrientos y a los que estaban dispuestos a escuchar.

Zaqueo era el pecador más notorio de su comunidad. Sin embargo, se subió a un árbol solo para ver a Jesús. ¡Eso sí que es hambre! Una vez que el Maestro lo reconoció, inmediatamente mostró señales de arrepentimiento al afirmar que devolvería el cuádruple a quienes les había robado y la mitad de sus bienes a los pobres. La gente estaba muy disgustada y se quejaba de que Jesús hubiera elegido a un "pecador de renombre" para reunirse con él, pero lo que pasaron por alto fue el profundo deseo de Zaqueo de recibir la verdad y el cambio operado en su vida (ver Lucas 19:1-9).

Hay otro aspecto fundamental a considerar. Jesús controlaba la narrativa y el ambiente en medio de esos "pecadores de renombre". El enfoque de la conversación no eran chistes subidos de tono, historias vanas ni conversaciones insensatas. No, se centraba en transmitir la verdad del reino. Con frecuencia, cuando los creyentes profesantes ignoran el mandato de vivir separados y posteriormente desarrollan relaciones con incrédulos, se mimetizan en vez de controlar la narrativa, manteniéndola en línea con el reino. Si son honestos, descubren que están coqueteando con el mundo, no alcanzándolo.

¿Hemos olvidado la advertencia de Pablo?:

> ¡No se dejen engañar! Las malas compañías corrompen las buenas costumbres.
>
> 1 Corintios 15:33

Considera el matrimonio. ¿Estaría bien un esposo cuya esposa pase una noche con un hombre soltero? ¿Estaría bien que su esposa se fuera de vacaciones con otro hombre casado, aunque prometieran alojarse en habitaciones de hotel separadas? No, eso es poner a tu cónyuge en un entorno que casi con seguridad dañará el compromiso y perjudicará el pacto y la relación.

Dios es un Dios celoso. Él no tiene celos *de nosotros*; ¡tiene celos *por nosotros*! Él desea todo nuestro corazón y nuestra vida, no solo una falsa alineación que incluya amantes aparte de Él. Por eso se nos dice: "Sigue... la santidad, sin la cual nadie verá al Señor" (Hebreos 12:14).

La palabra griega para *seguir* es *diṓkō* y se define como "hacer algo con intenso esfuerzo y con un propósito o meta definidos".[1] Este vocablo transmite la idea de una fuerte determinación, acompañada de un gran esfuerzo para alcanzar la meta. No hay ni rastro de una actitud despreocupada; más bien, indica una búsqueda urgente. Así es como debemos intentar llevar una vida pura y apartada.

En este punto, es importante aclarar los dos aspectos diferentes de la santidad que se encuentran en el Nuevo Testamento. Si agrupamos toda la santidad en un solo grupo, muchas escrituras se vuelven confusas.

El primer aspecto es la *santidad posicional*. En varias escrituras del Nuevo Testamento se nos dice que el sacrificio de Jesús nos santificó. Es algo que jamás hubiéramos podido lograr por nuestra cuenta. Dos ejemplos incluyen:

> Dios los eligió para ser el pueblo santo que ama.
>
> Colosenses 3:12

> Dios nos amó y nos eligió en Cristo para ser santos y sin mancha ante sus ojos.
>
> EFESIOS 1:4

No merecíamos ese privilegio. Por su gran amor por nosotros, fuimos declarados *posicionalmente* santos en Cristo desde el momento en que entregamos nuestras vidas a su señorío.

Insisto, me referiré a mi propio matrimonio para ejemplificarlo. El 2 de octubre de 1982, Lisa y yo nos casamos. Ella asumió el rol de mi esposa. Hoy, cuarenta y tres años después, ya no es más mi esposa —ni lo será jamás— desde el punto de vista de mi posición, que el día en que nos casamos.

Lo mismo ocurre con nuestra relación con Dios. Nos convertimos en la novia de Jesús, nos separamos para Él, nos declaramos santos, el día en que entregamos nuestras vidas a su señorío. Llevo más de cuarenta y cinco años caminando con Jesús; ahora tengo una vida más piadosa que durante el primer año de mi andar con Él. Sin embargo, en mi posición, no soy más santo ahora que el día en que me convertí en suyo, ni seré jamás más santo.

Volviendo a nuestro matrimonio, ya que estamos hablando de una novia, usaré a Lisa como ejemplo. Antes de casarnos, ella salía con otros chicos, les daba su número de teléfono y salía con ellos. Sin embargo, una vez casados, abandonó todas esas prácticas. Es más, se mantuvo alejada de todos los entornos no aptos para una mujer casada. Su comportamiento *reflejaba* su posición. En el mismo sentido, Pedro escribe:

> Como hijos obedientes, no se amolden a los malos deseos que tenían antes, cuando vivían en la ignorancia. Más bien, *sean ustedes santos en todo lo que hagan*, como también es santo quien los llamó.
>
> 1 PEDRO 1:14-15

Está claro que Pedro se refiere a nuestro *comportamiento*, no a nuestra *postura*. La Biblia lo deja claro al afirmar: "en todo lo que hagan". Pedro nos exhorta a hacer lo que cualquier esposa fiel hace. Debemos adoptar un comportamiento que *refleje* nuestra postura. Esto no es opcional; más bien, es un imperativo. Encontraremos declaraciones imperativas en las Escrituras, y es prudente prestar atención a esas advertencias. Pero es algo completamente distinto cuando encontramos un imperativo. Ignorarlo o tomarlo a la ligera es una insensatez y, a menudo, conlleva graves consecuencias.

El de Pedro es solo uno de los muchos mandatos de santidad que hay en el Nuevo Testamento. Curiosamente, otro se encuentra justo antes de los escritos más profundos de Pablo sobre el arrebatamiento de la novia de Cristo:

> Dios no nos llamó a la impureza, sino a la santidad; por tanto, el que rechaza estas instrucciones no rechaza a un hombre, sino a Dios.
>
> 1 Tesalonicenses 4:7-8

Violar este mandato de vivir en santidad no es algo irrelevante y tiene un alto costo. Sin embargo, obedecerlo otorga una de las mayores promesas de las Escrituras. Esto nos lleva a la descripción de C. S. Lewis en cuanto a los aspectos "irresistibles" de la santidad: a qué conduce. Para profundizar, veamos de nuevo el versículo clave:

> Busquen la paz con todos y la santidad, sin la cual nadie *verá al Señor.*
>
> Hebreos 12:14

¿Se refiere esto a la santidad *posicional* o *conductual*? Contestemos con otro ejemplo. Imagínate que mi esposa estuviera en un grupo de oración de mujeres y les dijera a sus amigas: "Chicas, por favor, oren para que yo sea la esposa de John".

Todas en la sala quedarían confundidas por su petición y preguntarían: "Lisa, te convertiste en su esposa hace más de cuarenta años. ¿Por qué orar por eso?".

Sin embargo, si Lisa preguntara: "Chicas, por favor, oren para que yo sea una mejor esposa para John", entenderían que se refiere a su comportamiento, no a su posición. Lo mismo ocurre con el versículo anterior. Debemos buscar la santidad conductual, porque sin ella, no "veremos al Señor". Pero este es un comentario desconcertante. ¿Qué quiere decir la Escritura al afirmar que no veremos al Señor? En otro pasaje se nos dice claramente:

> ¡Miren que viene en las nubes! Y *todos* lo verán con sus propios ojos, incluso quienes lo traspasaron.
>
> APOCALIPSIS 1:7

Todos, incluso aquellos que clavaron sus manos, verán a Jesús cuando regrese. Todas las naciones lo contemplarán, vivos y muertos por igual, y todos los que han vivido verán a Jesús en el juicio. ¿A qué se refiere el escritor de Hebreos?

Considera lo siguiente. En mis sesenta y seis años como ciudadano estadounidense, he estado bajo el liderazgo de once presidentes. He estado bajo su autoridad; sus decisiones han afectado mi vida y moldeado la forma de vida de mi comunidad. Sin embargo, nunca he visto a uno de ellos o, dicho más claramente, no he estado en presencia de uno de nuestros presidentes. Por otro lado, hay ciudadanos que están en presencia del presidente; trabajan con él o son sus amigos.

De la misma manera, hay personas que están bajo el liderazgo de Jesucristo. Sus decisiones afectan sus vidas, pero no están *en su presencia, no lo ven*. Jesús afirma claramente:

> El que hace suyos mis mandamientos y los obedece. Y al que me ama, mi Padre lo amará; y yo también lo amaré y me manifestaré a él.
>
> JUAN 14:21

La persona que *ve* a Jesús, que experimenta su *presencia manifiesta*, es leal en acción y no solo en palabra. Las personas así le dan prioridad al hecho de apartarse para Él, lo que significa que no coquetearán con las cosas ofensivas que los incrédulos persiguen y de las que están enamorados. La prioridad de esa persona es obedecer a Jesús, aunque sea difícil, fomente dificultades o incite a la persecución.

Insisto, veamos un matrimonio. No deseo coquetear, salir ni acostarme con otras mujeres. ¿Cuál es mi motivación? Ante todo, temo a Dios y no quiero romperle el corazón. Pero la otra razón, también bastante fuerte, es que no quiero perder las muchas veces que Lisa comparte conmigo los secretos más íntimos de su corazón. ¡Me encanta estar cerca de ella!

El esposo que comete adulterio con otras mujeres podría mostrarle su certificado de matrimonio a su esposa y declarar que están casados. Puede que sea técnicamente cierto, pero lo que pierde es la intimidad con ella. Ella no querrá que él esté en su presencia. Además, ese matrimonio no durará mucho si él continúa.

Como iglesia occidental, ¿hemos cometido adulterio con el mundo, pero hemos tomado nuestro certificado de matrimonio —la gracia de Dios y la promesa del nuevo nacimiento— y lo hemos mostrado, declarando que técnicamente somos salvos y le pertenecemos? Entonces nos preguntamos por qué no experimentamos intimidad con Él. La razón principal por la que no quiero cometer adulterio con el mundo es porque no quiero perder nunca los momentos en que Dios me susurre un secreto, una promesa, una verdad no obvia o un camino oculto de su Palabra que desconozco. O mejor aún, cuando Él revele un profundo anhelo de su corazón. ¡Esto es más valioso que todas las riquezas que este mundo pueda ofrecer!

Este es el aspecto irresistible de la santidad. Cuando la buscas, vives en comunión con Él y, por lo tanto, tendrás confianza hasta su regreso. Sin embargo, si coqueteas con la oscuridad, te apartas de Él y puedes manchar fácilmente tu vestido de bodas. Te avergonzarás de las manchas de tu vestido en la gran reunión de la novia y el novio.

Cuando comprendes el motivo que hay detrás de buscar la santidad, sesta e convierte en un deleite, no en un mandato religioso. Todo depende de tu perspectiva. Así que, querido, persigue la santidad. No te decepcionarás y, dentro de diez mil años, no te preocuparás por perderte algo. Al contrario, estarás eternamente feliz de haber permanecido fiel a nuestro Novio celestial en este mundo oscuro.

PASAJE. "He aquí, yo vengo como ladrón. Bienaventurado el que vela y guarda sus vestiduras" (Apocalipsis 16:15).

PUNTO. Buscar la santidad nos mantiene en comunión con Jesús.

PONDERA. ¿Qué te impide buscar la santidad? Haz una lista. A la luz de lo que has aprendido, ¿valen la pena estos comportamientos por lo que pierdes: la intimidad con Dios? Si no, ¿qué pasos darás para eliminarlos?

PIDE. Señor Dios, decido buscar la santidad. Por favor, dame la humildad, la fuerza y la gracia para hacerlo. Guíame por el camino para mantener mi vestidura impecable. En el nombre de Jesús, amén.

PROFESA. ¡Haré de la búsqueda de la santidad una prioridad!

SEMANA 4

PREPÁRATE PARA SU REGRESO

YO, JUAN, ESCRIBO A LAS SIETE IGLESIAS QUE ESTÁN EN LA PROVINCIA DE ASIA

APOCALIPSIS 1:4 BEM

CAPÍTULO 22

LAS SIETE IGLESIAS DEL APOCALIPSIS

¿Te imaginas abrir tu bandeja de entrada del correo electrónico y ver un mensaje para ti directamente de Jesús? Esto es en esencia lo que les sucedió a siete líderes de unas iglesias asiáticas a finales del siglo primero. Brevemente prepararé el escenario antes de dar más detalles.

Juan el apóstol, en los últimos años de su vida, vivió en Éfeso por casi tres décadas. Fue el último de los doce apóstoles originales en fallecer y su vida se extendió por aproximadamente cien años.[1]

En el año 93 d. C., Juan fue arrestado a la edad de noventa años como un delincuente político y compareció ante el emperador Domiciano. Se le ordenó quemar incienso pagano, pero se negó. Eso enfureció al emperador, que lo sentenció a ser sumergido en una tina hirviendo de aceite. Pero Juan salió ileso.

Eso asustó al emperador, que inmediatamente desterró a Juan a la Isla de Patmos, que estaba a casi cuarenta kilómetros de la costa de Asia Menor. Esta era una isla rocosa y desierta a la que el gobierno de Roma enviaba a sus peores prisioneros. Pasó dieciocho meses en esa isla hasta la muerte de Domiciano. Poco después, el nuevo emperador, Nerva, le concedió la amnistía a Juan.

Fue en esa isla que Juan recibió el libro de Apocalipsis. Uno de sus principales propósitos es mostrar a los siervos de Jesús acontecimientos futuros, especialmente al final de los tiempos hasta la inauguración de los nuevos cielos y la nueva tierra, y lo más importante, cómo prepararse.

En los capítulos segundo y tercero, encontramos estas siete cartas a los líderes de la iglesia. Hay diferentes puntos de vista en cuanto a por qué los mensajes a estas iglesias están en este libro canonizado de la Biblia, pero solo consideraremos los tres principales:

1. La *visión histórica* afirma que se aplican solo a las iglesias históricas. Sin embargo, eso no puede ser cierto, porque Dios nunca pondría mensajes en las Escrituras canonizadas si no tuvieran aplicación profética.
2. La *visión dispensacional* establece que cada una de esas iglesias representa siete condiciones de la iglesia desde el día de Pentecostés hasta hoy.
3. La *visión atemporal* declara que cada una de ellas encarna varias características que se pueden encontrar en cualquier iglesia en todo el mundo en cualquier momento de la era de la iglesia. Me gusta esta visión porque las siete se aplican en el presente, lo cual se alinea con que la Escritura es la Palabra de Dios atemporal y viva. Adoptaré esta visión, aunque no descarto la segunda.

Cada carta está dirigida al "ángel" de las iglesias.[3] La palabra griega es *ággelos* e implica el significado de "mensajero". El diccionario *The Complete Word Study Dictionary: New Testament* dice: "Los ángeles de las siete iglesias son probablemente los obispos o pastores de esas iglesias".[4] Concuerdo con eso, ya que Jesús declara que están en su mano derecha, lo cual habla de la encomienda de su autoridad (ver Apocalipsis 1:20). En su mayor parte, cada mensaje sigue un patrón:

1. Iglesia identificada
2. Descripción del que habla: Jesús
3. Condición actual de la iglesia.
4. Elogio por las fortalezas de la iglesia.
5. Exposición de sus fallas
6. Acción correctiva que deben tomar
7. La promesa adjunta a prestar atención a sus instrucciones

Lo que he escrito no pretende ser un examen a fondo, es para destacar lo que es importante para nuestra discusión en cada mensaje. Algunos serán breves, mientras que otros serán más profundos.

Algunos de mis momentos más íntimos e impactantes con Jesús han ocurrido al leer en oración estos siete mensajes. En esas ocasiones memorables, he experimentado el castigo del Señor en mi vida personal; además, prestar atención a su corrección ha traído fortaleza y piedad en aspectos en los que carecía. Espero que lo mismo suceda contigo a medida que destacamos las fortalezas, las fallas, la corrección necesaria y las instrucciones que da el Pastor Principal de la iglesia.

Otro detalle importante: no citaré la totalidad del mensaje, sino que enumeraré los puntos relevantes para nuestra discusión, manteniéndola breve. Por esa razón, recomiendo que tengas la Biblia abierta en estos capítulos de Apocalipsis como referencia, aunque no es obligatorio. También parafrasearé algunas de las declaraciones a fin de que sean relevantes a nuestro tiempo.

LA IGLESIA EN ÉFESO (APOCALIPSIS 2:1-7)

Jesús inicia esta carta con las palabras: "Yo conozco tus obras" (2:2). Se dirige a lo *que hacen*, no a lo que creen, y eso ocurre con todas las siete iglesias. A continuación tenemos una lista de lo que le gusta de esta iglesia:

1. Trabajan duro por el reino. Son bastante activos en la iglesia, en la evangelización y, muy probablemente, en el apoyo financiero a esos esfuerzos.
2. Son pacientes y soportan constantemente las circunstancias difíciles.
3. No toleran a las personas malvadas. No están unidos en yugo desigual ni crean lazos de amistad con los incrédulos, un peligro que discutimos en el capítulo anterior.
4. No se dejan engañar por líderes autonombrados que asumen una autoridad no comisionada divinamente.
5. Han sufrido pero se negaron a renunciar.

¡Este es un boletín de calificaciones fenomenal! Si Jesús le dijera esto a nuestro equipo en Messenger International, yo estaría eufórico. Sin embargo, lo que viene a continuación es impactante: "Pero tengo esta queja contra ti. ¡No me aman a mí ni a los demás como lo hacían al principio!" (2:4).

¡Oh! ¿Cómo es eso y de qué manera puede sucedernos a cualquiera de nosotros? ¿Cómo podemos poseer un boletín de calificaciones tan bueno pero al mismo tiempo tener esta falla devastadora? Solo hay una explicación: nos volvemos fuertes en cuanto a la *verdad* y a la *misión*, pero carecemos de *amor* genuino. Se nos dice que lo que realmente edifica a la iglesia es decir la *verdad* en *amor* (ver Efesios 4:15). Cuando poseemos la verdad aparte del amor, nos volvemos dogmáticos. Esto estrecha nuestra visión, creando esta mentalidad: percibimos a cualquiera que se alinee y opere exactamente como nosotros como verdaderos creyentes y a cualquiera que no lo haga como lobos.

Nos apresuramos a acusar a otros de ser falsos maestros o falsos profetas cuando, en realidad, estamos más preocupados por diferentes métodos de ministerio o ligeras variaciones en nuestra interpretación de los aspectos menores de las Escrituras. (Recuerda que Jesús dice que hay asuntos más importantes de la Palabra de Dios). En otras palabras, nos dividimos por cosas menores y miramos cuidadosamente las faltas de los demás. Nos apartamos del mandamiento del amor, en cuanto a estar "siempre listos para creer lo mejor de cada persona" (1 Corintios 13:7). Es como si las personas que no están en "nuestro bando" fueran culpables hasta que se demuestre su inocencia.

Vemos esto con los líderes que criticaron a Jesús. Repetidas veces se nos dice que esos hombres observaban a Jesús de cerca para poder encontrar una acusación contra Él (ver Marcos 3:2; Lucas 6:7; 14:1). Poseían un ojo crítico y no un verdadero discernimiento arraigado en el amor (ver Filipenses 1:9). Permíteme que presente una ilustración para brindar absoluta claridad.

Vemos a los líderes religiosos hallar faltas en los discípulos de Jesús por romper la letra del mandamiento cuando arrancaron espigas a fin de proveer alimento para sus cuerpos en el día de reposo. Pero cuando tenemos un ojo crítico, perdemos el consejo general de la Palabra de Dios y nos enfocamos en lo que coincide con nuestro punto de vista. Eso es exactamente lo que Jesús estaba enfrentando con esos expertos en la Torá.

Jesús responde con lo que parece ser un relato histórico desconcertante que se encuentra en las Escrituras. Eso, indirectamente, desafiaría la estrecha interpretación de ellos. Así que cita a David cuando entró en el templo y comió "el pan de la proposición, además de que les dio a los que estaban con él, lo cual no les era lícito comer sino solo a los sacerdotes" (Lucas 6:4). David, en esencia, hizo algo que era contrario a la ley de Moisés, y Jesús usó ese acontecimiento histórico para justificar el acto de sus discípulos.

Comparemos el escenario anterior con otro que escucho a menudo. Parece que hay muchos críticos que coinciden con la descripción de esta iglesia de Éfeso, que dicen que a las mujeres no se les permite predicar debido a tres declaraciones del apóstol Pablo (ver 1 Corintios 11:2-16; 14:33-38; 1 Timoteo 2:8-15). ¿Han olvidado que Dios también declara que nuestras hijas y mujeres profetizarían —proclamarían sus mensajes (ver Hechos 2:17-18)—, que Felipe tenía cuatro hijas "que proclamaban el mensaje de Dios" (Hechos 21:9); o que "el Señor anuncia la palabra, y las mujeres que la proclaman son una gran multitud" (Salmos 68:11)? Estos críticos tienen una interpretación estrecha, en lugar de la interpretación general de las Escrituras.

Permíteme que cite una situación desconcertante y diferente del Nuevo Testamento que es similar a cómo Jesús contrarresta la crítica de los líderes. Pablo habla sobre personas que predican con motivos de ambición egoísta, celos y rivalidad; estos "ministros" esperaban que su predicación aumentara las aflicciones en cuanto a la tortura de Pablo en la prisión. Sin embargo, lee lo que Pablo escribe:

> Aquellos predican a Cristo por ambición personal y no por motivos puros, creyendo que así van a aumentar las angustias que sufro en mi prisión. ¿Qué importa? Al fin y al cabo, y sea como sea, con motivos falsos o con sinceridad, se predica a Cristo. Por eso me alegro; es más, seguiré alegrándome.
>
> FILIPENSES 1:17-18

La verdad más grande a los ojos de Pablo era que Cristo estaba siendo predicado, ya fueran puros o no los motivos. ¡Qué asombroso! Si Pablo se regocijó de que el evangelio se predicara por motivos malvados, ¿crees que se enojaría por una mujer que tiene motivos puros para predicar el evangelio? ¡Nunca! Pablo no era un legalista sin amor; reconoció los aspectos superiores de la verdad con un corazón que discernía.

¿Por qué estos líderes de nuestra moderna "iglesia de Éfeso" no tienen el mismo corazón que Pablo? ¿Por qué no dicen: "Sea mujer u hombre el que enseñe, alaben a Dios porque el evangelio se está comunicando"?

Y, sin embargo, he presenciado la condena que estas personas —que han dejado su primer amor— dirigen contra mujeres y organizaciones que animan a las damas a ministrar. Vemos una crítica similar en otras áreas: en cuanto a los acontecimientos del fin de los tiempos, la sanidad, la llenura del Espíritu Santo y muchas otras verdades. ¿Por qué no podemos percatarnos de que existen asuntos principales como la deidad de Jesús, su sangre derramada para la remisión de los pecados, la santificación, el nacimiento virginal y muchos otros aspectos fundamentales de nuestra redención que debemos tratar y corregir enérgicamente sin dividirnos por los menos relevantes?

Hay otro aspecto del "falso discernimiento" al cual señalar. Si algunas personas están enseñando algo que no es ciento por ciento conforme a todo el consejo de la Palabra de Dios, eso no los convierte —necesariamente— en falsos maestros. Tal vez sus corazones sean sensibles y, cuando se les corrige suavemente con la verdad en amor, cambien una vez que vean el camino de Dios más claro. Vemos esto con Apolos, que era genuino pero necesitaba más instrucción. Aquila y Priscila "lo tomaron a su cargo y le explicaron con mayor precisión el camino de Dios" (Hechos 18:26). ¡Apolos hizo el cambio!

Pero lo triste es que algunos ministros que concuerdan con la iglesia de Éfeso utilizan sus púlpitos, *pódcasts*, canales de YouTube u otras plataformas para condenar a otros colegas sin antes acercarse a ellos personalmente. ¿Por qué no instruirlos con gentileza para que puedan ver el camino con mayor claridad? (Ver 2 Timoteo 2:24-26)? Quizás después de sentarse juntos, quien esté a punto de atacar pueda ver las cosas de otra manera. Los que aman a Jesús se vuelven más humildes y enseñables a medida que pasa el tiempo.

Aquellos que se identifican con la iglesia de Éfeso han abandonado su "primer amor". Una vez que son salvos, aman profundamente a Jesús y, por lo tanto, también a su pueblo. No les preocupa quién predica el evangelio —si un hombre o una mujer, ni los métodos empleados— tanto como les importa la enseñanza fundamental y la presencia de Dios.

Cuando abandonamos nuestro primer amor, eso se manifiesta en la forma en que tratamos a los demás, especialmente a los creyentes que no pertenecen a nuestro círculo o a quienes consideramos inferiores. Jesús dice: "Les aseguro que todo lo que hicieron por uno de mis hermanos, aun por el más pequeño, lo hicieron por mí" (Mateo 25:40). No nos apresuremos a criticar, aislar a otros y denunciarlos por su nombre. Quienes se identifican con la difícil situación de la iglesia de Éfeso parecen buscar y fortalecerse en la lucha más que en la búsqueda de la paz. Si notas que emprendes la crítica con facilidad, que te dispones a reprender y a luchar por tus interpretaciones de los asuntos secundarios de las Escrituras, pregúntate sinceramente: *¿He abandonado mi primer amor? ¿Hago mis obras ahora por ser correcto y preciso, en vez de ministrar la Palabra eterna de Dios con un corazón lleno de compasión y amor?*

Jesús le dice a esta iglesia que si no se arrepiente de su labor vacía de amor, "vendré a ti pronto y quitaré tu candelero de su lugar" (Apocalipsis 2:5). En otras palabras, perderá su influencia en el cuerpo de Cristo. Creo que puedes observar iglesias, ministerios y movimientos, en las últimas dos décadas, que alguna vez tuvieron gran influencia, pero que hoy la han perdido.

Una nota final: Hay recompensas prometidas para cada una de las siete iglesias que venzan y presten atención a la corrección que Jesús imparte. Las enumeraré en nuestro último capítulo.

LA IGLESIA EN ESMIRNA (APOCALIPSIS 2:8-11)

Una vez más, Jesús comienza con las obras de esta iglesia: lo que hacen en lugar de lo que creen. Declara estar plenamente consciente de la tribulación o persecución que sufren. Además, afirma que son pobres, pero debe añadir que son verdaderamente ricos (Santiago 2:5 dice: "¿No ha elegido Dios a los pobres de este mundo para que sean ricos en fe y herederos del reino que prometió a los que le aman?").

Esto no significa que quienes gozan de buena posición económica no puedan ser ricos en fe. El rey David, que era muy rico económicamente, se llamó a sí mismo "este pobre" (Salmos 34:6). Es difícil para un hombre rico entrar en el reino, no imposible. José de Arimatea fue identificado en las Escrituras como un discípulo rico de Jesús y también rico en fe, ya que fue el único que tuvo el valor de acercarse a Pilato y pedirle el cuerpo del Señor Jesús (ver Mateo 27:57-60). ¡Qué fe tan asombrosa!

Los ricos insanos son aquellos que confían en sus riquezas más que en Dios. Pronto veremos una iglesia llena de personas que no se parecen en nada a José ni al rey David. Esta próxima iglesia que examinaremos veía su riqueza financiera como su fuente de seguridad, la que los hacía indiferentes e independientes de su relación con Dios. Pero eso es para otro capítulo.

La iglesia de Esmirna no recibió ninguna corrección del Maestro, solo instrucciones para afrontar aquello a lo que se oponían y lo que estaba por venir. Reconoció cuán despreciados eran por aquellos que afirmaban tener una relación de pacto con Dios, pero que en realidad formaban parte de la congregación de Satanás. Jesús les advirtió que serían duramente perseguidos, incluso encarcelados. Les instruyó que fueran fieles a la Palabra de Dios hasta la muerte. Al viajar por todo el mundo ministrando el evangelio, he pasado tiempo con muchos —que conozco— que sufren persecución en sus comunidades o naciones a causa de su fe. Es un honor llamarlos hermanos y hermanas. Su carácter piadoso y su pasión por el reino sobresalen. En ese mismo sentido, Jesús le indica a la iglesia de Esmirna que las pruebas traen purificación. Que si obedecen la Palabra de Dios en medio de la persecución, crecerán en carácter piadoso. Esa es su promesa (ver 1 Pedro 1:6-9; 4:1-2). Recuerda, Dios no permitirá que nada se interponga en nuestro camino al punto que no nos dé la gracia para soportar triunfantes.

> Dios es fiel y no permitirá que ustedes sean tentados más allá de lo que puedan aguantar. Más bien, cuando llegue la tentación, él les dará también una salida a fin de que puedan resistir.
>
> 1 Corintios 10:13

Estimado lector, aférrate a esta promesa, que es segura y firme.

PASAJE. "¡No me amas a mí ni se aman entre ustedes como al principio!" (Apocalipsis 2:4 NTV).

PUNTO. La verdad aparte del amor nos llevará al legalismo.

PONDERA. ¿Me he vuelto dogmático? ¿Busco la pelea más que la paz y perseguirla? ¿Me he enfocado en lo menor y he minimizado lo principal de las Escrituras? ¿Cómo puede cambiar esto?

PIDE. Padre, te pido que derrames tu compasión y tu amor en mi corazón. Prometiste que lo derramarías en mi corazón a través del Espíritu Santo (ver Romanos 5:5). En el nombre de Jesús, amén.

PROFESA. Buscaré tanto la verdad como el amor, no uno a expensas del otro.

LA TOLERANCIA ES LA VIRTUD DEL HOMBRE SIN CONVICCIONES.

G. K. CHESTERTON

CAPÍTULO 23

LA TOLERANCIA ES DESTRUCTIVA

Imagínate que un pedófilo anteriormente convicto está cortejando a una joven para alejarla de su jardín y subirla a su coche. Es alegre, encantador y le habla con ternura. Como el padre de la chica no quiere hacer una escena, no dice nada y no intenta detener al depredador. Debido a su inacción y su silencio, el padre permite que la vida de su hija sea destruida. Muy pocos progenitores pasarían por alto una agresión semejante y, en caso de que lo hicieran, serían condenados por la mayoría de la sociedad. El comportamiento de la mayoría de los padres sería similar al de una osa a la que le roban sus cachorros. Sin embargo, estamos a punto de conocer líderes de la iglesia que toleraron un comportamiento que estaba destruyendo la vida de su gente.

En el capítulo anterior hablamos de la dogmática iglesia de Éfeso. Eran fanáticos y Jesús los elogió por confrontar lo que los amenazaba; sin embargo les dijo: "Pero tienes a tu favor que aborreces las prácticas de los nicolaítas, las cuales yo también aborrezco" (Apocalipsis 2:6). Sin embargo, por falta de amor ferviente, el celo de la iglesia de Éfeso sobrepasó los principios fundamentales de la fe y tendió hacia el *legalismo*, que es "conformidad estricta, literal o excesiva a la ley o a un código religioso o moral".[1] En la iglesia de Éfeso, aquellos que confrontaban los problemas con entusiasmo pero sin un amor ferviente, probablemente se centraron más en lo secundario que en lo esencial, generando un fruto improductivo y no uno vivificante.

En este capítulo, puede parecer que me contradigo, pero no es así. Señalaré cómo puede oscilar el péndulo, con facilidad, hacia el extremo opuesto. En nuestros tiempos, tanto en la iglesia como en la sociedad, nos hemos topado con un amor no bíblico que carece de verdad, receta que lleva rápidamente al engaño.

LA IGLESIA DE PÉRGAMO Y LA DE TIATIRA (APOCALIPSIS 2:12-29)

Decidí abordar estas dos iglesias juntas ya que hay temas superpuestos. Insisto, no es mi intención hacer de esto un estudio exhaustivo de las siete iglesias asiáticas, porque eso requeriría un libro entero.

Jesús empieza el mensaje a la iglesia de Pérgamo identificándose a sí mismo como "el que tiene la aguda espada de dos filos (2:12) y a Tiatira como "el Hijo de Dios, el que tiene ojos que resplandecen como llamas de fuego" (2:18). Jesús, en nuestros días, podría haber usado el término *rayos láser* para describir sus ojos. Hay una buena probabilidad de que eligiera esos identificadores debido a lo que estaba a punto de tratar, ya que sus palabras realizarían una cirugía necesaria.

A ambas iglesias empieza diciéndoles: "Yo conozco tus obras" (2:13, 19). Insisto otra vez, Él habla más de lo que hacen que de lo que creen pero, con estas dos iglesias, el asunto tiene que ver más con lo que *no están haciendo*.

Comencemos con Pérgamo, la capital de Roma en Asia Menor. La iglesia probablemente enfrentó desafíos significativos, ya que la ciudad estaba inmersa en la adoración pagana y otras prácticas idolátricas. Es más, Jesús declaró que Satanás tenía su trono en esa ciudad. Era claramente un lugar tenebroso. Aquí tenemos sus elogios:

1. Han permanecido leales a Jesús en medio de la corrupción total en la ciudad.
2. Se han negado a negar a Jesús aun cuando uno de los suyos fue martirizado.

Parece que esta iglesia era fuerte en oponerse a las prácticas ocultas fuera de la iglesia, pero cedió cuando debió haber estado abordando la conducta impía en su seno. Asunto que no es menor a los ojos de nuestro Señor.

Tiatira era la más pequeña de las ciudades que recibió un mensaje directo de Jesús. Era un importante emporio comercial en el río Lico reconocido por sus gremios especializados en telas, bronce, cuero y cerámica. La ciudad poseía un templo especial a Apolo, el "dios del sol", lo que posiblemente explica por qué el Señor se presentó como "el Hijo de Dios".[2]

Jesús elogia las muchas fortalezas de esta iglesia. Estaban llenos de

1. Amor
2. Fe
3. Servicio
4. Resistencia paciente

Una vez más, este es un informe fabuloso que viene del propio Maestro. Sus siguientes palabras lo llevan a otro nivel: "Sé que tus últimas obras son más abundantes que las primeras" (Apocalipsis 2:19). Justo el tipo de ánimo que te encantaría recibir, ¿verdad? Esta es una lista notable y cuán asombroso es que esa iglesia estaba mejorando en esas virtudes fundamentales del discipulado. Mantener no es la palabra que identifica a esta iglesia, sino más bien avanzar. Al igual que con el informe inicial de Éfeso, estaría encantado si Él dijera eso en cuanto a nuestro equipo en Messenger International.

Sin embargo, las quejas de Jesús, dos contra Pérgamo y una contra Tiatira, son severas y muy importantes para enfatizar. Sus reprensiones no se centran en lo que hacían sino más bien en lo que dejaban de hacer. Estaban tolerando prácticas que estaban destruyendo la vida espiritual de las personas. A Pérgamo Jesús le dice:

> "Pero tengo unas cuantas quejas en tu contra. *Toleras* a algunos de entre ustedes que mantienen la enseñanza de Balaam, quien le enseñó a Balac cómo hacer tropezar al pueblo de Israel. Les enseñó a pecar, incitándolos a comer alimentos ofrecidos a ídolos y a cometer pecado sexual. De modo parecido, entre ustedes hay algunos nicolaítas que siguen esa misma enseñanza" (2:14-15)

Tolerar es la palabra clave, ya que es la raíz del problema. Vemos una reprensión similar con el liderazgo de Tiatira. En este caso, era una mujer a la que Él compara con Jezabel, la del Antiguo Testamento.

> "Pero tengo una queja en tu contra. Permites que esa mujer —esa Jezabel que se llama a sí misma profetisa— lleve a mis siervos por mal camino. Ella les enseña a cometer pecado sexual y a comer alimentos ofrecidos a ídolos" (2:20 NTV)

Balaam, los nicolaítas y Jezabel operaban con una motivación similar: alejar sutilmente a las personas de la devoción y fidelidad a Dios para cortejarlos con lo que el mundo persigue. Otra palabra clave para esta iglesia es *permitir*, que es sinónimo de *tolerar*. Los errores de las dos iglesias son bastante similares: pasan por alto lo que deberían confrontar.

Pongamos todas las cartas sobre la mesa: en esencia, *el silencio es comunicación no verbal*. No decir una palabra transmite acuerdo y concede permiso al comunicar: "Lo que estás haciendo está bien". Hay un antiguo proverbio latino que dice: "El silencio otorga consentimiento; debió haber hablado cuando pudo". Está claro que los pecados de estos líderes de la iglesia no eran lo que estaban haciendo o diciendo, sino lo que *no estaban haciendo* y *no estaban diciendo*.

Lisa y yo tomamos lecciones de buceo cuando estábamos recién nos casamos. Ambos nos convertimos en buceadores certificados de aguas abiertas. Algo que nos llamó la atención en nuestras pocas semanas de entrenamiento intenso fue la cantidad de veces que escuchamos a nuestro instructor de buceo gritar: "¡Nunca dejes de respirar!". Luego contaba una historia para enfatizar su repetida orden. Una historia real versaba sobre una ganadora de un concurso de belleza que murió porque entró en pánico y dejó de respirar debido al miedo, por lo que nadó rápidamente a la superficie desde veinticinco metros de profundidad. Sus pulmones se expandieron rápidamente hasta el punto de que ambos reventaron. Después de relatar la historia, dijo firmemente —otras cinco veces— antes de que terminara la clase: "¡Nunca dejen de respirar!". En la siguiente clase, abordaba la materia desde otro ángulo, como por ejemplo lo que la ciencia tenía que ver con eso o contar otra historia, mientras repetía constantemente: "¡Nunca dejen de respirar!".

Después de algunas semanas de entrenamiento en el aula, cuando entramos al agua para nuestra primera inmersión, el pensamiento principal en la mente de Lisa y mía era: *Mantener un flujo constante de aire entrando y saliendo de mis pulmones.* Él había puesto un temor tan saludable en nosotros que no nos atrevíamos a dejar de respirar. Sus repetidas advertencias nos resguardaron de ser otra estadística de muertes innecesarias bajo el agua.

De manera similar, el apóstol Pablo enfatiza algo con los líderes de la iglesia en Mileto:

> Ustedes saben que *no he vacilado* en predicar todo lo que les fuera de provecho, sino que les he enseñado públicamente y en las casas … Por tanto, hoy declaro que soy inocente de la sangre de todos, porque *sin vacilar* les he proclamado todo el propósito de Dios.
>
> HECHOS 20:20, 26-27

"Si alguien sufre la muerte eterna, no es mi culpa": ¡Qué clase de declaración! La Nueva Versión Internacional indica esto con mucha fuerza al decir: "Soy inocente de la sangre de todos". Invirtamos lo que dice: *¡Su sangre estaría en sus manos si no hubiera dicho lo que debía!*

La Nueva Traducción Viviente dice: "Si alguien sufre la muerte eterna, no será mi culpa". Si esto se aplicara a lo que hacía nuestro instructor de buceo, le habría bastado con decir solo en la primera clase: "Oigan, chicos, sigan respirando cuando estén buceando". Hacer lo que *se debe* va más allá; en este caso significa "mantenerse afirmando lo necesario".

Esto implicaría que no dijo nada en absoluto sobre mantener la respiración y solo esperaba que lo descubriéramos. Si hiciera cualquiera de las dos cosas, es probable que muchos de nosotros hubiéramos muerto, especialmente por la última negligencia.

La gran pregunta ahora es: ¿Qué información necesaria no retuvo Pablo? Continúa en el siguiente versículo:

> Entonces cuídense a sí mismos y cuiden al pueblo de Dios. Alimenten y pastoreen al rebaño de Dios —su iglesia, comprada con su propia sangre— sobre quien el Espíritu Santo los ha designado líderes. Sé que, después de mi salida, vendrán en medio de ustedes *falsos maestros* como lobos rapaces y no perdonarán al rebaño. Incluso algunos

> hombres de *su propio grupo* se levantarán y *distorsionarán la verdad* para poder juntar seguidores.
>
> HECHOS 20:28-30

¡La advertencia necesaria era *cuidado con los falsos maestros*! Ellos vendrían *entre* la gente. Pérgamo era fantástica para oponerse a la flagrante adoración pagana de la ciudad, pero de lo que ambas iglesias no estaban advirtiendo a su gente eran de aquellos que entraban sigilosamente, o ya estaban dentro, que estaban pervirtiendo los principios fundamentales de la fe. De la misma manera, Judas, el medio hermano del Señor y apóstol, advierte al escribir:

> Queridos hermanos, he deseado intensamente escribirles acerca de la salvación que tenemos en común. Ahora siento la necesidad de hacerlo para rogarles que sigan luchando vigorosamente por la fe encomendada a los creyentes una vez y para siempre. El problema es que se han infiltrado entre ustedes ciertos individuos que desde hace mucho tiempo han estado señalados para condenación. Son impíos que *cambian* en libertinaje la gracia de nuestro Dios y niegan a Jesucristo, nuestro único Soberano y Señor.
>
> JUDAS 3-4

Él quería escribir sobre todos los grandes aspectos de la salvación, pero había un asunto urgente, más apremiante, imperativo, serio, crucial, para exponer el engaño. Nota que estos falsos creyentes o maestros no vienen vestidos con ropa de lobos. Ellos entran en secreto, conociendo el idioma, la cultura y las costumbres, pero torciendo la gracia de Dios para que sea una gracia permisiva en vez de una gracia que empodere. Esta gracia falsificada promete vida eterna pero nos permite perseguir la idolatría y la inmoralidad sexual que el mundo persigue. Dicho en términos de un capítulo anterior, nos aleja de la búsqueda de la santidad genuina.

De la misma manera, Pedro advierte: "Muchos los seguirán en sus *prácticas vergonzosas* y por causa de ellos se difamará el camino de la verdad" (2 Pedro 2:2). Estos falsos líderes y falsos creyentes no engañarán a unos pocos, ¡sino a muchos! Si no se les confronta, alejarán a las masas de una vida santificada hacia una con apariencia de cristianismo que, en realidad, separa a los oyentes para que no vivan en comunión con Jesús. Pablo les advierte: "Profesan conocer a Dios, pero con sus acciones lo niegan" (Tito 1:16). Su negación de Jesús no es verbal; ninguna iglesia hoy ni en el primer siglo toleraría eso. Más bien, lo niegan con el estilo de vida que modelan y tergiversando sutilmente la Palabra de Dios para adaptarla a su conveniencia. Pablo les reitera, a los líderes de Mileto, la firmeza de su advertencia: "Por tanto, velad, acordándoos que por tres años, de noche y de día, no he cesado de *amonestar con lágrimas* a cada uno" (Hechos 20:31 RVR1960).

¡A cada uno! ¡De noche y de día! No se parecía en nada a los líderes de Pérgamo o Tiatira. Era más bien como nuestro instructor de buceo, cuya mayor preocupación era que ninguno de sus estudiantes muriera bajo su supervisión. Él y Pablo tenían una solución similar.

Hoy en día, tenemos pastores y líderes que dicen poco o nada sobre la trampa mortal de la inmoralidad sexual, la homosexualidad, la avaricia, la ideología de género, el asesinato de seres humanos en el vientre materno y otras prácticas idólatras de nuestra sociedad. Hace poco, en su rancho privado, un amigo me gritó: "¿Por qué los predicadores no abordan los temas relevantes de hoy? ¿Por qué guardan silencio? ¿Cómo se supone que la gente lo sepa si el predicador no dice nada?".

No supe qué responder. No entiendo por qué tantos líderes guardan silencio, tolerando y permitiendo lo que aleja a la gente de la comunión con Jesús. ¿Acaso hemos olvidado que *lo que no confrontamos no cambia*? Se nos *manda* a

> predicar la palabra; persiste en hacerlo, sea o no sea oportuno; corrige, reprende y anima con mucha paciencia, sin dejar de enseñar. Porque llegará el tiempo en que no van a tolerar la sana doctrina, sino que, llevados de sus propios deseos, se rodearán de maestros que les digan las fantasías que quieren oír.
>
> 2 Timoteo 4:2-3

¿Cuándo no es eso favorable? Cuando se pueden perder amigos, seguidores, miembros de la iglesia, contribuyentes, simpatizantes o cualquier persona influyente. Aunque cueste una amistad de muchos años, *se nos manda* predicar la Palabra de Dios que confronta, pero debemos hacerlo con amor. Debemos corregir y reprender, así como animar. Parece que en la iglesia occidental solo animamos, lo cual representa un tercio de nuestra responsabilidad. La Biblia dice: "Tú, como predicador de la Palabra, debes mostrarles a las personas en qué áreas de su vida están equivocados". ¡Pero omitimos dos tercios del mensaje!

No prestar atención a la corrección de Jesús por su inacción lleva a graves consecuencias. A Pérgamo le advierte: "Arrepiéntete de tu pecado, o vendré a ti repentinamente y lucharé contra ellos con la espada de mi boca" (Apocalipsis 2:16). ¿Cuál pecado? ¡El pecado de la tolerancia! Ten en cuenta que no se dirige a los falsos maestros; se refiere a la tolerancia. ¡Es un pecado! Considera "permitir" o "retener lo necesario" como considerarías obvio el asesinato, el adulterio o cualquier otro pecado.

A Tiatira le declara: "La arrojaré en una cama de sufrimiento, y los que cometen adulterio con ella sufrirán terriblemente, a menos que se arrepientan y abandonen las maldades de ella. Heriré de muerte a sus hijos" (Apocalipsis 2:22-23). ¿De qué adulterio está hablando? ¿Todos se acostaban con esa mujer? No. El adulterio es este:

> Piden con malas intenciones, para satisfacer sus propias pasiones. ¡Oh, gente adúltera! ¿No saben que la amistad con el mundo es enemistad con Dios? Si alguien quiere ser amigo del mundo se vuelve enemigo de Dios.
>
> Santiago 4:3-4

Santiago destaca su insistencia igual que nuestro instructor de buceo, él también es muy diferente de los líderes y creyentes de Tiatira y Pérgamo. Aquí está la conclusión: Si los líderes de la iglesia guardamos silencio sobre estos temas importantes, la sangre del pueblo estará en nuestras manos.

Sin embargo, no son solo los líderes los que toleran; es cualquiera de nosotros que permite que la idolatría o la inmoralidad sexual continúen en nuestra vida personal. ¿Lo estamos pasando por alto o estamos retrasando abordar el asunto? La primera persona a la que hay que corregir no son los demás, sino nosotros mismos. Luego podemos ayudar a otros con compasión. Se nos dice:

> Hagan morir todo lo que es propio de la naturaleza terrenal: inmoralidad sexual, impureza, bajas pasiones, malos deseos y avaricia, *la cual es idolatría*; cosas por las cuales la ira de Dios viene sobre los hijos de desobediencia.
>
> Colosenses 3:5-6

Pensamos en un idólatra como alguien que se inclina ante una estatua, lo cual es cierto en algunas civilizaciones. Sin embargo, esas imágenes hechas por el hombre solo se utilizan como fachada para obtener realmente lo que el adorador codicia, ya sea sexual inmoralidad o algún otro vicio. La verdadera raíz de la idolatría es cuando ponemos *cualquier cosa* de esta vida como prioridad por encima de nuestro amor, devoción y obediencia a Dios. Damos a otro nuestra fuerza, tiempo, energía y amor, lo que debería ser dirigido a nuestro Novio, a la búsqueda de otras cosas.

Por favor, no me malinterpretes. Se nos dice que Dios "nos da abundantemente todas las cosas para que las disfrutemos" (1 Timoteo 6:17). Hay muchas cosas hermosas en esta vida que se dan como regalos de bendición para disfrutar, recrearse, refrescarse y experimentar un verdadero descanso. Sin embargo, cuando estas cosas se amontonan y comienzan a capturar nuestros corazones al punto de que ya no le damos prioridad a nuestro amor, al servicio y a la obediencia a Jesús, se convierten en ídolos. Un ídolo puede ser una comida, las redes sociales, la popularidad, una celebridad, un deporte, ganar dinero, una relación... la lista incluiría millones de otras cosas. El ídolo no es nada en sí mismo; nosotros somos los que lo convertimos en eso. Lo que puede ser un ídolo para uno puede no serlo para otro.

En más de cuarenta años de ministerio, he descubierto que lo que frecuentemente se entremezcla con la idolatría es alguna forma de inmoralidad sexual. Los dos están estrechamente conectados; los orígenes de los vicios sexuales a menudo apuntan a la idolatría. Yo estuve atado a la pornografía a los once años. Entregué mi vida a Jesús a mis diecinueve e, inmediatamente, muchas conductas impías se separaron de mi vida en el momento en que fui salvo como la embriaguez, las maldiciones y otros comportamientos pecaminosos inapropiados. Sin embargo, la pornografía persistió. No me di cuenta al principio, pero era un ídolo. Era el gigante que necesitaba matar por el poder de Dios, por su gracia.

No sucedió de la noche a la mañana. La verdadera batalla no fue romper el poder, eso fue fácil. Fue la lucha por llevar mi corazón al punto correcto en el que realmente quisiera que se fuera. Por algunos años creí que deseaba, sinceramente, que eso fuera destruido, pero Dios me mostró el error de mi dolor, que estaba centrado en mí mismo, no en Él. Tenía más miedo al juicio que a romperle el corazón a mi Novio.

Una vez que supe que eso tenía más que ver con el corazón de Dios que con mi miedo a lo que sufriría o me perdería, se hizo fácil desatarme. Ocurrió el 6 de mayo de 1985, se rompió y todavía soy libre, hasta hoy. Sabía que tolerar ese vicio sexual traería, en definitiva, horribles consecuencias. Es una batalla que relato a profundidad en mi libro *Matar la kriptonita*.

Ya sea que estés liderando a otros o simplemente a ti mismo, dejar la idolatría y el pecado sexual sin confrontar te costará caro. La gran noticia es esta: el poder de Dios es más que suficiente para vencer y romper cualquier esclavitud de este mundo.

En el próximo capítulo trataremos los mensajes centrales a las tres últimas iglesias. Son, en mi opinión, los más confrontativos y desafiantes para las siete iglesias.

PASAJE. "Yo, el Señor tu Dios, soy un Dios celoso que no tolerará tu afecto por ningún otro dios" (Deuteronomio 5:9).

PUNTO. Lo que toleramos y no confrontamos no cambiará.

PONDERA. ¿Qué ídolos estoy tolerando en mi vida o en aquellos a quienes lidero, que están deteriorando la verdadera fe y haciéndome desviar de nuevo al mundo? ¿Qué está causando que permita esto? ¿Cómo puede cambiar esta situación?

PIDE. Padre, perdóname por tolerar aquello por lo que pagaste un precio tan alto para liberarme. Me arrepiento de y decido abandonarlo, no por temor al juicio, sino por el deseo de deleitar tu corazón. En el nombre de Jesús, amén.

PROFESA. No toleraré lo que Dios odia.

¡DESPIERTA, SIÓN, DESPIERTA!

¡REVÍSTETE DE PODER! JERUSALÉN,

CIUDAD SANTA, PONTE TUS

VESTIDOS DE GALA.

ISAÍAS 52:1

CAPÍTULO 24

¡DESPIERTA!

Considera a un turista estadounidense que viaja por primera vez a Australia. No sabe nada sobre la vida marina de ese país, supone que no es diferente de la costa de Florida, por lo que se dirige directo a la playa en Cairns. Da la casualidad de que hay un número inusual de medusas de caja en el agua, una de las criaturas más mortales del océano. Una sola picadura puede matar a un hombre en aproximadamente cinco minutos.

Los lugareños, todos sentados en la playa, sin atreverse a aventurarse en el agua, ven a nuestro turista corriendo alegremente hacia la orilla para zambullirse en su baño inaugural en el Mar del Coral. ¿Qué harían? ¿Se quedarían sentados mirando? No, gritarían con fuerza: "¡Detente! ¡No entres!". O tal vez incluso lo abordarían. En resumen, si les importa algo, no se detendrán ante nada para evitar que se lance a la muerte. Una de las cosas más *desamorosas* que esos lugareños podrían hacer es no advertir del peligro al hombre. Por otra parte, una de las cosas más *odiosas* que podrían hacer es no decir nada.

Jesús realiza un intento de rescate similar con dos de nuestras últimas tres iglesias, que se parecen mucho a una gran parte de las iglesias occidentales modernas. Si crees que sus mensajes anteriores son severos e intensos, descubrirás que estos alcanzan otro nivel. Pero recuerda, ¡está intentando salvar sus vidas!

LA IGLESIA EN SARDIS (APOCALIPSIS 3:1-6)

La ciudad de Sardis cayó bajo control romano en el 189 a. C. En el siglo primero d. C., era conocida por la adoración al emperador y un impresionante templo dedicado a Artemisa.[1] Sardis era uno de los lugares más agradables para vivir en el antiguo mundo. Era un centro de comercio mundial y una de las ciudades más ricas de la época. La vida era fácil en Sardis. Incluso en el mundo pagano, tenía una reputación de materialismo y decadencia. Los paganos allí eran extremadamente tolerantes y no les importaba si adorabas a sus dioses o no, solo querían ganar dinero y pasar un buen rato.[2]

La sociedad de Sardis influyó negativamente en esos creyentes. En vez de aprovechar la falta de persecución y los abundantes recursos para ser más eficaces en la construcción del reino, la iglesia se volvió más mundana. Jesús empieza otra vez diciendo lo siguiente: "Conozco tus obras" (3:1). ¿Estás viendo un patrón? No es lo que creemos sino lo que hacemos lo que Él examina. Las palabras del apóstol Santiago suenan similares: "Como pueden ver, una persona es declarada justa *por las obras* y no solo por la fe" (Santiago 2:24).

Puedes decirme repetidamente que hay poder en un enchufe, pero si cada aparato que conecto no funciona, no importa lo que creas y declares con fuerza; el hecho es que no hay poder en el enchufe. Puedes declarar una y otra vez que crees en Jesús y proclamar con fuerza tu fe, pero ¿es tu vida diferente de antes de que dijeras que crees? ¿Destacas en un mundo perdido? ¿Estás avanzando en el reino? Si no es así, tienes una fe que no es real según los estándares del cielo. La gracia no está obrando en ti, porque la verdadera gracia es eficaz.

Por lo tanto, en la introducción a esta iglesia, no hay alabanzas ni cumplidos de Jesús por adelantado. Desde el mismo principio, Él intenta evitar que esas personas se lancen a su muerte eterna, declarando sin rodeos:

> "Conozco tus obras; tienes fama de estar vivo, pero en realidad estás muerto. ¡Despierta! Reaviva lo que aún es rescatable, pues no he encontrado que tus obras sean completas delante de mi Dios".
>
> APOCALIPSIS 3:1-2

Su reputación entre los cristianos de otras comunidades es la de una iglesia bendecida y vanguardista. En nuestros días, esto significaría que son relevantes, progresistas, que no carecen de recursos, que producen canciones de adoración populares y ampliamente utilizadas, que ven muchas "conversiones" y todo lo demás que encontrarías en la mayoría de las iglesias "vivas".

¿Cuál es la vara de medir? ¡Que sus *acciones* no cumplen con los requisitos de Dios! Que Jesús diga esto significa que no buscan la santidad ni la piedad. Lo más probable es que se ofendan con facilidad; chismean, calumnian, discuten; y son competitivos. Disfrutan inspirando y entreteniendo a ministros que animan con sus enseñanzas, pero evitan confrontar su amor por el materialismo, el placer y la falta de virtud.

Si realizan algún tipo de labor de actividad evangelística, como alimentar a los demás en días festivos, ayudar a quienes han enfrentado desastres naturales o apoyar a misioneros, podría ser para compensar su falta de piedad; eso acalla la voz de la convicción. ¿Cuáles son las siguientes palabras de Jesús?

> "Así que recuerda lo que has recibido y oído; obedécelo y arrepiéntete. Si no te mantienes *despierto*, cuando menos lo esperes caeré sobre ti *como un ladrón*".
>
> APOCALIPSIS 3:3

¡Usa la frase "despierto" por segunda vez! Una buena parte de esta iglesia se ha separado claramente del camino de la vida. Su doctrina ha sido influenciada y transformada por la sociedad y por sumergirse en la cultura de Sardis, no en la Palabra de Dios. Viven más como ciudadanos de este mundo que como ciudadanos del cielo. Jesús dice que si no *despiertan, repentinamente* serán abandonados en el arrebatamiento de la iglesia.

Quizás cuestiones lo que acabo de escribir. Sin embargo, sabemos que quienes andan en comunión con Jesús no serán tomados desprevenidos; no experimentarán su venida "inesperada como un ladrón". Recordemos las palabras de Pablo a la iglesia:

> El día del Señor [siete años de tribulación] llegará como ladrón en la noche … Ustedes, en cambio, hermanos, *no están en la oscuridad para que ese día los sorprenda como un ladrón*. Todos ustedes son hijos de la luz y del día. No somos de la noche ni de la oscuridad. Por lo tanto, no debemos dormirnos como los demás, sino mantenernos alerta y en nuestro sano juicio.
>
> 1 TESALONICENSES 5:2-6

Los que buscan la piedad y la santidad, y dedican sus talentos y sus energías a su reino están "despiertos", y el "tiempo de la ira" no los sorprenderá como ladrón. Pablo luego dice: "No durmamos como los demás". Este llamado de atención es el intento de Jesús por evitar que se sumerjan en el Mar de Coral, por así decirlo. Los ama profundamente y desea con pasión que no se sumerjan en la muerte.

Luego dirige su atención a los pocos miembros de la iglesia que no se han visto afectados por la sociedad opulenta, pero al mismo tiempo continúa hablando a la mayoría advirtiéndoles de las terribles consecuencias de no "despertar":

> "Sin embargo, tienes en Sardis a unos cuantos que no se han manchado la ropa. Ellos, por ser dignos, andarán conmigo vestidos de blanco. El que salga vencedor se vestirá de blanco. Jamás borraré su nombre del libro de la vida, sino que reconoceré su nombre delante de mi Padre y delante de sus ángeles".
>
> APOCALIPSIS 3:4-5

¡Mancharon sus vestiduras! Recordemos que una definición del verdadero cristianismo es mantenerse sin mancha del mundo.

El apóstol Judas nos dice que debemos odiar "la ropa *contaminada* por la carne" (Judas 23). Apocalipsis 16:15 afirma: "Bienaventurado el que vela y guarda sus ropas, no sea que ande desnudo y vean su vergüenza".

No hemos enfatizado la seriedad de esto en nuestra iglesia occidental. Descuidar la santidad, cuando Dios nos ha capacitado por su gracia para buscarla, no es una cosa trivial. En Mateo 22, Jesús cuenta la parábola de una fiesta de bodas; simplemente no escuchamos mucha predicación al respecto porque es radical. No encaja con nuestra narrativa del cristianismo occidental. La parte final de la historia dice así:

> "Cuando el rey entró a ver a los invitados, notó que allí había un hombre que no estaba vestido con el traje de boda. 'Amigo, ¿cómo entraste aquí sin el traje de boda?', dijo. El hombre se quedó callado.

> Entonces el rey dijo a los sirvientes: 'Átenlo de pies y manos y échenlo afuera, a la oscuridad, donde habrá llanto y crujir de dientes'".
>
> MATEO 22:11-13

Retrocedamos un poco en esta aleccionadora historia. El rey animó a sus siervos a ir por los caminos y senderos con el fin de traer a todos los que estuvieran dispuestos a asistir a la boda para que su casa se llenara. Ese hombre que se quedó callado representa el segmento de aquellos que dicen sí a la invitación pero no la estiman mucho. ¿Pensó que podía entrar con el mismo atuendo que usaba en las calles, en el mundo?

Imaginemos que somos convidados a una boda real como invitados de honor. De entrada, nos sorprendería la bondad del monarca. Cuando envía a su siervo a invitarnos, porque somos sumamente pobres, se nos concede dinero para comprar un atuendo adecuado. Sin embargo, pronto olvidamos la enormidad del evento y nos distraemos usando el dinero para comprar entradas para algunos partidos de la Asociación Nacional de Basquetbol (NBA, por sus siglas en inglés), conciertos, videojuegos y otras experiencias placenteras. Una vez que llega el día de la boda, entramos al edificio sin la vestimenta adecuada. Nuestras acciones revelan claramente la visión trivial que tuvimos de la agraciada invitación del rey. Eso no terminaría bien para nosotros. Esto, en esencia, es lo que Jesús está comunicando.

Insisto, se nos dice que se nos ha "dado el lino fino, limpio y resplandeciente. Porque el lino fino representa las acciones justas del pueblo santo de Dios" (Apocalipsis 19:8). ¡No podemos, repito, *jamás* salvarnos a nosotros mismos! La salvación es un regalo inmerecido, al igual que la invitación del monarca y el dinero que proporciona en mi ejemplo anterior. Sin embargo, con nuestras acciones mostramos si vemos eso como algo común o como el mayor privilegio de nuestra vida. Es aleccionador cuando realmente lo piensas.

Necesitamos tratar la difícil palabra *borrar*. Recuerda, Jesús está hablando a una iglesia, no a una ciudad o a una iglesia sectaria.

Reafirmemos sus palabras exactas: "Jamás borraré su nombre del libro de la vida" (Apocalipsis 3:5). La palabra griega es *exaleíphō* , que significa "eliminar, suprimir, borrar".[3] Al insertar esta definición, lo que dice es: "Yo no eliminaré ni borraré sus nombres del libro de la vida". Jesús no habría mencionado eso si no fuera algo posible; lo dijo porque realmente podía suceder.

Volvamos a nuestro ejemplo inicial, pero modifiquémoslo un poco. Si un turista australiano viniera a Florida y comenzara a correr hacia la playa y los lugareños gritaran: "¡Detente, hay medusas de caja en el agua!", estarían mintiendo. Esa clase de medusas no existen en Florida. ¡Jesús nunca mentiría ni engañaría así! Él está tratando de evitar que esta iglesia, o cualquiera de nosotros, tome decisiones que le destruyan la vida. ¿Qué es mejor: que se nos advierta severamente ahora o que experimentemos el aguijón de la muerte después?

Seamos francos, nuestros nombres no estaban escritos en el libro de la vida hasta que recibimos a Jesucristo como Señor. Pablo escribe de sus "colaboradores, cuyos nombres están en el libro de la vida" (Filipenses 4:3). El amor apasionado de Jesús se manifiesta al llamar a cualquier hijo rebelde a volver a Él. ¡Este es el verdadero amor! Se nos dice:

> Quien se *aparta* de la senda de la prudencia *irá a parar* entre los muertos.
>
> PROVERBIOS 21:16

La palabra *aparta* describe lo que muchos están haciendo en el siglo veintiuno, y su Palabra predice que muchos más lo harán antes de que Él regrese. En el mismo sentido, Santiago escribe:

> Hermanos míos, si alguno de ustedes se *extravía* de la verdad y otro lo hace volver a ella, recuerden que quien hace volver a un pecador de su extravío lo salvará de la muerte y cubrirá muchísimos pecados.
>
> SANTIAGO 5:19-20

Santiago no les está hablando a los incrédulos que se desvían, porque una persona no convertida no puede extraviarse; ya está perdida. No, él se dirige a los "hermanos", aquellos cuyos nombres están escritos en el libro de la vida. Hacer volver a esa persona es una de las cosas más amorosas que podemos hacer. Mentir y decir: "Estás bien", cuando de hecho, él o ella no lo está, es una de las más crueles que podemos hacer.

El apóstol Pedro, de la misma manera, advierte de las enérgicas fuerzas que intentan alejar a los creyentes del camino de la vida. Por eso escribe:

> Cuando la gente escapa de la maldad del mundo por medio de conocer a nuestro Señor y Salvador Jesucristo, pero luego se enreda y vuelve a quedar esclavizada por el pecado, termina peor que antes. Les hubiera sido mejor nunca haber conocido el camino a la justicia, en lugar de conocerlo y luego rechazar el mandato que se les dio de vivir una vida santa.
>
> 2 PEDRO 2:20-21 NTV

Formulemos algunas preguntas. ¿Son esas personas salvas? Primer punto importante: Han escapado de la maldad del mundo cuando conocen a nuestro Señor Jesús. Segundo, Él dice que conocen "el camino a la justicia". Pedro afirma su salvación dos veces. Sin embargo, observa que vuelven al pecado y al mundo, y no solo están enredados sino que permanecen en el estado de alejamiento. Pedro deja claro que habría sido mejor que nunca hubieran conocido la vida cristiana que alejarse y permanecer distantes. Sin embargo, esto es importante: ¡Cualquiera, si se ha alejado, puede volver en cualquier momento!

Esto es exactamente lo que Jesús está haciendo con la iglesia de Sardis, a la que ama tan profundamente. Santiago y Pedro están haciendo lo mismo.

Mi compañero creyente, ya no podemos tratar a la ligera el tener una vida impía o mundana cuando Dios nos ha dado su naturaleza divina y nos ha capacitado para vivir piadosamente. Lo que nunca podríamos hacer antes con nuestras propias fuerzas es provisto por su gracia una vez que nacemos de nuevo.

> Nos ha dado grandes y preciosas promesas. Estas promesas hacen posible que ustedes participen de la naturaleza divina y escapen de la corrupción del mundo, causada por los deseos humanos.
>
> 2 PEDRO 1:4 NTV

Él nos ha dado lo que nunca tuvimos en posesión nuestra o por nuestro propio mérito: lo que necesitamos para comprar un vestido apropiado para el gran día en que estemos unidos con nuestro Rey. Su naturaleza divina y sus preciosas promesas nos han "dado todo lo que necesitamos para llevar una vida de rectitud" (2 Pedro 1:3).

Ahora nos hemos aventurado a la verdad de la "compra". Esto es algo que veremos claramente en las Escrituras en el próximo capítulo con la iglesia final, así como la parábola de las diez vírgenes.

La próxima vez que te encuentres con alguien que te diga que es imposible alejarse de la fe, puede ser por una de dos cosas: Se trata de un lugareño que tampoco sabe lo que hay en el agua o, mucho peor, uno al que no le importa si te sumerges en el mar con un gran contingente de medusas de caja. Prefiero ser informado y advertido ahora por la Palabra de Dios antes de que sea demasiado tarde.

PASAJE. Somos ciudadanos del cielo, de donde anhelamos recibir al Salvador, el Señor Jesucristo (Filipenses 3:20).

PUNTO. Somos llamados a vivir como ciudadanos del cielo.

PONDERA. ¿Vivo como ciudadano del cielo o como ciudadano de este mundo? ¿Hay aspectos de la cultura de mi sociedad que me están apartando de lo que veo en las Escrituras? ¿En qué manera vivo como ciudadano del cielo? ¿Necesito "despertar"?

PIDE. Querido Padre, en el nombre de Jesús, fortaléceme por tu gracia para vivir en mi sociedad como embajador del reino de mi Señor Jesús Cristo. Amén.

PROFESA. No soy de este mundo, ¡pero estoy llamado a alcanzar este mundo!

NO SE CONTENTEN SOLO CON OÍR LA PALABRA, PUES ASÍ SE ENGAÑAN USTEDES MISMOS. LLÉVENLA A LA PRÁCTICA.

SANTIAGO 1:22

CAPÍTULO 25

LA INDIFERENCIA MANIFIESTA

He tenido problemas con los colores desde que tengo memoria. Una vez, durante un examen, me presentaron doce grandes mosaicos que consistían en cientos de pequeños círculos de varios colores. Dentro del mosaico, los colores coincidentes revelarían una imagen clara. Bueno, para la mayoría estaba claro. La imagen podría ser una figura, un número o una letra del alfabeto. Se nos pidió que identificáramos la imagen que estaba dentro de cada uno de los mosaicos. Pensé que lo había hecho genial, ¡pero mi puntaje reflejó que solo uno de los doce era correcto!

Un Día de San Patricio, mi esposa estaba fuera de la ciudad. Así que elegí mi camisa verde para usarla y unirme a la diversión de la festividad. En la oficina hubo mucha discusión sobre las formas creativas en que los miembros del equipo lucían sus atuendos verdes, pero nadie decía nada sobre mi camisa. Al fin, le pregunté a un grupo de miembros del equipo: "¿Por qué nadie ha mencionado algo sobre mi camisa verde?". Mi hijo fue el primero en hablar. "Papá, no tienes nada verde puesto". Resultó que mi camisa era gris. Todos nos reímos mucho.

Qué incómodo es creer de todo corazón que estás haciendo algo bien, solo para descubrir que no es así. Mucho peor, qué terrible es creer que estás bien espiritualmente, cuando según los estándares de Dios estás al borde de ser rechazado. Si el término *rechazado* suena un poco fuerte, ¡mira la elección de palabras de Jesús!

LA IGLESIA EN LAODICEA (APOCALIPSIS 3:14-22)

Esto nos lleva a las dos últimas iglesias, pero evadiré Filadelfia temporalmente para concentrarme en la última con la que Jesús trata. Los últimos dos capítulos han sido píldoras difíciles de tragar, aunque Laodicea no será más fácil. Me encantaría terminar con una nota positiva, por eso he decidido guardar el informe de Filadelfia para el final. La segunda razón apunta a nuestro capítulo anterior, donde mencioné furtivamente la "compra" de algo a Jesús, y quiero profundizar entre tanto que el pensamiento está fresco.

Laodicea era bien conocida en el mundo antiguo por su riqueza. El alcance de sus recursos era tan profundo que la ciudad fue reconstruida sin la ayuda financiera de Roma tras el devastador terremoto del año 60 d. C. Laodicea era fuerte en la industria textil y en la banca. Era famosa por su escuela de medicina, que producía tratamientos con una especia llamada nardo para los oídos y un colirio para los ojos. Laodicea carecía de un buen suministro de agua, por lo que se vio obligada a traerla a través de un sistema de tuberías de piedra desde Denizli, que estaba a casi diez kilómetros al norte.[1]

Jesús inicia su mensaje a la iglesia identificándose a sí mismo como "el testigo fiel y verdadero" (Apocalipsis 3:14). En esencia, nos dice la verdad siempre, aun cuando sea incómodo escucharla. Él nunca halagará ni engañará. Insisto, empieza con:

> "Conozco tus obras; sé que no eres ni frío ni caliente. ¡Ojalá fueras lo uno o lo otro! Por tanto, como no eres ni frío ni caliente, sino tibio, estoy por vomitarte de mi boca".
>
> Apocalipsis 3:15-16

¿Está abundantemente claro que Él está examinando cómo administramos nuestras vidas por lo que *hacemos*? Un día en oración, el Señor me preguntó: "John, ¿le dije a alguna de las siete iglesias: 'Yo sé lo que crees'?". Su pregunta, en ese momento, me cautivó. Inmediatamente abrí mi Biblia y leí las declaraciones iniciales a las siete iglesias, descubrí que las acciones, no las creencias o intenciones, fueron el foco del examen de Jesús.

Antes de seguir adelante, necesitamos destacar algunas palabras clave. Jesús usa el suministro externo de agua de la ciudad para ilustrar la relación que tienen con Él. Además, se identifican tres temperaturas: *caliente, frío* y *tibio.* ¿Qué representan estas? Para simplificar, *caliente* es el discípulo que arde en llamas por Él. Su amor arde y se evidencia por su vida piadosa y sus obras obedientes. *Frío* es el individuo que no quiere tener nada que ver con Jesús; que piensa que el cristianismo es una pérdida de tiempo y no tiene interés en servir a su Creador.

Pero, ¿qué es *tibio*? Esta palabra describe a un camaleón, alguien que se adapta fácilmente a la atmósfera en la que se encuentra. Una persona que tiene suficiente calor para mezclarse con el creyente encendido y suficiente frío para no destacar ante el incrédulo. Raramente marca una diferencia para el reino y solo se involucra si no entra en conflicto con su estado de ánimo, sus intereses personales o su agenda.

Aquí está lo sorprendente. Jesús dice: "¡Ojalá fueras lo uno o lo otro!". Para que esto quede claro, Jesús le está diciendo a esta iglesia que preferiría que ardiera en llamas por Dios; esa es la solución fácil. La píldora más difícil de tragar es la que tiene que ver con la palabra "frío". Con la que afirma que estaría mejor si estuviera completamente fuera de la iglesia, sin ningún interés en ella. ¿Por qué? Es sencillo, porque la persona que está fría sabe que está perdida y, por lo tanto, es más fácil de alcanzar. La persona que es tibia piensa que está bien con Dios, cuando en realidad no lo está. Sabemos que esto es cierto por lo que Jesús procede a decir:

> "¡Ojalá fueras lo uno o lo otro! Por tanto, como no eres ni frío ni caliente, sino tibio, estoy por *vomitarte* de mi boca".
>
> APOCALIPSIS 3:15

¡Vomitar! Vayamos al original para asegurarnos de que esta sea una traducción precisa. La palabra griega es *emēō* y se define como "vomitar. También es posible interpretar 'vomitar por la boca' como una expresión que significa 'rechazar'".[2] No me es grato poner esta imagen ante ti, pero ¿puedes recordar un momento en que hayas vomitado? El virus de la gripe pasó por nuestra casa recientemente y fui el último en infectarme. Vomité. Todavía

puedo cerrar los ojos y ver la fuerza con la que lo que estaba dentro de mi cuerpo salió al inodoro al que estaba aferrado.

Por favor, ten en cuenta que Jesús está hablando a una iglesia, no a una "supuesta iglesia". ¿Por qué no escuchamos esta advertencia con más frecuencia? Solo puedo suponer que se debe a la manera en que nuestra mentalidad de iglesia occidental abraza el comportamiento "tibio" como algo "cristiano", real. Llamamos cristianos a personas que se identifican con Jesús pero, que en esencia, viven principalmente para sí mismos. Sin embargo, ¿por qué no prestamos más atención a las repetidas palabras de Jesús?:

> Entonces dijo a la multitud: "Si alguno de ustedes quiere ser mi seguidor, tiene que abandonar su propia manera de vivir, tomar su cruz cada día y seguirme. Si tratas de aferrarte a la vida, la perderás, pero si entregas tu vida por mi causa, la salvarás".
>
> LUCAS 9:23-24 NTV

Si realmente escuchamos las palabras de Jesús, no podemos llamar cristiano a alguien que ve pornografía con regularidad, que dice chistes obscenos, que miente, chismea, se niega a perdonar, vive en inmoralidad sexual, es codicioso, vive para el placer, se autopromociona, se busca a sí mismo o cualquier otro comportamiento que sea comúnmente practicado por los incrédulos. Jesús continúa:

> "Tú dices: 'Soy rico, tengo todo lo que quiero, ¡no necesito nada!'. Y no te das cuenta de que eres un infeliz y un miserable; eres pobre, ciego y estás desnudo".
>
> APOCALIPSIS 3:17 NTV

Permíteme que enumere lo que Él compara para mayor claridad. Lo que está antes de los puntos suspensivos consistirá en cómo se veían a sí mismos; lo que está después, es cómo los vio Dios:

> ricos, sin carencias, sin necesidad … miserables, pobres, ciegos, desnudos

¡Eran completamente inconscientes de su verdadero estado! ¿Podría ser esto cierto con muchos en la iglesia occidental? ¿Somos inconscientes de nuestra verdadera situación? Hay una razón por la que Pablo le dijo a una iglesia cuyo comportamiento era similar al de los incrédulos, lo siguiente: "Examínense para ver si están en la fe; pruébense a sí mismos" (2 Corintios 13:5). No debemos examinarnos a nosotros mismos por nuestros estándares colectivos; la mayoría puede estar en error. ¡El único criterio que debemos usar es la Palabra de Dios! Deberíamos leer nuestras biblias y pedirle al Espíritu Santo que exponga las áreas indulgentes, indiferentes o idolátricas.

Jesús continúa:

> "Por eso te aconsejo que de mí compres oro refinado por el fuego, para que te hagas rico; ropas blancas para que te vistas y cubras tu vergonzosa desnudez; además, colirio para que te lo pongas en los ojos y recobres la vista".
>
> APOCALIPSIS 3:18

Ahora nos encontramos con la idea de comprarle algo a Jesús. ¿Cómo hacemos eso? La salvación es un regalo gratuito; está claro que no se puede ganar. ¿Cómo podemos, entonces, comprar algo que nos impida ser "rechazados violentamente" por Él?

Vemos el mismo misterio con la parábola de las diez vírgenes. (Por favor, lee Mateo 25:1-13). Todas ellas estaban familiarizadas con el novio, todas tenían luces y todas estaban en un estado de expectativa por su regreso. Considera que aquellos que están fríos no están buscando al Novio, pero los tibios sí. Jesús está identificando a aquellos que *profesan* pertenecerle.

Cinco eran sabias y cinco insensatas. Inmediatamente nuestra atención debe ser captada por el hecho de que no eran ocho sabias y dos insensatas. No, la mitad eran imprudentes. No olvidemos que, al igual que esta iglesia, que piensa que está bien, termina siendo vomitada si no se produce ningún cambio, así también estas vírgenes insensatas que lo están buscando son rechazadas. Jesús dice: "Más tarde, cuando regresaron las otras cinco damas de honor, se quedaron afuera, y llamaron: '¡Señor, señor! ¡Ábrenos la puerta!'. Él les respondió: 'Créanme, ¡no las conozco!'" (Mateo 25:11-12).

¿Cuál fue la diferencia entre las sabias y las insensatas? El factor separador no se manifiesta hasta justo antes de que el novio llegara. Cada una de ellas tenía su lámpara, pero las sabias tenían aceite extra y a las insensatas les faltaba lo suficiente para esperar hasta el fin. Luché muchos años por entender esta parábola. Una mañana grité a todo pulmón: "Señor, ¡por favor, muéstrame lo que me estoy perdiendo aquí!". Ese día me lo mostró. La clave de toda la parábola reside en las palabras de las vírgenes sabias cuando se dirigieron a las insensatas con respecto a lo que debían hacer:

> "No tenemos suficiente para todas. Vayan a una tienda y *compren* un poco para ustedes".
>
> Mateo 25:9 NTV

Nos encontramos una vez más con el *compren*, que es la clave. Imagínate a diez chicas entrando a una tienda Bass Pro para comprar una lámpara y aceite. Las insensatas se acercan al mostrador, dan su dinero y obtienen lo que creen que se requiere. Las sabias, por otro lado, juntan todos sus recursos: todos sus ahorros, bonos, letras del tesoro, fondos de jubilación y demás. Se acercan al mismo mostrador, amontonan todo el dinero frente al empleado y le dicen: "Me llevaré la lámpara más todo el aceite extra que este dinero pueda comprar".

Las sabias dieron toda su vida; las insensatas solo dieron lo que pensaron que se requería para ser salvas. Ellas guardaron parte de su vida, mientras que las sabias no se guardaron nada. Por lo tanto, descubrimos cómo "comprar" cuando se refiere a Jesús. La salvación es gratis; no podríamos ganarla nunca, pero perseverar hasta el final requiere hacer lo necesario: "Si alguno de ustedes quiere ser mi seguidor, tiene que abandonar su propia *manera de vivir*, tomar su cruz cada día y seguirme. Si tratas de aferrarte a la vida, la perderás, pero si entregas tu vida por mi causa, la salvarás" (Lucas 9:23-24).

Tres cosas que comprar al entregar nuestras vidas:

1. *Oro fino:* representa la obediencia a su Palabra frente a las pruebas y la persecución. Nos negamos a transigir para evitar la desventaja personal.

2. *Vestiduras blancas:* recuerda, del último capítulo, al hombre que se presentó a la boda sin el vestido apropiado. Eso habla de actos justos: una vida piadosa (ver Apocalipsis 19:7-8).
3. *Colirio para los ojos:* para que podamos ver. Perseguimos la humildad genuina al no buscar constantemente nuestros propios intereses, sino esforzándonos ante todo por lo que es importante para Jesús.

Jesús le dice luego a la iglesia de Laodicea: "Yo corrijo y disciplino a todos los que amo. Por lo tanto, sé diligente y arrepiéntete de tu indiferencia" (Apocalipsis 3:19). ¡Él los ama! De ahí, el motivo de su franqueza. Él los está instando a alejarse de la autodestrucción. No quiere que se pierdan el arrebatamiento. Querido lector, si tal vez sientes el castigo del Señor, es porque te ama y siempre te da una salida: ¡el arrepentimiento! La mayor recompensa se le ofrece a esta iglesia es ¡reinar con Jesús (ver Apocalipsis 3:21).

LA IGLESIA EN FILADELFIA (APOCALIPSIS 3:7-13)

Filadelfia fue fundada alrededor del 140 a. C. Su fundador fue Atalo Filadelfo de Pérgamo, de quien la ciudad tomó su nombre. Estaba destinada a ser un centro de actividad misionera para el modo de vida griego. La ciudad era próspera, en parte por sus florecientes viñedos. Era un centro de culto al dios Dionisio y contaba con templos a muchos otros dioses.

Los enemigos de la iglesia venían de afuera, no de adentro, porque no se menciona ninguna herejía o disensión. Tenía mucho en común con Esmirna. Ambas no reciben críticas, solo elogios. Ambas sufrieron a causa de aquellos que se llamaban a sí mismos judíos y no lo eran, y ambas fueron perseguidas por los romanos.[3]

Jesús le dice a esta iglesia:

> "Conozco tus obras. Mira que delante de ti he dejado abierta una puerta que nadie puede cerrar. Ya sé que tus fuerzas son pocas, pero

> has obedecido mi palabra y no has renegado de mi nombre. Voy a hacer que los de la sinagoga de Satanás, esos que se autodenominan judíos y no lo son porque mienten, vayan a postrarse a tus pies y reconozcan que yo te he amado".
>
> Apocalipsis 3:8-9

Una vez más, Jesús comienza con "conozco tus obras". ¡Qué coherencia tan asombrosa!

Es posible que tuvieran poca fuerza por ser una congregación pequeña, pero le obedecieron en todas las cosas. Por lo tanto, ¡Él abrió una puerta para ellos que declaró que nadie podría cerrar! A veces usamos esta declaración a la ligera, pero está destinada a aquellos que lo aman y le temen, que obedecen aun cuando se necesite cada pizca de fuerza para hacerlo. Así como Pérgamo y Tiatira eran similares entre sí, también esta iglesia es parecida a la de Esmirna. Lo que Él les dice a Filadelfia y Esmirna, se lo dice a cualquier otro que preste atención a su corrección y persevere en obediencia:

> "Ya que has guardado mi mandato de ser constante, yo por mi parte te guardaré de la hora de prueba, que vendrá sobre el mundo entero para poner a prueba a los que viven en la tierra".
>
> Apocalipsis 3:10

Parece, en base a las palabras de Jesús y de otras porciones de las Escrituras que hemos revisado, que todos los creyentes fieles serán arrebatados antes de la tribulación de siete años. Sin embargo, no todos los que se califican a sí mismos como creyentes son necesariamente verdaderos seguidores de Cristo. Basado en la parábola de las vírgenes, se podría decir que solo el cincuenta por ciento de los que buscan su regreso son verdaderamente suyos. He escuchado a algunos líderes, durante la última década, hacer declaraciones más o menos así: "El Espíritu Santo, en oración, me mostró que la mitad de la iglesia no tiene una relación verdadera con Jesús". Creo que la parábola de las vírgenes confirma esto.

Es fácil entregárselo todo a Él, pero muy difícil si todavía estás enamorado de este mundo. Dios te dará la gracia si tu corazón es sincero. Tu oportunidad es ahora mismo, si no has entregado totalmente tu vida a su señorío.

¡No es demasiado tarde, una vida maravillosa te espera!

PASAJE. Examínense para saber si su fe es genuina. Pruébense a sí mismos. Sin duda saben que Jesucristo está entre ustedes; de no ser así, ustedes han reprobado el examen de la fe genuina (2 Corintios 13:5 NTV).

PUNTO. No queremos estar en un estado tibio en nuestro andar con Jesús.

PONDERA. ¿Crees, después de leer las palabras de Jesús, que es posible ser un cristiano tibio? ¿Vomitaría Jesús, alguna vez, a los que son verdaderamente suyos? ¿Qué debemos comprarle a Él? ¿Cómo se ve esto en la práctica?

PIDE. Querido Dios, no quiero creer que estoy en buena relación contigo y, sin embargo, ser tibio. Me humillo, me arrepiento por desobedecer a tu Palabra, y me vuelvo a Jesucristo como mi supremo Señor con todo mi corazón. ¡Estoy totalmente comprometido a partir de este momento! Gracias por llenar mi corazón con tu Espíritu. En el nombre de Jesús, amén.

PROFESA. ¡Soy ferviente por Jesús y su reino!

“ESTÉN VESTIDOS, LISTOS PARA SERVIR Y MANTENGAN LAS LÁMPARAS ENCENDIDAS, COMO SI ESPERARAN EL REGRESO DE SU AMO”.

LUCAS 12:35-36

CAPÍTULO 26

VESTIDOS PARA SERVIR

El Rey viene, estamos un día más cerca de su regreso que ayer, "pues nuestra salvación está ahora más cerca que cuando inicialmente creímos" (Romanos 13:11). El tiempo sigue avanzando, y nuestra oportunidad para alcanzar a la humanidad perdida y discipular a las naciones se está cerrando rápidamente. Por esa razón, se nos exhorta a aprovechar "al máximo cada momento oportuno, porque los días son malos" (Efesios 5:16). Esto resume una de nuestras mayores responsabilidades: administrar bien el regalo del tiempo.

Jesús nos informa sobre la mejor manera de administrar el tiempo entre tanto anticipamos su pronto regreso. Sus palabras en el Evangelio de Lucas consolidan sus tres instrucciones más enfatizadas para el fin de los tiempos. Hemos cubierto dos, pero aún necesitamos abordar otra. Son las siguientes:

1. Vestirse para servir.
2. Mantener nuestras lámparas encendidas.
3. Esperar (o vigilar).

Hemos tratado sobre lo que significa "mantener nuestras lámparas encendidas". Es vivir una vida santificada como si supiéramos que Él regresa hoy. Hacemos eso al permanecer en comunión con su Espíritu y manteniéndonos sin mancha del mundo. Esto habla de buscar la santidad y negarse a coquetear o participar en las cosas mundanales, de las que Él sufrió para liberarnos. Esto solo se puede lograr por su gracia, que está a la disposición gratuita de aquellos que entregan sus vidas por Él, como se ilustra en la historia de las vírgenes prudentes.

Hemos hablado en cuanto a *vigilar*. Debemos vivir con una ferviente expectativa de su venida. Al hacerlo, vivimos humildemente, con temor santo, y permanecemos en oración constante, manteniéndonos en su "reunión", por así decirlo. Permanecemos en Él y hacemos que el hecho de que sus palabras permanezcan en nosotros sea una prioridad. Eso significa que nos acercamos a su Palabra con humildad de manera habitual, no con una actitud que muestre a los demás cuánto sabemos sobre la Biblia, sino más bien para encontrarnos con Él, verlo y ser transformados a su imagen a medida que nuestra mente se renueva. Eso nos mantiene lavados con el agua de su Palabra, que es nuestra defensa para no ser manchados o contaminados por el mundo.

El tema que aún no hemos tratado específicamente tiene que ver con estar "vestidos para servir" o, para decirlo más claramente, "permanecer consagrados al servicio del reino". Ampliemos este tema recurriendo al Evangelio de Mateo, que también destaca "tres grandes" cosas. Después de escribir el discurso de Jesús sobre el fin de la era y su inminente regreso, Mateo escribe las parábolas del Maestro destinadas a mantenernos listos. La primera, que en realidad son dos cortas, cubre el aspecto de *vigilar* (ver Mateo 24:42-51). La segunda, la parábola de las diez vírgenes (ver Mateo 25:1-13), trata acerca de la vida santificada o santa. La tercera, la parábola de los talentos (ver Mateo 25:14-30), habla en referencia a estar *consagrados al servicio del reino.*

Antes de tratar esta parábola, veamos las palabras de Pablo. Él escribe que todo creyente es

> hechura de Dios, creados en Cristo Jesús para buenas obras, las cuales Dios dispuso *de antemano* a fin de que las *pongamos* en práctica.
>
> EFESIOS 2:10

Aquí hay dos expresiones a destacar: La primera es *de antemano* y la segunda es *las pongamos*. Observa que no dice que haríamos, sino que *las pongamos*; esto destaca nuestra actitud. Es imperativo que sepamos que Dios ha llamado a cada uno de sus hijos a hacer obras específicas para su reino. David escribe:

> Me viste antes de que naciera. Cada día de mi vida estaba registrado en tu libro. Cada momento fue diseñado antes de que un solo día pasara.
>
> SALMOS 139:16 NTV

Nuestras "buenas obras" asignadas fueron preparadas antes de que naciéramos. En efecto, creo que la Escritura las muestra antes de que la tierra se formó, pero eso es para otro estudio. El hecho importante es que Dios escribió tu magnífica biografía antes de que tus padres te conocieran. En esencia, *fuiste creado a propósito para un propósito.*

Cuando escuchas una declaración que dice: "Él (o ella) tiene un llamado a su vida", ¿se dirige tu mente a un pastor, líder de adoración, misionero u otra función ministerial vocacional de tiempo completo? Si es así, eso está lejos de la imagen completa. Todo hijo de Dios tiene un llamado. Puede ser en el ámbito de la educación, la atención médica, el gobierno, las artes, el mercado… las posibilidades son demasiado numerosas para enumerarlas.

En mis más de cuatro décadas viajando y ministrando, he conocido a muchas personas que, por profunda devoción a Jesús, persiguieron el ministerio vocacional con la creencia de que era la forma más efectiva de servirle. Después de luchar por algunos años, descubrieron —generalmente después de una profunda oración impulsada por su miseria— que fueron llamados a un ámbito diferente del ministerio vocacional. Sus vidas terminaron siendo extremadamente fructíferas una vez que se ubicaron en la esfera de la vida para la que Dios los había creado. He escrito un libro dedicado a este aspecto muy importante de nuestra vida cristiana, se titula *Eres llamado*. Recomiendo encarecidamente su lectura, ya que —en este capítulo— solo puedo dar una idea general.

Para que podamos realizar nuestras obras divinas, Dios nos ha dado habilidades sobrenaturales. Se identifican en las Escrituras como dones, para lo cual la palabra griega es *carisma,* cuya raíz es el vocablo *caris*, que se traduce como "gracia". La raíz de la palabra nos ilumina en cuanto a que nuestros dones no se ganan ni merecen. En esencia, son habilidades que Dios da y que nos permiten cumplir con nuestras asignaciones divinas. Nunca podríamos cumplir tales asignaciones por nuestra propia capacidad. Uno de mis dones sería escribir, que casualmente fue mi peor materia en la escuela secundaria. No fue sino hasta que Dios me habló en oración "para escribir" que este carisma me fue impartido.

Si nuestras tareas asignadas se pudieran cumplir a través de nuestra propia capacidad, entonces Dios tendría que compartir la gloria con nosotros. Por su sabiduría divina, nos llamó a hacer cosas que están más allá de nuestras habilidades naturales, de forma que tuviéramos que depender de su gracia para lograrlas. Esto resulta en que Él tenga *toda* la gloria.

La única forma en que podemos impactar la eternidad con estas habilidades es si creemos y obedecemos. Eso es similar a la "gracia salvadora": aunque la gracia está a la disposición de todos, solo los que "creen" reciben su beneficio salvador. Romanos 5:2 nos revela la ley divina que nos da entrada al cielo: "Tenemos entrada por la fe a esta gracia en la cual estamos firmes". Al aplicar esta ley al *carisma* , descubrimos que si no creemos, no recibimos y, en consecuencia, no podemos ayudar adecuadamente a los demás impactándolos a un nivel eterno. Es imperativo que estemos establecidos en esto, lo cual debería ser una de las primeras cosas que enseñemos a los nuevos creyentes en su jornada de discipulado. Jesús dice:

> "Mi alimento es hacer la voluntad del que me envió y terminar su obra".
>
> JUAN 4:34

El sustento de Jesús provenía de hacer y cumplir aquello para lo que había sido enviado. La RVR1960 usa la palabra "comida". ¿Te imaginas pasar un mes sin comer y luego tratar de hacer una semana de trabajo duro? ¡Te desmayarías! La misma verdad se aplica a nosotros, porque Jesús dice:

> "Como me envió el Padre, así también yo os envío".
>
> JUAN 20:21 RVR1960

A lo largo de los años, he observado que un problema fundamental de los cristianos que caen en un pecado habitual grave es que se alejan de la fe debido a que se desconectaron de lo que Dios ideó que hicieran. Su partida puede haber sido marcada por la inmoralidad sexual, el abuso de sustancias, la búsqueda del placer, la idolatría, la apatía, etc., pero el problema central fue la falta de fuerza para continuar la lucha contra el flujo de la anarquía. Nuestra fuerza para batallar y continuar avanzando hacia el alto llamado que tenemos se mantiene al cumplir lo que estamos llamados a hacer; ese es nuestro sustento, nuestra nutrición.

Esto nos lleva a la parábola de los talentos. Jesús nos informa que el reino de Dios es como

> "Un hombre que yéndose lejos, llamó a sus siervos y les entregó sus bienes. A uno dio cinco talentos, y a otro dos, y a otro uno, a cada uno conforme a su capacidad".
>
> MATEO 25:14-15

Un talento es una medida de peso, especialmente utilizada para el dinero; son unas setenta y cinco libras de plata. Cuando Jesús habla en parábolas generalmente no se refiere exclusivamente a lo que está hablando. En otras palabras, aquí no está hablando de dinero, sino más bien de lo que Dios nos confía a cada uno de nosotros: dones (*carisma*). Ellos son su propiedad. Mi capacidad para liderar, hablar y escribir no es mía, es de Él. Las habilidades empresariales de una mujer de negocios para prosperar en el mercado no son suyas sino de Dios. Las habilidades de un hábil soldado para defender nuestra nación no son suyas sino del Señor.

En la parábola, los dos primeros siervos se dedican a trabajar usando lo que se les dio. En esencia, multiplican lo que en última instancia pertenece al amo. La interpretación es que usaron las habilidades que se les confiaron para construir el reino a Dios, no sus propias empresas.

El tercer siervo, sin embargo, no usa lo que se le encomendó para construir lo que pertenecía al amo. Había una buena probabilidad de que los usara, sin embargo, para sus deseos egoístas; lo que lo beneficiara solo a él o a su familia. Incluso aunque se usen, a los ojos del dueño, es como si los hubiera enterrado. Debemos recordar que Jesús pagó un precio muy alto por el reino, pero nos encomendó la responsabilidad de construirlo. El que nos abstengamos de participar en su mayor interés, comunica una actitud apática hacia lo que es valioso para Él.

Jesús nos está dando un ingrediente clave para dos cosas muy importantes: primero, una oportunidad para evitar que naufraguemos manteniéndonos en el rumbo; y segundo, una oportunidad para recibir una gran recompensa en el tribunal del juicio para los creyentes. Si usamos las habilidades que Dios nos dio para construir su reino, eso afecta a otros de una manera magnífica y, en última instancia, nos recompensa a nosotros eternamente. Si no lo hacemos, podemos caer fácilmente en una vida apática e indiferente, una existencia cómoda, como la de la iglesia de Laodicea o incluso en la idolatría, como algunas de las otras iglesias. Nuestra fuerza que se desvanece es consecuencia de que nos desconectamos de nuestro llamado divino.

Jesús resume esta fascinante parábola hablando de lo que obtienen los que prestan atención a sus instrucciones y los que no lo hacen. A aquellos que usan lo que se les confía algo para multiplicar el reino se les dará más responsabilidad, pero los que no lo hagan —como el tercer siervo— sufrirán una gran pérdida en el juicio. Observa las palabras de Jesús:

> Quitadle, pues, el talento, y dadlo al que tiene diez talentos. Porque al que tiene, le será dado, y tendrá más; y al que no tiene, aun lo que tiene le será quitado. Y al siervo inútil echadle en las tinieblas de afuera; allí será el lloro y el crujir de dientes.
>
> Mateo 25:28-30 RVR1960

Hay otra parábola igualmente fascinante que Jesús relata y que es paralela a la de este tercer siervo:

> Un hombre plantó una higuera en su jardín, y regresó varias veces para ver si había dado algún fruto, pero siempre quedaba decepcionado. Finalmente le dijo al jardinero: "Llevo tres años esperando, ¡y no ha producido ni un solo higo! Córtala, solo ocupa espacio en mi jardín".

El jardinero respondió: "Señor, dale otra oportunidad. Déjala un año más, y le daré un *cuidado especial* y mucho fertilizante. Si el año próximo da higos, bien. Si no, entonces puedes cortarla".

Lucas 13:6-9 NTV

¿Es posible que las cartas a cinco de las siete iglesias fueran ese "cuidado especial" al que se refería Jesús? Ninguno de nosotros quiere necesitar ese cuidado especial como último esfuerzo del Espíritu Santo para devolvernos a un estado fructífero. Debemos recordar que algunas de las últimas palabras de Jesús antes de su crucifixión fueron: "No me escogieron ustedes a mí, sino que yo los escogí a ustedes y los comisioné para que vayan y den fruto, un fruto que perdure" (Juan 15:16).

Es grave que descuidemos la edificación de su reino con lo que nos ha confiado. Es muy triste que gran parte de la iglesia occidental no haya reconocido ni respondido plenamente a ello. Muchas personas asisten a nuestras iglesias un par de veces al mes o menos, continúan con sus vidas ocupadas buscando placer o acumulando riquezas, y no consideran su responsabilidad de promover el reino del Señor. Hay poca convicción porque muchos líderes de la iglesia no quieren presionar a la gente para que se involucre. Sin embargo, cuando la participación se presenta de forma saludable, la gente se entusiasma por formar parte de la edificación de lo que perdura para siempre. Esto es lo que observé en la iglesia brasileña, que había crecido de un solo hombre a más de trescientos mil en dieciséis años. Sus fieles se mantienen enfocados en lo eterno más que la perspectiva de setenta u ochenta años.

¿Cómo descubrimos a qué somos llamados? Hay tres factores clave: el primero es buscar a Dios con sinceridad y diligencia —con fe—, no con descuido ni a medias, llena de asombro y dudas. Se nos dice: "Es imposible agradar a Dios sin fe". Cualquiera que quiera acercarse a él debe creer que Dios existe y que recompensa a quienes lo buscan sinceramente (Hebreos 11:6).

El segundo es plantarse en una iglesia de la localidad o en un grupo de creyentes con un líder ordenado por Dios. Se nos dice: "Los que están plantados en la casa del Señor florecerán en los atrios de nuestro Dios" (Salmos 92:13). La clave aquí es que te establezcas en una iglesia de tu localidad, no visitarla ni asistir ocasionalmente. Considera esto: Si plantas una semilla de durazno, no crecerá para convertirse en un árbol de mango. Florecerá hasta convertirse en un duraznero, tal como fue diseñado por el Creador. Lo mismo ocurre con nosotros. Si estamos comprometidos con la casa de Dios, floreceremos en lo que somos llamados a ser, ya sea en el comercio, el gobierno, la atención médica o en cualquiera de los otros numerosos campos a los que podamos ser llamados. Dios desea la influencia de la iglesia en cada nación, en cada sector de la sociedad. Somos Llamados a ser tanto una fuerza restrictiva como una influyente.

La tercera clave es fundamental. Consiste en dedicarnos plenamente al reino como nuestra prioridad, lo cual debería —posteriormente— superar cualquier deseo personal. En esencia, morimos a nuestros propios intereses y confiamos nuestros deseos al Señor para que los cumpla. Jesús dice:

> "Les aseguro que, si la semilla de trigo no cae en tierra y muere, se queda solo. Pero si muere, produce mucho fruto. El que ama su vida la pierde; en cambio, el que aborrece su vida en este mundo la conserva para la vida eterna".
>
> Juan 12:24-25

No hay nada más que añadir a estas claras palabras; van al meollo del asunto. Podemos elegir nuestro propio camino o someternos a lo que Dios ha diseñado para nuestras vidas a fin de cosechar la recompensa de la vida, la paz y la plenitud.

Encontrarás una profunda satisfacción interior cuando prestes atención al llamado que Él ha hecho a tu vida. No eres demasiado viejo para hacerlo. Moisés comenzó su obra a los ochenta años. Uno de los grandes hombres de Dios del siglo veinte, Smith Wigglesworth, no comenzó a seguir su llamado hasta los cincuenta, y tantos años. Tampoco eres demasiado joven. El profeta Jeremías y el rey David tenían dos años cuando fueron llamados. Ánimo: nunca creas que eres demasiado joven ni demasiado viejo para responder a tu llamado divino. ¡Otros esperan lo que tú aportas!

PASAJE. "¡Hiciste bien, siervo bueno y fiel! En lo poco has sido fiel; te pondré a cargo de mucho más. ¡Ven a compartir la felicidad de tu señor!" (Mateo 25:21).

PUNTO. Esa expresión, "hiciste bien", es lo que cada uno de nosotros anhela escuchar de la boca de nuestro Salvador.

PONDERA. ¿Qué estás haciendo con la vida que Dios te ha dado? ¿Te has consagrado a edificar vidas para la gloria de Él? ¿Qué podrías hacer diferente? ¿De qué manera te has desviado de tu enfoque en la tarea divina? ¿Qué has estado haciendo bien?

PIDE. Querido Señor, te ruego sincera y fervientemente con fe, que me digas cuál es mi asignación para edificar tu reino? ¿Qué más deseas de mí? ¿Qué necesito hacer menos? Por favor, dime cualquier distracción, peso o pecado que pueda frenarme. En el nombre de Jesús lo pido, amén.

PROFESA. Cumpliré mi asignación divina para escuchar las palabras "¡Hiciste bien!"

MIREN CÓMO ESPERA EL AGRICULTOR A QUE LA TIERRA DÉ SU PRECIOSO FRUTO Y CON QUÉ PACIENCIA AGUARDA LAS LLUVIAS DE OTOÑO Y PRIMAVERA. ASÍ TAMBIÉN USTEDES, MANTÉNGANSE FIRMES Y AGUARDEN CON PACIENCIA LA VENIDA DEL SEÑOR, QUE YA SE ACERCA.

SANTIAGO 5:7-8

CAPÍTULO 27

UN CORAZÓN FIRME

Vivimos en una época en la que la virtud de la paciencia está disminuyendo. Es difícil mantenerse firme por mucho tiempo cuando nos hemos acostumbrado a resultados instantáneos o rápidos. No es solo en cierto aspecto de nuestras vidas, sino en casi todas las áreas. Ya sea información, entretenimiento, alimento, educación, compras, préstamos o innumerables esferas de la vida, lo que antes requería mucho más tiempo para obtenerlo ahora toma solo instantes.

Muchas innovaciones han mejorado fabulosamente nuestra calidad de vida, pero el peligro surge cuando los "resultados instantáneos" se extienden a lo que requiere de coherencia —a lo largo del tiempo— para obtenerlo. Una de estas importantes cualidades es el desarrollo de la fuerza interior para *perseverar hasta el final* (ver Mateo 10:22; 24:13; Marcos 13:13).

En el pasaje de apertura de este capítulo, el apóstol Santiago usa la palabra "paciencia" dos veces en referencia a la venida del Señor. Eso habla de consistencia, pese a las circunstancias. Así es como nuestros corazones se *establecen*; la palabra griega que se usa aquí es *stērízō*, que significa "hacer que alguien se fortalezca en cuanto a volverse más firme e inmutable con su actitud o creencia".[1] Esto conlleva la idea de volverse más resuelto cuanto más tiempo se tarda en alcanzar el fin deseado, lo cual solo ocurre a través de la oración constante, además del estudio y la obediencia a la Palabra de Dios. La oscuridad de este mundo puede consumirnos

si no nos mantenemos resueltos con nuestro propósito de conocer y glorificar a nuestro Novio.

Establecer nuestros corazones tiene que ver con permanecer leales e inmutables, y negarnos a retroceder pese a lo difíciles u oscuras que se pongan las cosas. Significa que nos negamos a renunciar y evitamos caer en la idolatría o la pereza. Eso, indudablemente, será la causa raíz de que tantos se alejen de la fe precisamente antes del regreso del Señor.

Volvamos a considerar la parábola de las vírgenes. Fue a medianoche cuando a las jóvenes imprudentes se les acabó el aceite; sus corazones no estaban establecidos. La ciencia nos dice que la medianoche es el momento más oscuro debido a que el sol está en el punto más bajo en comparación con el horizonte.[2] En esencia, cuanto más se demoraba el novio, más oscuro se volvía el mundo. En la primera mitad de Isaías 60:2, leemos:

> Las tinieblas cubren la tierra y una densa oscuridad se cierne sobre los pueblos.

Eso luce sombrío, ¿te parece? Sin embargo, no lo es para aquellos cuyos corazones están fijos, establecidos, permaneciendo constantes en su estrecha comunión con el Señor pese a las dificultades. El resto del versículo declara:

> Pero la aurora del Señor brillará sobre ti; ¡sobre ti se manifestará su gloria!

Esto no puede estar hablando del reinado milenial de Jesucristo, porque Satanás y sus hordas van a estar encerrados. Su tenebrosa influencia estará ausente durante esa era. Este versículo se dirige a un tiempo muy oscuro en el mundo cuando el Espíritu de Dios se manifestará de una manera poderosa: Su gloria se verá en Su pueblo. El resultado va a ser que muchos serán atraídos al reino. A menudo eso se conoce como la lluvia tardía.

En los tiempos de Isaías había dos clases principales de lluvias: la temprana y la tardía. Una llegaba justo después de la siembra tiempo; y, la otra, antes de la cosecha. La primera germinaba las semillas y ayudaba a las plantas en el inicio de su desarrollo, y la última maduraría el fruto para la recolección. Eso no significa que no hubiera lluvias entre la siembra y la cosecha, como seguramente ocurría; simplemente se refería a las lluvias que se necesitaban para saturar la tierra al principio y al final de la temporada de cultivo.

Si observamos el libro de los Hechos, conseguimos información sobre la lluvia temprana. Pedro se refiere al Espíritu de Dios cuando es "derramado" el día de Pentecostés (ver Hechos 2:16-21). Esta efusión resultó en el rápido crecimiento y establecimiento de la iglesia. Lo que fue impulsado por una maravilla notable que resultó en la salvación de tres mil almas. Poco después, unos cinco mil más vinieron a Jesús después de que un hombre lisiado muy conocido fuera sanado de manera instantánea. En definitiva, ciudades enteras entraron en el reino: Samaria, Lida y Sarón fueron salvas, y todos escucharon el evangelio en Jope (ver Hechos 8; 9:34-35, 42). La gloria de Dios era tan poderosa que la gente caía muerta al mentir en la presencia divina, un edificio tembló durante la oración, y la gente cayó tendida en las calles, no en una sola calle sino en varias, y hasta cuando pasaba uno de los siervos de Dios por un lugar todos los enfermos y lisiados sanaban.

Esta efusión comenzó con el pueblo judío, pero al final se extendió a los gentiles (personas no judías). Lo mismo ocurriría en cualquier ciudad o país al que fueran los discípulos. La iglesia creció tan rápidamente que, en solo dos años, "todos los judíos y los que no eran judíos que vivían en la provincia de Asia llegaron a escuchar la palabra del Señor" (Hechos 19:10). No tenían ningún instrumento moderno de comunicación: ni radios, ni televisiones, ni teléfonos inteligentes, ni redes sociales, ni ningún otro medio de comunicación masiva. ¡Eso es notable! La efusión del Espíritu de Dios fue tan profunda que en la ciudad griega de Tesalónica, los líderes civiles exclamaron: "¡Estos que han trastornado el mundo entero han venido también acá" (Hechos 17:6).

Hace muchos años, estaba en oración cuando el Espíritu de Dios me habló: "Hijo, lo que haré antes del regreso de Jesús hará que el libro de los Hechos parezca un juego de niños; será *siete veces* mayor".

Quedé estupefacto, pero sabía que era la voz de Dios. Así que le pedí que me mostrara al menos tres pasajes bíblicos para respaldar esa impactante declaración. Ese mismo día me las dio, la primera fue:

> La futura gloria de este templo será mayor que su pasada gloria.
>
> HAGEO 2:9 NTV

En el nuevo pacto, la iglesia es el templo de Dios. El antiguo pacto era una sombra de lo que Dios haría en el nuevo. Así como el templo de Herodes superó la grandeza del de Salomón, también la gloria de Dios en la iglesia será mayor antes de su segunda venida, mayor aun que en los días de la iglesia primitiva.

La segunda fue Eclesiastés 7:8:

> Vale más el fin de algo que su principio.

Para solidificar esto, me preguntó: "¿No guardé el mejor vino para el final?" y recordé el primer milagro reportado de Jesús en la boda de Caná (ver Juan 2:10).

Cuando cuestioné las "siete veces", Él me llevó a esta escritura:

> Oh pueblo de Sion, que vives en Jerusalén, ya no llorarás más. Él será compasivo si le pides ayuda; sin ninguna duda, él responderá a los clamores. Aunque el Señor te dio a comer adversidad y a beber sufrimiento, él seguirá contigo a fin de enseñarte; verás a tu maestro con tus propios ojos.
>
> ISAÍAS 30:19-20 NTV

Puedo ver que este pasaje, así como Isaías 60:2, es una escritura profética para el pueblo judío y para Jerusalén. No obstante, lo que Dios hace a menudo con Israel se traslada a la iglesia, que se compone principalmente de gentiles. Recuerda, la lluvia temprana comenzó con los creyentes judíos, pero al final se extendió a todos los creyentes, sobre todo en las naciones gentiles. Del mismo modo, la lluvia tardía comenzará con la iglesia, predominantemente formada por gentiles y algunos creyentes judíos, pero continuará principalmente para el pueblo judío. Es maravilloso cuando pensamos en eso; las lluvias tempranas y las tardías afectarán tanto a la nación judía como a la iglesia. ¡Magnífico!

Observa que Isaías afirma que la gente *verá a su Maestro*. Algunas versiones de la Biblia traducen algo como "tu Maestro ya no se esconderá, sino que tus ojos lo verán". Jesús será revelado a todo su pueblo: a la iglesia antes de la tribulación y al pueblo judío en la tribulación, como también lo dijo Zacarías con respecto a Israel: "Entonces me mirarán a mí, a quien traspasaron" (Zacarías 12:10). Vemos claramente que esto se refiere al tiempo de la segunda venida de Jesús: la temporada de la lluvia tardía.

Luego Isaías escribe:

> Entonces destruirás todos tus ídolos de plata y tus valiosas imágenes de oro. Los desecharás como trapos sucios, y les dirás: "¡Adiós y hasta nunca!".
>
> Isaías 30:22

Recuerda, la idolatría es más que adorar estatuas o imágenes; es codicia o avaricia; es poner a alguien o algo por encima de nuestra relación con Jesús; es cuando obtenemos nuestra fuerza de ellos y no de Dios. El profeta dice que una vez que veamos esta gran ola de regreso al Señor por su pueblo, esto es lo que ocurrirá:

> El Señor te enviará lluvia ... En aquel día ... brillará la luna como el sol, y será la luz del sol siete veces más intensa, como la luz de siete días enteros ... Cuando el Señor ponga una venda en la fractura de su pueblo y sane las heridas que le causó.
>
> Isaías 30:23, 25-26

¡Espera! Cuando cae una lluvia natural, el sol no es siete veces más brillante. Así que Él no debe estar hablando de una lluvia común, sino de la lluvia de su Espíritu. En ese día, la gloria de Jesús será siete veces más brillante de lo que se ha visto antes!

Cuando vi ese pasaje, me di cuenta de que lo que viene eclipsará la magnífica gloria que vemos en el libro de los Hechos. Sin embargo, una tremenda oposición también acompañó al gran derramamiento. Pronto podríamos enfrentar un mayor nivel de oscuridad y persecución, ¡pero la novia será gloriosa, no derrotada!

Debemos instituir nuestros corazones en preparación para el derramamiento de su Espíritu y la venida del Señor. Yo, en lo personal, creo que seremos testigos tanto de una gran apostasía como de una gran reunión de almas al mismo tiempo. En décadas recientes, hemos visto a muchas personas alejarse de la fe, pero —por otro lado— también las hay que muestran un aumento de la fe, sobre todo entre los jóvenes.[3] ¿Podría ser ese el comienzo de la lluvia tardía? La lluvia temprana del Espíritu de Dios comenzó con una explosión el día de Pentecostés; ¿podría ser la lluvia tardía todo lo contrario? Tal vez comenzando con un rocío y terminando con un chorro que atraiga a las masas al reino y culmine con su regreso?

La verdadera iglesia se volverá cada vez más gloriosa, pero al mismo tiempo la iglesia ramera —constituida por aquellos que afirman la fe pero no han entregado sus vidas por Él— continuará aumentando enormemente en tamaño y aceptación por parte del mundo. Esa iglesia ramera entrará en la tribulación, como advierte Jesús:

> "Por eso la voy a postrar en un lecho de dolor y a los que cometen adulterio con ella los haré sufrir terriblemente, a menos que se arrepientan de lo que aprendieron de ella. A los hijos de esa mujer los heriré de muerte".
>
> APOCALIPSIS 2:22-23

A los que son parte de esa iglesia ramera Pablo los describe de la siguiente manera:

> Como he dicho a menudo, y ahora lo repito hasta con lágrimas, muchos se comportan como enemigos de la cruz de Cristo.
>
> FILIPENSES 3:18

No es lo que dicen lo que revela su verdadera naturaleza; es su forma de vivir, su conducta. En verdad, confiesan que tienen relación con Jesús, pero su comportamiento muestra lo contrario (ver Tito 1:16). Observa que Pablo tiene lágrimas en los ojos al hablar de aquellos que engañan a otros y a sí mismos (ver 2 Timoteo 3:13). Él se preocupa profundamente por aquellos que serán afectados por esos propagadores de idolatría, lascivia y tibieza. Por lo que continúa diciendo:

> Su destino es la destrucción, su dios es el estómago y se enorgullecen de lo que es su vergüenza. Solo piensan en lo terrenal.
>
> FILIPENSES 3:19

La destrucción que encontrarán culminará en la gran tribulación, cuando el Anticristo los devore, como lo predijo el apóstol Juan:

> "Los diez cuernos y la bestia que has visto odiarán a la prostituta. Causarán su ruina y la dejarán desnuda; devorarán su cuerpo y la destruirán con fuego, porque Dios ha puesto en su corazón que lleven a cabo su divino propósito. Por eso, y de común acuerdo, ellos entregarán a la bestia el poder que tienen de gobernar, hasta que se cumplan las palabras de Dios".
>
> APOCALIPSIS 17:16-17

La mayoría de los comentarios bíblicos coinciden en que esta es la iglesia ramera. En uno de ellos dice:

> "Ella también está empeñada en imitar a la verdadera iglesia. Está 'vestida de púrpura y escarlata, y resplandeciente con oro, piedras preciosas y perlas' (Apocalipsis 17:4; 18:16). De manera notoria, su vestimenta es casi idéntica a la apariencia de la verdadera iglesia descrita en Apocalipsis 21:18-19: 'la ciudad de oro puro... Los cimientos de los muros de la ciudad estaban adornados con toda clase de piedras preciosas'. Por lo tanto, Apocalipsis presenta dos ciudades como si fueran dos mujeres. El verdadero pueblo de Dios es la novia fiel, es decir, la nueva Jerusalén, mientras que los infieles son la prostituta, es decir, Babilonia".[4]

Esta es la razón por la que se nos dice que seamos pacientes y afirmemos nuestros corazones a fin de que permanezcamos leales sin importar cuán oscuro se ponga. Dios nos dará gracia; Él nos purificará continuamente mientras esperamos con gran anhelo la venida de nuestro Rey.

> Nosotros somos ciudadanos del cielo, de donde anhelamos recibir al Salvador, el Señor Jesucristo. Él transformará nuestro cuerpo miserable para que sea como su cuerpo glorioso, mediante el poder con que somete a sí mismo todas las cosas.
>
> FILIPENSES 3:20-21

Querido lector, deseo consolar tu corazón y protegerte de las estrategias de Satanás, que desea alejarte. Si fue capaz de hacer eso con Adán y Eva en un ambiente perfecto, donde la presencia de Dios era tan maravillosamente tangible, ¿cuánto más puede hacerlo en un ambiente corrupto?

No pretendo asustarte, sino convencerte de lo serios que son estos tiempos. No es momento para serenarse y, simplemente, seguirle la corriente a la sociedad. Es hora de estar sobrios, alertas, vigilantes en la oración, arraigados y cimentados en la Palabra de Dios. Estamos en guerra; es una batalla por nuestras almas y las de aquellos que amamos. La gracia de Dios es suficiente, y nos mantendrá fuertes hasta el final, pero debemos permanecer en comunión con Él.

Después de que Judas advierte en cuanto a los maestros engañosos y los falsos hermanos y hermanas que se infiltrarán en la iglesia para pervertir la verdadera gracia de Dios, nos da el mayor aliento:

> Que toda la gloria sea para Dios, quien es poderoso para evitar que caigan, y para llevarlos sin mancha y con gran alegría a su gloriosa presencia.
>
> Judas 24 NTV

Él puede; por lo tanto, ¡debemos cooperar! Permanece en comunión con Él, sé paciente con los problemas y ten tu corazón establecido en la verdad.

PASAJE. Pedid a Jehová lluvia en la estación tardía. (Zacarías 10:1 RVR1960).

PUNTO. Establece tu corazón para su venida de forma que estés preparado para el mayor derramamiento de su Espíritu que cualquier generación anterior que lo haya presenciado.

PONDERA. ¿Cómo estableces tu corazón? Describe cómo se ve esto prácticamente. ¿Qué crees que quiere decir el apóstol Pedro cuando indica que debemos estar "afianzados (establecidos) en la ahora tienen" (2 Pedro 1:12)? ¿Cómo describirías la "verdad que ahora tienen"?

PIDE. Querido Padre, es el tiempo de la lluvia tardía, y me enseñaste a orar por ella. Por lo tanto, te pido que envíes la lluvia tardía de tu Espíritu Santo. Que tenga el privilegio de participar en la mayor cosecha de almas de todos los tiempos. También ruego, Espíritu Santo, que me ayudes a afianzar mi corazón en la verdad. En el nombre de Jesús, amén.

PROFESA. Estableceré mi corazón en la verdad.

“¡MIREN QUE VENGO PRONTO!

TRAIGO CONMIGO MI RECOMPENSA

Y LE PAGARÉ A CADA UNO SEGÚN

LO QUE HAYA HECHO”.

APOCALIPSIS 22:12

CAPÍTULO 28

LAS RECOMPENSAS ETERNAS

¿Alguna vez has asistido o presenciado una ceremonia de premiación? Es probable que hayas visto a tres atletas olímpicos subir al podio para recibir sus medallas de oro, plata y bronce. Esos atletas se entrenaron diligentemente, sobresalieron en su desempeño y fueron premiados por sus esfuerzos ante millones de personas. Después, sus vidas cambiaron de manera significativa, a medida que surgían las oportunidades ante ellos.

Enfoquemos eso de una manera más personal. Tal vez hubo un momento en que recibiste un premio académico o deportivo, o fuiste honrado por tu empleador por un trabajo bien hecho. ¿Recuerdas la alegría y la satisfacción que sentiste? ¿Recuerdas haber celebrado con tus seres queridos? Es probable que tu arduo trabajo haya procurado un cambio de vida: una beca, ascenso, un aumento de sueldo o una mayor responsabilidad.

Ahora ponte en el otro lado de esa misma historia. ¿Has sido tú el que no recibió ningún reconocimiento y observaste cómo se les entregaban a tus compañeros? ¿Hubo alguna razón por la que no te reconocieron? ¿Tal vez no te esforzaste? Quizás hiciste un trabajo descuidado, no te entrenaste tan diligentemente como deberías haberlo hecho, o descuidaste tus estudios. Si alguna de estas razones encajó en tu desempeño, la ceremonia no fue una experiencia agradable. Sentiste arrepentimiento en el momento e incluso después por no esforzarte. En consecuencia, no hubo ascenso, aumento de responsabilidad ni beca que te ofrecieran. En vista de eso, escucha las palabras del apóstol Pablo:

> ¿No se dan cuenta de que en una carrera todos corren, pero solo una persona se lleva el premio? ¡Así que corran para ganar! Todos los

> atletas se entrenan con disciplina. Lo hacen para ganar un premio que se desvanecerá, pero nosotros lo hacemos por un premio eterno. Por eso yo corro cada paso con propósito. No solo doy golpes al aire.
>
> 1 Corintios 9:24-26

La ceremonia de premiación más grande de todos los tiempos se acerca rápidamente para los creyentes. Hay muchos premios eternos que se van a entregar. Como en los ejemplos anteriores, las recompensas serán mucho más que medallas, placas o trofeos; ellas estarán acompañadas de posiciones eternas que implican responsabilidad y autoridad. Ese evento se conoce como el tribunal de Cristo. Pablo insta a una iglesia muy carnal a que despierte para que no se arrepienta en esa ceremonia. Él los insta, así como a nosotros, a entrenar diligentemente y correr "con propósito en cada paso" para recibir el eterno premio. Se nos dice que ganemos; pero al contrario, no estamos compitiendo entre nosotros, sino contra un mundo que está empeñado en obstaculizarnos o incluso detenernos. ¡Todos deberíamos estar animándonos unos a otros!

Otro apóstol sabio escribe en una forma muy parecida. Fue fiel a Jesús desde su adolescencia y escribió estas palabras a sus noventa años. Dice lo siguiente:

> Cuídense de no echar a perder el fruto de nuestro trabajo; procuren más bien recibir la recompensa *completa*.
>
> 2 Juan 8

Nota que nos anima a vivir de una manera que recibamos la recompensa completa, no una *parcial* y —sobre todo— no ninguna en absoluto. Él es el apóstol del amor, el que presenció en persona los eventos del fin de los tiempos mientras los escribió en Apocalipsis. ¡Tanto él como Pablo nos recuerdan que Jesús está regresando y que su recompensa está con Él! Miremos de cerca los escritos de Pablo a la carnal iglesia corintia:

Así que nos mantenemos confiados, y preferiríamos ausentarnos de este cuerpo y vivir junto al Señor.

2 Corintios 5:8

Sabemos con certeza que Pablo solo escribe a los creyentes, porque los incrédulos no están en la presencia del Señor una vez que están fuera de sus cuerpos; más bien, están en el infierno. Esta no es una declaración fuerte sino un hecho. Debemos recordar que Jesús vino a salvarnos de nuestra condenación autoinfligida (ver Juan 3:18). Pablo continúa:

> Por eso nos empeñamos en agradarle, ya sea que vivamos en nuestro cuerpo o que lo hayamos dejado.
>
> 2 Corintios 5:9

No podemos hacer nada a fin de que Dios nos ame más de lo que ya lo hace. Sin embargo, somos responsables de lo complacido que esté con nosotros. Razón por la cual Pablo hace que su meta no sea solo agradar a Dios sino complacerlo plenamente, cosa que deberíamos hacer nosotros también. ¿Por qué?

> Porque es necesario que todos comparezcamos ante el tribunal de Cristo para que cada uno reciba lo que le corresponda, según lo *bueno* o *malo* que haya hecho mientras vivió en el cuerpo.
>
> 2 Corintios 5:10

Las Escrituras hablan de una serie de juicios futuros; sin embargo, los dos principales son el *juicio del creyente* y el gran *juicio del trono blanco* (el que se ha de celebrar para aquellos que se negaron a someterse al plan de salvación de Dios). Ocurren aproximadamente mil años separados entre sí, ya que el último sucede después del reinado de mil años de Cristo en la tierra.

El juicio del creyente probablemente será en el cielo durante la tribulación de siete años. No contamos con una firme evidencia de ello en las Escrituras, aunque tenemos una pista. Los veinticuatro ancianos, a quienes hemos identificado previamente como los santos "resucitados" y "arrebatados", tienen coronas ante el trono en el momento de la tribulación (ver Apocalipsis 4:4, 10). Eso indicaría que ya han sido examinados y galardonados.

El vocablo griego para "tribunal" es *bēma* y se define como "una plataforma elevada a la que se accede por unos escalones y que —por lo general— tiene un asiento. La usan las autoridades para dirigirse a una asamblea, a menudo en asuntos judiciales".[1] Desde ese asiento de autoridad, Jesús examinará de manera minuciosa nuestras vidas y, según la forma en que hayamos vivido como creyentes, recibiremos recompensa o no recibiremos nada.

No seremos juzgados por nuestros pecados, ya que fueron borrados por la sangre de Jesús. Puedes preguntar, entonces, ¿Qué quiere decir Pablo cuando afirma que daremos cuenta no solo de lo bueno sino también de lo malo? La palabra griega *kakós* se define como "malo, sin valor ... desandar, retirarse, retroceder en la batalla".[2] Esta palabra se refiere a los efectos perjudiciales o inútiles que hemos hecho en otros al no caminar en el carácter de Cristo. También habla de las oportunidades perdidas, ya sea por desobedecer una palabra directa de Dios o por no actuar conforme a su Palabra revelada.

En esencia, daremos cuenta de cómo administramos la vida y los dones que Él nos confió para edificar su reino. Responderemos por cada vida que impactamos de manera positiva o negativa, porque Él ha dicho que lo que le hicimos al más pequeño de sus hermanos y hermanas, a Él lo hicimos (ver Mateo 25:40).

No solo se analizarán nuestras palabras y nuestras obras, sino que nuestros pensamientos e intenciones ocultas se darán a conocer ante todos. Pablo escribe:

> Por lo tanto, no juzguen nada antes de tiempo; esperen hasta que venga el Señor. Él sacará a la luz lo que está oculto en la *oscuridad* y pondrá al descubierto las *intenciones de cada corazón*. Entonces cada uno recibirá de Dios la *alabanza* que le corresponda.
>
> 1 CORINTIOS 4:5

Nuestra primera pregunta debería ser: ¿Se refiere esto al juicio del incrédulo o al del creyente? La última frase del versículo aclara que es el juicio de este último, porque en el gran juicio del trono blanco ningún pecador recibirá elogios de Dios.

¿Qué incluirían lo que "está oculto en la oscuridad" y "las intenciones de cada corazón"? ¿Dimos, ministramos, oramos, servimos, trabajamos o ayunamos para ser vistos por los hombres; o nos motivaba la obediencia, el amor y la compasión? ¿Servimos por obligación o con buena disposición? ¿Nos molestaba servir o nos deleitaba? ¿Trabajamos con el propósito de tener un impacto personal o ejercerlo en los demás? ¿Nos unimos al grupo de alabanza porque secretamente queríamos ser reconocidos y celebrados o porque queríamos llevar a la gente a la presencia de Dios? Cuando recibimos elogios, ¿permitimos que nos enorgullezcan o los redirigimos en nuestro corazón a Aquel que los merece? ¿Buscamos satisfacer nuestros intereses egoístas y calmar nuestras inseguridades, o tratamos verdaderamente de glorificar a Jesús? Los escenarios son casi infinitos, pero todas las posibilidades serán cuidadosamente examinadas y dadas a conocer a todos en el tribunal de Cristo.

La palabra *juicio* a menudo se asocia con condenación. Sin embargo, en el versículo de 1 Corintios, y en la mayoría de los demás del Nuevo Testamento sobre los creyentes, se trata más bien de una decisión tomada tras una investigación exhaustiva. Las decisiones de Jesús en cuanto a nuestras vidas se llaman "juicio eterno" (Hebreos 6:2), más claramente entendido como "decisiones eternas". Nunca habrá cambios, revisiones ni enmiendas a esas decisiones. En pocas palabras, permanecerán para siempre. Así que *lo que hagamos* con la cruz del Calvario determinará dónde pasaremos la eternidad. Sin embargo, *la forma en que vivamos* como creyentes determinará *cómo* pasaremos la eternidad.

En las Escrituras, a los creyentes se les suele llamar "constructores". Una de las muchas referencias es: "La piedra que desecharon los *constructores* se ha convertido en la piedra angular" (1 Pedro 2:7). Y, además, "Si el Señor no edifica una casa, el trabajo de los *constructores* es en vano" (Salmos 127:1). Podríamos ver esta identificación de los *constructores* como *subcontratistas* que erigen la casa de Dios en la que Él vivirá para siempre. Su casa tiene un nombre: *Sión* (ver Salmos 132:13-14), y su material consiste en piedras vivas: todos sus santos (ver 1 Pedro 2:5), siendo Jesús la piedra angular (ver Isaías 28:16).

Si nos desviamos de nuestras tareas y decidimos vivir motivados por intereses y ganancias egoístas, eso será juzgado como una de las "malas" conductas. Pablo no deja lugar a dudas sobre nuestro examen en el juicio. Por lo que escribe: "El que edifique sobre este fundamento [el señorío de Jesucristo], tenga mucho cuidado" (1 Corintios 3:10). Es muy claro: la esencia de nuestra construcción es *la manera* en que lo hacemos:

> Si alguien construye sobre este fundamento ya sea con oro, plata y piedras preciosas, o con madera, heno y paja, su obra se mostrará tal cual es, pues el día del juicio la dejará al descubierto. El fuego la dará a conocer y pondrá a prueba la calidad del trabajo de cada uno.
>
> 1 Corintios 3:12-13

Como se explica en el capítulo 26, hay diversas maneras en que podemos decidir invertir el tiempo que Dios nos ha dado y usar los dones que nos ha otorgado. Si vivimos para nuestro propio beneficio, construimos con materiales inflamables y temporales. Si vivimos desinteresadamente para edificar el reino de Dios, usamos materiales purificados y eternos. La Palabra de Dios es el fuego que examina nuestra vida y revela lo que hay tras nuestros motivos, palabras y comportamientos.

Pablo continúa diciendo: "Si lo que alguien ha construido permanece, recibirá su recompensa" (v. 14). Esperemos que sea la recompensa *completa*. Sin embargo, las siguientes palabras son fascinantes:

> Pero si su obra es consumida por las llamas, él sufrirá *pérdida*. Será *salvo*, pero como quien pasa por el fuego.
>
> 1 Corintios 3:15

Hay mucho aquí. Primero, observa que el constructor es *salvo*. No se trata de un incrédulo condenado al lago de fuego para siempre, sino de uno que residirá eternamente en el reino de Dios.

Segundo, la pérdida es *grande*. La palabra griega usada aquí implica una profunda pérdida. Nota que esta intensa pérdida no solo se sentirá en el juicio, sino que afectará nuestra vida en el milenio y en los nuevos cielos eternos y la nueva tierra.

Tercero, la comparación es como la de alguien que *apenas escapa de un muro de llamas*. Modernicemos esto. Los occidentales se preparan para la jubilación (personalmente no comparto esta mentalidad, ya que la jubilación implica retirarse de la tarea). Sin embargo, dado que es identificable, la usaré con fines ilustrativos.

¿Qué pasa si cuando llega el gran día de nuestra jubilación, su banco quiebra? Todo en sus cuentas corrientes y de ahorros se pierde. Ese mismo día, el Seguro Social y todas las empresas que gestionan sus cuentas IRA y sus planes de ahorro 401(k) se declaran en quiebra.

No solo eso, sino que la casa de nuestro jubilado se incendia por completo, y él escapa solo con lo que lleva encima. ¡Lo perdió todo! Esta historia se consideraría un desastre. Sin embargo, Pablo usa una descripción similar de cómo algunos creyentes entrarán en la eternidad. No es por un período de veinte años (la duración promedio de la jubilación); ¡es para siempre!

Insisto, Pablo afirma que el creyente es salvo, pero todo se quema y se pierde para siempre. Recuerda, es un juicio o una decisión *eterna*. Por favor, no me malinterpretes: ser salvo no es nada insignificante e infinitamente mejor que perderse en el lago de fuego por toda la eternidad. Todos nos regocijaremos más allá de lo imaginable, pero ¿tendremos una idea de lo que podría haber sido?

Consideremos esto un poco más. Santiago nos dice que nuestra vida es como la niebla, un punto en una pantalla o, de hecho, incluso más rápida (ver Santiago 4:14). En matemáticas simples, cualquier número finito dividido por (o comparado con) el infinito es igual a cero. Por lo tanto, si vives ochenta años y los comparas con la eternidad, esta vida sería cero. Si llegas a los 120 años, que todos consideramos una vida larga, sigue siendo cero comparado con la eternidad. Por lo tanto, lo que hagamos durante este punto en la pantalla o, más precisamente, en este tiempo cero, determina cómo pasaremos la eternidad.

Intentemos entenderlo usando solo el milenio como ejemplo. Por favor, recuerda, el juicio del creyente afecta nuestra eternidad, pero solo usaré el breve reinado de mil años de Jesús en la tierra porque es identificable. La forma en que vivas en tu corta vida determinará cómo pasarás los próximos mil años, incluyendo la autoridad que se te confíe, el trabajo que realizarás, las personas con las que trabajarás, tu proximidad al Rey y la ubicación de tu residencia.

Es claro que estos no son asuntos menores y mil años es mucho tiempo. Piensa, mil años antes de la fecha de los derechos de autor de este libro, Europa estaba en la Alta Edad Media, la innovadora China creaba la pólvora y el papel moneda, los vikingos estaban en transición de saqueadores a colonos, y pasarían casi 470 años antes de que Cristóbal Colón llegara por primera vez a América. Eso es mucho tiempo, y sigue siendo un punto en la pantalla comparado con el futuro eterno de la nueva tierra y los cielos.

Así que, ¿cómo deberíamos vivir? ¿Deberíamos permitir que las distracciones frívolas disuadan nuestra determinación de construir la vida de los demás? ¿Deberíamos tratar a las personas con desprecio y aferrarnos a las ofensas? ¿Deberíamos dedicar nuestro tiempo a luchar por nuestros derechos? ¿Deberíamos permitir que nuestro amor se enfríe y se vuelva egoísta? ¿Deberíamos divorciarnos de nuestra pareja simplemente por no llevarnos bien? ¿Deberíamos buscar solo entretenimiento y placer? Parece ridículo dicho en voz alta. Sin embargo, muchos creyentes están fijando su próximo milenio y, aún más importante, su eternidad, sin considerar el resultado.

ALGUNAS RECOMPENSAS MENCIONADAS

¿Cuáles son algunas de las recompensas mencionadas en las Escrituras prometidas a quienes venzan los intentos del mundo por distraernos o esclavizarnos? Para empezar, las Escrituras enumeran cinco detalles específicos de la corona (o coronas) que Dios les dará a los vencedores. Podría darse uno de dos escenarios: varias descripciones de la misma corona o varias de ellas. Me inclino por varias descripciones de la misma corona. Sin embargo, creo que cada corona variará en gloria, dependiendo de la obediencia del creyente:

1. La corona imperecedera (1 Corintios 9:25)
2. La corona de la vida (Apocalipsis 2:10)
3. La corona de la gloria y la honra eternas (1 Pedro 5:2-4)
4. La corona de justicia (2 Timoteo 4:8)
5. La corona de regocijo (1 Tesalonicenses 2:19-20)

Una corona no es una decoración para la cabeza; más bien, representa autoridad, dominio, poder y gloria. Denota una responsabilidad de proporciones maravillosas. Estas son las promesas que Jesús hace a los que perseveran triunfantes hasta el final, todas tomadas de sus palabras a las siete iglesias en el libro de Apocalipsis:

1. Participar libremente del fruto del árbol de la vida (2:7)
2. No ser dañados por la segunda muerte (2:11)
3. El maná escondido en el cielo (2:17)
4. Una piedra blanca con un nombre nuevo (2:17)
5. Autoridad y dominio sobre las naciones (2:26-27)
6. La misma autoridad que Jesús recibió del Padre (2:28)
7. La estrella de la mañana (2:28)
8. Estar vestidos de blanco (3:5)
9. Ser columnas en el templo de Dios (3:12)
10. No tener que abandonar nunca el templo de Dios (3:12)
11. El nombre de Dios escrito en ellos (3:12)
12. Ciudadanía de la Ciudad de Dios (3:12)
13. Jesús escribirá su nuevo nombre en ellos (3:12)
14. Compartir la comida con Jesús como amigos (3:20)
15. Sentarse con Jesús en su trono (3:21)

En el Evangelio de Lucas, encontramos la parábola de las minas. En ella se revela que un siervo que es fiel y multiplica lo que se le ha confiado diez veces recibe autoridad sobre diez ciudades, mientras que el que lo multiplica cinco veces es puesto sobre cinco ciudades. Eso ilustra claramente que existe una relación entre cómo nos aplicamos en esta vida y la magnitud de nuestra autoridad y responsabilidad en el milenio, así como posteriormente en la nueva tierra y los nuevos cielos (ver Lucas 19:11-19, 24-26).

He aquí la conclusión: El Señor desea recompensarte con abundancia, poder, autoridad y bendición. Yo sé, como padre de cuatro hijos, que mi deseo era recompensarlos cuando estuvieran creciendo, pero aprendí de la sabiduría de Dios que las recompensas no deben darse a menos que se ganen o se merezcan. Sin embargo, anhelaba hacerlo y los alentaba en mi corazón y en mi alma a actuar, comportarse y hablar de una manera que fuera recompensada.

Esto es lo que Jesús anhela para ti. Él espera sinceramente que respondas al llamado de servir y que ocupes tu lugar para la gloria del reino hasta que

Él regrese. Por eso te anima a mantenerte alerta, sobrio y humilde ante Él. Además, anhela que tomes en serio el llamado a la santidad, manteniéndote apartado para Él hasta que regrese por ti. Él te ama profundamente, te anhela y está lleno de esperanzas contigo. De hecho, no hay nadie que tenga más esperanza para ti en todo el mundo. Él es tu mayor admirador. ¿Cómo podríamos no responder a un amor, un anhelo y una esperanza tan grandes? No permitas que el enemigo te haga creer que eres insignificante o que tu función es trivial. Todos necesitamos que termines bien.

¡Él viene! Muy pronto arrebatara a su amada novia y celebraremos con gozo como nunca antes. Isaías nos ofrece un adelanto de la celebración que acontecerá en la boda del Cordero, cuando todo se haya completado:

> Sobre este monte el Señor de los Ejércitos preparará para todos los pueblos un banquete de manjares especiales. Un banquete de vinos añejos, las mejores carnes y vinos selectos. Sobre este monte rasgará el velo que cubre a todos los pueblos, el manto que envuelve a todas las naciones. Devorará a la muerte para siempre. El Señor y Dios enjugará las lágrimas de todo rostro y quitará de toda la tierra la deshonra de su pueblo. El Señor mismo lo ha dicho
>
> Isaías 25:6-8

¡Qué alegría y qué felicidad aguardan por tu fidelidad hasta el final! Espero regocijarme cuando seas recompensado eternamente en su tribunal de juicio y celebremos juntos en la cena de las bodas. Nuestro fiel Señor, Salvador y Esposo nos deja con estas palabras:

> "Sí, vengo pronto".
>
> A lo que respondemos
>
> Amén. ¡Ven, Señor Jesús!
>
> Apocalipsis 22:20

PASAJE. "Si el amo regresa y encuentra que el siervo ha hecho un buen trabajo, habrá una recompensa" (Lucas 12:43 NTV).

PUNTO. Hay escenarios con recompensa *completa*, así como *parcial* y *ninguna* recompensa en el tribunal del juicio de Cristo para los creyentes. Así que vive de tal manera que recibas la recompensa completa.

PONDERA. ¿Estoy viviendo para la gloria del Señor o para mi propio beneficio en mi trabajo? ¿Estoy permitiendo que la Palabra de Dios discierna los pensamientos e intenciones de mi corazón? ¿Qué motivos privados necesitan modificación? ¿Cómo puedo hacer eso?

PIDE. Querido Padre, abro mi corazón y mi vida a tu Palabra para discernir los pensamientos e intenciones más profundos de mi corazón. Que mis pensamientos y mis motivos sean agradables a tus ojos. Que ame profundamente a aquellos que me traes cada día con el mismo amor que mi Señor Jesús me ama a mí. En el nombre de Jesús oro, amén.

PROFESA. ¡Ven pronto, Señor Jesús!

LA CUAL DIOS A SU DEBIDO TIEMPO HARÁ QUE SE CUMPLA. AL ÚNICO Y BENDITO SOBERANO, REY DE REYES Y SEÑOR DE SEÑORES.

1 TIMOTEO 6:15

UNA EXHORTACIÓN FINAL

Retrocede desde el tribunal del creyente hasta este mismo momento. Aunque el tiempo no nos permite vivir en el pasado, es probable que podamos imaginarlo. ¿Cómo te afecta este punto de vista ahora? ¿Cómo forja tu perspectiva para los días venideros?

Muchos creen que estudiar, reflexionar y discutir las escrituras proféticas produce una mentalidad de escape, lo que lleva a una vida estéril. Si embargo, ¡eso solo ocurriría si la segunda venida se enseñara o se escuchara de manera incorrecta!

El inminente regreso de Jesús y el consiguiente tribunal deberían promover una mentalidad de "apuro o urgencia". Pablo plantea, en 1 Corintios 9:24, que se debe correr para ganar la carrera, así que —de la misma manera— consideremos un equipo deportivo que está atrasado —a la mitad de un partido— en comparación con el otro al que solo le quedan minutos en el reloj.

Nunca olvidaré a un pastor que me invitó al último partido de fútbol de la Premier League de Inglaterra, en la temporada 2011-2012. Para mi deleite, los asientos eran magníficos porque nos tocó en la segunda fila. Mi anfitrión era un gran fanático del Manchester (Man) City, los cuales no habían ganado la liga nunca. Después de años de decepción, al fin estaban a punto de ser campeones. Man City estaba recibiendo al Queen Park Rangers, que resultó ser el peor equipo de la liga esa temporada. El campeonato de la liga estaría asegurado por una victoria del Man City; sin embargo, un empate o una derrota resultarían en que el trofeo se les escapara una vez más.

Avance rápido. Los noventa minutos del partido habían expirado y el Man City estaba perdiendo 2-1. Parecía que iban a una derrota inesperada y desastrosa, pero quedaba un rayo de esperanza: se agregarían cinco minutos adicionales de tiempo de descuento al final del tiempo reglamentario. La mayoría de los aficionados del equipo ya se habían rendido; estaban furiosos con su desempeño, por lo que abucheaban y gritaban blasfemias, y un tercio de ellos ya había abandonado el estadio disgustados.

Contra todo pronóstico, y para sorpresa de todos, apenas un minuto y veinte segundos después del tiempo extra, el Man City anotó el punto de la victoria. Los fanáticos que se quedaron estaban exultantes de alegría; sus vítores explosivos fueron ensordecedores. Sin embargo, el equipo no celebró: el delantero que había marcado el punto no se quitó la camiseta, se deslizó sobre las rodillas, saltó y abrazó a sus compañeros cercanos compañeros de equipo. El tiempo era demasiado corto para cualquier celebración. En vez de eso, corrió hacia la portería (algo que nunca he oído ni visto antes en una liga profesional), agarró la pelota, se la entregó rápidamente al árbitro y corrió hacia el centro del campo para el saque inicial de un improbable —pero aún posible— segundo gol con tres minutos y cuarenta segundos restantes. Él nunca habría hecho eso si le hubieran quedado cuarenta minutos en el tiempo reglamentario. Con tan poco tiempo, todo el equipo tuvo que jugar con la urgencia y la intensidad requeridas. Olvidaron lo que quedó detrás de ellos y "prosiguieron a la meta por el premio" (Filipenses 3:14).

Dos minutos y cinco segundos después, el Man City volvió a anotar —sorprendentemente— con solo un minuto y veinte segundos que quedaban del tiempo añadido y ganó el partido 3-2. Contra todo pronóstico, el equipo concentrado y decidido ganó la Premier League por primera vez en cuarenta y cuatro años. Los comentaristas deportivos se refirieron a ese juego final como "el partido del siglo".

Ahora considera un escenario mucho más significativo, uno que es fundamental no solo para una temporada de fútbol, ni incluso para todo un siglo, uno que es esencial para el resto de la eternidad. Estamos en ese evento, participando en los segundos finales del "tiempo de descuento". Con Jesús declarando en tres ocasiones "Vengo pronto". Tanto es así que deberíamos tener una mayor urgencia e intensidad, en nosotros, que la que mostró el equipo Man City en los minutos finales de ese memorable partido. Vivamos como si nos quedara muy poco tiempo, como si Él viniera, o mejor dicho,

¡como si viene hoy mismo! Pero al mismo tiempo, organicémonos y planifiquemos para los próximos cien años.

Las profecías de su segunda venida no son para asustarnos; debemos tomarlas en serio. Eso constituye el período de tiempo sobre el que más se ha escrito en las Sagradas Escrituras, lo cual tiene una buena razón. Dios quiere que entiendas eso, que tengas esperanza en lo anunciado y que estés preparado.

Dada la importancia que esto ha tenido para Dios —desde el principio—, haz que también sea significativo para ti hoy y cada día que venga en tanto nos acercamos a ese momento. Comprendamos los tiempos y las señales, así como los hijos de Isacar, el anciano Simeón y Ana los entendieron.

Estimado lector y amigo, el Rey viene muy pronto. ¡Es hora de prepararse para su regreso!

Contigo en Cristo,
John Bevere

APÉNDICE: CRONOLOGÍA Y BOSQUEJO DE LO QUE ESTÁ POR VENIR

BOSQUEJO DE LO QUE VIENE

Las Escrituras nos brindan una secuencia cronológica general de los acontecimientos que han de suceder en el futuro cercano. Dado que ellas revelan esos hechos, deberíamos entenderlos bien y cómo se desarrollarán. Así que los he organizado para el estudio personal. (Nota: Esto no es absolutamente exacto).

1. **El "arrebatamiento" de la novia** (Juan 14:1-3; 1 Corintios 1:7-8; 15:51-58; 16:22; Filipenses 3:20-21; Colosenses 3:4; 1 Tesalonicenses 1:10; 2:19; 4:13-18; 5:9, 23; 2 Tesalonicenses 2:1; 1 Timoteo 6:14; Tito 2:13; Hebreos 9:28; Santiago 5:7-9; 1 Juan 2:28-3:2; Apocalipsis 2:25; 4:1).
2. **La tribulación de 7 años** (en la tierra)
   a. Los siete juicios del sello (Apocalipsis 6:1—8:5)
   b. Los siete juicios de la trompeta (Apocalipsis 8:7—11:19)
   c. Los siete juicios de la copa (Apocalipsis 15:1—16:21)
   d. Otros detalles importantes (Apocalipsis 6—18)
3. **La tribulación de 7 años** (en el cielo)
   a. El tribunal de Cristo para los creyentes (1 Corintios 3:11-15; 2 Corintios 5:10; Romanos 14:10-12)
   b. Opción 1: La cena de las Bodas del Cordero (Apocalipsis 19:7-9; Isaías 25:6-10)

4. **La gloriosa segunda venida**
   a. Sucede inmediatamente después de la tribulación (Mateo 13:41; 24:15-31; 26:64; Marcos 13:14-27; 14:62; Lucas 21:25-28; Hechos 1:9-11; 3:19-21; 2 Tesalonicenses 1:6-10; 2 Pedro 3:1-14; Judas 14-15; Apocalipsis 1:7)
   b. Jesús será visto por todos (Mateo 24:30; Apocalipsis 1:7)
   c. Jesús y sus santos aparecerán montados en caballos blancos (Apocalipsis 19:11-14; Judas 14 ; Zacarías 14:5 ; 1 Tesalonicenses 3:13)
   d. La rápida derrota de los rebeldes en Armagedón (Apocalipsis 16:12-16; 19:19-21; Zacarías 14:12)
   e. Jesús se posará sobre el monte de los Olivos (Zacarías 14:3-5)
   f. Jesús lanzará al Anticristo, al falso profeta, a Satanás y a sus ángeles caídos y a los demonios al abismo por 1000 años (Apocalipsis 19:20; 20:1-3)
   g. Jesús establecerá su reino, con Jerusalén como capital, y sus santos reinarán con Él por 1000 años (Daniel 2:44-45; 7:13-14; Apocalipsis 20:4-6)
5. **Establecimiento de la era del Reino de 1000 años** (Apocalipsis 20:1-9; Isaías 2:2-4; 11:6-9; 65:18-25; Jeremías 31:10-14; 31-40; Ezequiel 34:25-31; 40-48; Daniel 2:35; 7:13-14; Joel 2:21-27; Amós 9:13-15; Miqueas 4:1-7; Zacarías 8:1-3; Sofonías 3:9-20).
   a. Opción 2: El acontecimiento inaugural de la era del Reino: La cena de las Bodas del Cordero (Apocalipsis 19:7-9; Isaías 25:6-10)
6. **Satanás será liberado al final de los 1000 años** (Apocalipsis 20:7-10; 2 Pedro 3:11-12)
   a. Él tentará a las naciones de la tierra (esta será gente con cuerpos naturales, muy parecidos al que Adán y Eva tenían, habrán sobrevivido a la gran tribulación). Satanás incitará a algunas naciones a rebelarse contra el Rey y su novia en la Ciudad Santa de Jerusalén.
   b. Descenderá fuego del cielo, el cual devorará a los rebeldes y purgará tanto la tierra como el cielo.

   c. Satanás y sus fuerzas serán echados para siempre al eterno lago de fuego.
7. **El Gran Juicio del Trono Blanco** (Apocalipsis 20:11-15; Daniel 7:9-14)
8. **Surgimiento de la tierra y el cielo eternos** (Isaías 65:17-25; 66:22-24; Apocalipsis 21-22; 1 Corintios 15:24-28; 2 Pedro 3:13)
   a. La Jerusalén celestial vendrá a la tierra y Dios el Padre hará su hogar entre nosotros.
   b. Opción 3: El acontecimiento inaugural del nuevo cielo: La cena de las Bodas del Cordero (Apocalipsis 19:7-9; Isaías 25:6-10).

AGRADECIMIENTOS

Amo y agradezco entrañablemente a este equipo que se ha reunido para hacer posible este libro y para difundir su mensaje fundamental.

En primer lugar, al querido Espíritu Santo. ¿Cómo podría alguien escribir algo de valor eterno sin tu ayuda? De todas las personas, soy el más consciente de que me ayudaste. Como alguien cuya peor materia en la escuela secundaria fue la escritura creativa y el lenguaje, me quedé asombrado contigo a lo largo de cada capítulo, observando cómo emergía tu sabiduría.

En segundo lugar, a mi querida esposa, Lisa, por sacrificar mucho tiempo juntos para darme el que necesité para concentrarme ininterrumpidamente para orar y escribir. Eres el amor de mi vida. Me asombra, constantemente, el privilegio de ser el esposo de una mujer tan notable.

A mi hermana, Laura, que es experta en idiomas y estudiante de eco teología. Leíste cada capítulo en el momento en que lo terminé y proporcionaste comentarios sobresalientes y mucho aliento. Gracias, hermanita.

A mi editor, Kyle Olund: eres un hombre de Dios, no solo un editor y líder destacado. Me honra mucho que me hayas brindado la primera opinión sobre el contenido. Hiciste sugerencias notables que mejoraron el mensaje.

A Don Jacobson, mi querido amigo, gracias por tu creencia en Lisa y en mí, así como por tu destacado liderazgo en todas las ramas de HarperCollins Faith.

A Damon Reiss, gracias por tu destacado liderazgo del equipo W pero, lo que es más importante, tu estrecho andar con Jesús y tu amistad con nuestra familia. Me has animado de muchas maneras.

A Caren Wolfe, gracias no solo por ser una asombrosa experta en marketing, sino también por ser una mujer cuyo corazón pertenece a nuestro Señor Jesús. ¡Estoy muy orgulloso de ti y muy honrado de trabajar a tu lado!

A Allison Carter, mi hermana que está en llamas. Gracias por explorar las formas más efectivas de transmitir este mensaje fuera. Tu alegría y celo son contagiosos.

A Brooke Hill, que con eficiencia coordinaste todos los detalles complejos de la publicación de este libro de una manera magnífica. Gracias también por ayudar con la edición; tus sugerencias fueron extraordinarias.

A Jill Jones, gracias por la excelente edición de línea que proporcionaste. Me sorprendieron los pequeños detalles que detectaste, los cuales requerían de atención. Admiro tu don.

A Lauren Ash y Madison Baird, gracias por todos los detalles tras escenario que ambas abordan. Ustedes hacen que todo parezca fácil cuando, en realidad, su trabajo experto hace que algo muy complejo se una.

A Mark Weising, gracias a tu equipo y a ti por la excelencia en la creación del estudio complementario de este libro. Fueron dos días divertidos los que pasamos en el estudio, y creo que muchos se beneficiarán de su experiencia en el desarrollo del estudio.

A Meg Schmidt, te agradezco por supervisar la impresionante portada que tu equipo creó para esta obra.

A nuestro fiel hijo Addison Bevere y a mi querido amigo Tom Gehring. Addison, gracias por ser un gran líder de nuestro equipo y trabajar en los detalles del acuerdo de publicación de este libro, junto con Tom. Tom, eres un gran apoyo para Lisa, para mí y para toda nuestra familia. Te amo, hermano.

A Bryson Liu, Casey Thorton y Abby Drown del Equipo Internacional de Messenger. Un gran agradecimiento por la excelencia y el arduo trabajo que aportan al hacer llegar nuestros mensajes al pueblo de Dios. Cada uno de ustedes me asombra con su experiencia y su probada diligencia. Estoy muy agradecido por ustedes.

A Chris Pace, gracias por ayudarme con la investigación y la preparación del estudio para este libro. Tu ánimo y tu profesionalismo son oro.

Para todo nuestro equipo de Messenger, servir a nuestro Señor Jesús con todos ustedes es un tesoro. Que su recompensa eterna por el trabajo abnegado de amor en el que han caminado constantemente sea mucho mayor de lo que podrían haber imaginado. Lisa y yo los amamos a todos.

A nuestro querido Padre celestial, Señor Jesús y Espíritu Santo, gracias por el honor de ser parte de su familia por siempre. Les doy toda la alabanza, la gloria, la honra, así como también la acción de gracias por las vidas que serán impactadas por la eternidad a través de este mensaje.

Y, finalmente, a ti querido lector —por favor—, si este mensaje te impacta, reúne a un grupo de amigos para que lo estudien juntos. Manténganse fuertes hasta el final y sigan haciendo discípulos.

NOTAS

Capítulo 1

1. Dean C. Halverson, "88 Reasons: What Went Wrong?" Christian Research Institute, updated May 30, 2025, www.equip.org.
2. Tim LaHaye and Thomas Ice, *Charting the End Times: A Visual Guide to Understanding Bible Prophecy* (Harvest House, 2021), 24–26.

Capítulo 2

1. Dr. Delena Norris-Tull, "History", Management of Invasive Plants in the Western USA, July 2020, www.invasiveplantswesternusa.org.
2. Spiros Zodhiates, *The Complete Word Study Dictionary* (AMG Pub., 2000), "*díkaios*".
3. Zodhiates, *The Complete Word Study Dictionary*, under "*eulabes*".
4. Johannes P. Louw and Eugene Albert Nida, eds., *Greek-English Lexicon of the New Testament* (United Bible Societies, 1996), 532.

Capítulo 3

1. Tyler Perry, "The Siege of Jerusalem in 70 CE", *World History Encyclopedia*, May 2, 2022, www.worldhistory.org.
2. Walter A. Elwell and Barry J. Beitzel, *Baker Encyclopedia of the Bible* (Baker Book House, 1988), under "Nebuchadnezzar, Nebuchadrezzar".
3. Loring W. Batten, *A Critical and Exegetical Commentary on the Books of Ezra and Nehemiah*, International Critical Commentary (T. & T. Clark, 1913), 190.
4. Ken Johnson, *The Ancient Dead Sea Scroll Calendar:* (independent, 2020), 87. Other sources can be found at Historum, https://historum.com.

Capítulo 4

1. "Signs of Decline & Hope Amid Key Metrics of Faith", Barna Group, March 4, 2020, www.barna.com.

Capítulo 5

1. A few others include 2 Timothy 1:9; Hebrews 4:3; and Titus 1:2.

Capítulo 6

1. WebMD editorial contributors, "What Is Hematidrosis?", WebMD, April 7, 2024, www.webmd.com.
2. Leon Morris, *The Gospel According to John*, The New International Commentary on the New Testament (William B. Eerdmans, 1995), 699.
3. Rick Renner, *Easter: The Rest of the Story* (Harrison House, 2025), 135.

Capítulo 7

1. Association for Psychological Science, "Shared Pain Brings People Together, Study Concludes", ScienceDaily, September 9, 2014, www.sciencedaily.com.
2. Johannes P. Louw and Eugene Albert Nida, eds., *Greek-English Lexicon of the New Testament: Based on Semantic Domains* (United Bible Societies, 1996).
3. Association for Psychological Science, "Shared Pain Brings People Together, Study Concludes".

Capítulo 8

1. Spiros Zodhiates, *The Complete Word Study Dictionary: New Testament* (AMG Publishers, 2000), under "*μονή*". Some translations don't use the word *mansions*, but the Greek word is μονή (*monḗ*), and one of its definitions is "mansions".
2. Johannes P. Louw and Eugene Albert Nida, eds., *Greek-English Lexicon of the New Testament: Based on Semantic* Domains (United Bible Societies, 1996).
3. Warren Baker and Eugene E. Carpenter, *The Complete Word Study Dictionary: Old Testament* (AMG Publishers, 2003), under "*māṣā*".

Capítulo 9

1. Information about ancient Jewish weddings comes from: Jamie Lash, *The Ancient Jewish Wedding* (Jewish Jewels, 2012); Mo Tizzard, *The Jewish Wedding and the Bride of Christ* (Storehouse Books, 2013); Chuck Missler, *The Rapture: Christianity's Most Preposterous Belief* (Koinonia House, 2014); and Katie Beehn, *Unveiled: Ancient Jewish Wedding Traditions and the Bride of Christ* (pub. by author, 2023).
2. Spiros Zodhiates, *The Complete Word Study Dictionary: New Testament* (AMG, 2000) under "*paralambánō*".
3. Henry Morris, *The Revelation Record* (Tyndale House, 1983), 451.
4. Louw and Nida, *Greek-English Lexicon of the New Testament: Based on Semantic Domains* (United Bible Societies, 1996), 706.

Capítulo 11

1. Johannes P. Louw and Eugene Albert Nida, *Greek-English Lexicon of the New Testament: Based on Semantic Domains* (United Bible Societies, 1996), 654.
2. Spiros Zodhiates, *The Complete Word Study Dictionary: New Testament* (AMG Publishers, 2000), under "*anakúptō*".
3. Zodhiates, *The Complete Word Study Dictionary*, under "*epaírō*".
4. Ronald F. Youngblood et al. eds., *Nelson's New Illustrated Bible Dictionary* (Thomas Nelson, 1995).

Capítulo 12

1. Note for Hosea 5:15: The NLT version uses the word "Then" at the beginning of verse 15, making it appear that the events are in sequential order. However, this word is not found in the original language; this is reflected by the way the NKJV and ESV translate the verse.

Capítulo 13

1. Johannes P. Louw and Eugene Albert Nida, *Greek-English Lexicon of the New Testament: Based on Semantic* Domains (United Bible Societies, 1996), 352.

Capítulo 14

1. Spiros Zodhiates, *The Complete Word Study Dictionary* (AMG Pub., 2000), "*átomos*".
2. Science and Technology Facilities Council (STFC), "Walking the Planck: The Weird World of the Littlest Measure", Medium, January 12, 2024, https://medium.com.
3. Louw and Nida, *Greek-English Lexicon of the New Testament*, 220.
4. Zodhiates, *The Complete Word Study Dictionary.*
5. Zodhiates, *The Complete Word Study Dictionary.*

Capítulo 15

1. Spiros Zodhiates, *The Complete Word Study Dictionary: New Testament* (AMG Publishers, 2000), under "*thumós*".
2. Zodhiates, *The Complete Word Study Dictionary.*
3. Johannes P. Louw and Eugene Albert Nida, *Greek-English Lexicon of the New Testament: Based on Semantic* Domains (United Bible Societies, 1996), 489.

4. "Billy Graham 'My Answer,'" Billy Graham Evangelistic Association, https://billygraham.org.

Capítulo 16

1. Zodhiates, ἡμάς hēmás; personal pron., acc. pl. of emé (1691), Our, us, we. To be distinguished from humás (5209), your, you. *The Complete Word Study Dictionary: New Testament*(Chattanooga, TN: AMG Publishers, 2000).
2. "Indigenous Peoples: Respect NOT Dehumanization", United Nations, accessed October 22, 2025, www.un.org.

Capítulo 17

1. Johannes P. Louw and Eugene Albert Nida, *Greek-English Lexicon of the New Testament: Based on Semantic Domains* (United Bible Societies, 1996), 757.
2. Rick Renner, *The Rapture, the Antichrist, and the Tribulation: An End-Times Countdown and What Happens Next* (Harrison House, 2025), 127.
3. William Arndt et al., *A Greek-English Lexicon of the New Testament and Other Early Christian Literature* (University of Chicago Press, 2000), 276.

Capítulo 18

1. Spiros Zodhiates, *The Complete Word Study Dictionary:* (AMG Publishers, 2000).
2. "Over Half of Practicing Christians Admit They Use Pornography", Barna, October 17, 2024, www.barna.com.
3. Ted E. Bunch et al., "Retracted Article: A Tunguska Sized Airburst Destroyed Tall el-Hammam, a Middle Bronze Age City in the Jordan Valley Near the Dead Sea", *Scientific Reports* 11 (2021), September 20, 2021, www.nature.com.
4. Lee W. Brainard, *Recent Pre-Trib Findings in the Early Church Fathers* (Soothkeep Press, 2023), 10.

Capítulo 19

1. Spiros Zodhiates, *The Complete Word Study Dictionary* (AMG Pub., 2000), "*ménō*".
2. Johannes P. Louw and Eugene Albert Nida, *Greek-English Lexicon of the New Testament: Based on Semantic Domains* (United Bible Societies, 1996).
3. Louw and Nida, *Greek-English Lexicon of the New Testament*, 155.

Capítulo 20

1. Johannes P. Louw and Eugene Albert Nida, *Greek-English Lexicon of the New Testament: Based on Semantic Domains* (United Bible Societies, 1996), 743.
2. Arndt et al., *A Greek-English Lexicon of the New Testament and Other Early Christian Literature*, (University of Chicago Press, 2000), 249.
3. Oswald Chambers, *The Philosophy of Sin*, in *Biblical Ethics; The Moral Foundations of Life; The Philosophy of Sin* (Discovery House, 1998), 314.
4. Lewis to Mary Willis Shelburne, August 1, 1953, in *The Collected Letters of C. S. Lewis*, vol. 3, *Narnia, Cambridge, and Joy, 1950–1963*, ed. by Walter Hooper (HarperCollins, 2007), 351.
5. Joseph H. Thayer, *Thayer's Greek-English Lexicon of the New Testament* (Hendrickson Academic, 1995).

Capítulo 21

1. Johannes P. Louw and Eugene Albert Nida, *Greek-English Lexicon of the New Testament: Based on Semantic Domains* (United Bible Societies, 1996), 662.

Capítulo 22

1. Information on the life of John in this chapter is from Rick Renner, *A Light in the Darkness* (Harrison House, 2018), 15–26, 65.

2. Information on the Isle of Patmos in this chapter is from Renner, *A Light in the Darkness*, 5–14.
3. Information on the seven churches in this chapter is from: Renner, *A Light in the Darkness*, 15–26, 65; *Book of Revelation Made Easy* (Rose Publishing, 2015); *The Seven Churches of Revelation* (Rose Publishing, 2015); Tim LaHaye, *Revelation Unveiled* (Zondervan, 1999), 17; Clinton Wahlen, "Letters to the Seven Churches: Historical or Prophetic?" *Ministry*, November 2007, www.ministrymagazine.org.
4. Spiros Zodhiates, *The Complete Word Study Dictionary: New Testament* (AMG Publishers, 2000), under "*ággelos*".

Capítulo 23

1. *Merriam-Webster Dictionary*, "legalism", accessed October 23, 2025, www.merriam-webster.com.
2. Warren W. Wiersbe, *The Bible Exposition Commentary*, vol. 2 (Victor Books, 2003), 574–75; Grant R. Osborne, *Revelation: Verse by Verse*, Osborne New Testament Commentaries (Lexham Press, 2016), 60.

Capítulo 24

1. Mark Allan Powell, ed., *The HarperCollins Bible Dictionary* rev. ed. (HarperCollins, 2011), under "Sardis".
2. Chuck D. Pierce, *God's Unfolding Battle Plan* (Regal Books, 2007), 130.
3. Johannes P. Louw and Eugene Albert Nida, *Greek-English Lexicon of the New Testament: Based on Semantic Domains* (United Bible Societies, 1996), 159.

Capítulo 25

1. Chad Brand et al., eds., *Holman Illustrated Bible Dictionary*, (Holman Reference, 2003), under "Laodicea".
2. Johannes P. Louw and Eugene Albert Nida, *Greek-English Lexicon of the New Testament: Based on Semantic Domains* (United Bible Societies, 1996), 254.
3. Leon Morris, *Revelation: An Introduction and Commentary*, vol. 20, Tyndale New Testament Commentaries (InterVarsity Press, 1987), 80.

Capítulo 27

1. Johannes P. Louw and Eugene Albert Nida, *Greek-English Lexicon of the New Testament: Based on Semantic Domains* (United Bible Societies, 1996), 677.
2. Eric W. Weisstein, "Midnight", Wolfram Research, accessed October 24, 2025, https://scienceworld.wolfram.com.
3. Obianuju Mbah, "Growing Interest in the Bible and Jesus Raises Hopes of Transatlantic Revival Among Young Adults", *Christian Today*, April 15, 2025, www.christiantoday.com.
4. Benjamin L. Gladd, *From Adam and Israel to the Church: A Biblical Theology of the People of God*, Essential Studies in Biblical Theology (IVP Academic, 2019), 157.

Capítulo 28

1. Johannes P. Louw and Eugene Albert Nida, *Greek-English Lexicon of the New Testament: Based on Semantic Domains* (United Bible Societies, 1996), 90.
2. Spiros Zodhiates, *The Complete Word Study Dictionary: New Testament* (AMG Publishers, 2000), under "*kakós*".

ACERCA DEL AUTOR

John Bevere es un ministro internacional, autor de éxitos de ventas y cofundador de Messenger International, un ministerio dedicado a formar seguidores de Cristo firmes y comprometidos que transformen su mundo. Durante más de cuarenta años, John ha mantenido una profunda pasión por ver a los creyentes vivir con un santo temor de Dios, expresando su fe con propósito y convicción.

Reconocido por su enfoque valiente y sin concesiones hacia la Palabra de Dios, John ha escrito veinticinco libros que han vendido millones de copias y han sido traducidos a más de 150 idiomas. A través de Messenger International, John y su esposa Lisa han equipado a la iglesia global distribuyendo más de setenta millones de recursos en 240 naciones. Su innovadora aplicación MessengerX ofrece recursos digitales gratuitos para el discipulado en más de 120 idiomas, alcanzando actualmente a usuarios en más de 30,000 ciudades alrededor del mundo.

John también presenta "The John Bevere Podcast", donde comparte verdades eternas para tiempos cambiantes, ayudando a los creyentes a vivir fortalecidos y preparados. Su capacidad para comunicar conceptos bíblicos desafiantes con claridad y convicción lo ha convertido en un conferencista muy solicitado en conferencias e iglesias alrededor del mundo.

Cuando John está en su casa en Franklin, Tennessee, y no está preparando su próximo mensaje, probablemente lo encontrarás en la cancha de pickleball compitiendo con sus cuatro hijos, disfrutando de sus nietos o tratando de convencer a Lisa de que empiece a jugar golf.

LISA BEVERE

ENÓJATE,
¡PERO
NO
EXPLOTES!
MANTÉN TU PASIÓN
SIN PERDER LA CALMA
LISA BEVERE
Autora de Sin control pero feliz y Mujeres con espadas

MUJERES
CON
ESPADAS
LLEVE SU CRUZ COMO
UNA HEROÍNA
LISA BEVERE
PRÓLOGO POR JOHN BEVERE

SIN
CONTROL
pero
FELIZ
Deje que Dios controle todo
y viva mejor
LISA BEVERE
Autora de Mujeres con espadas

Obra protegida por derechos de autor
EL CAMINO
a
SU
PRESENCIA
Un viaje a la intimidad con Dios
DE 40-DÍAS
JOHN y LISA
BEVERE

JOHN BEVERE

LA TRAMPA DE SATANÁS
Vive LIBRE de la MORTAL ARTIMAÑA de la OFENSA
JOHN BEVERE
Autor de ¿ASÍ DICE EL SEÑOR?

DECIDIDO
EL PODER QUE NECESITA PARA NO DARSE POR VENCIDO
JOHN BEVERE

EL CAMINO a SU PRESENCIA
Un viaje a la intimidad con Dios DE 40-DÍAS
JOHN y LISA BEVERE

VALENTÍA DIARIA
JOHN BEVERE
AUTOR DE LA TRAMPA DE SATANÁS

EL TEMOR DE DIOS
DESCUBRA la CLAVE para CONOCER íntimamente a DIOS
JOHN BEVERE
Autor de LA TRAMPA DE SATANÁS

UN CORAZÓN EN FUEGO
ENCIENDA LA PASIÓN POR DIOS
JOHN BEVERE

JOHN BEVERE
ACCESO DENEGADO
CIERRE LA PUERTA A SATANÁS CON UNA SIMPLE DECISIÓN
PROHIBIDO EL PASO AL ENEMIGO

La promesa de protección bajo su cobertura y autoridad
BAJO EL ABRIGO
JOHN BEVERE

¿ASÍ DICE EL SEÑOR?
CÓMO DISCERNIR cuando DIOS nos habla A TRAVÉS de otra PERSONA
JOHN BEVERE
Autor de LA TRAMPA DE SATANÁS

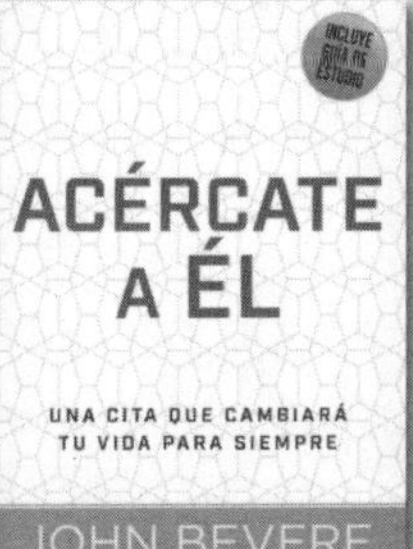
INCLUYE GUÍA DE ESTUDIO
ACÉRCATE A ÉL
UNA CITA QUE CAMBIARÁ TU VIDA PARA SIEMPRE
JOHN BEVERE

QUEBRANDO la intimidación
Cómo vencer el temor y liberar los dones de Dios en tu vida
JOHN BEVERE

EXTRAORDINARIO
Viva una vida de excelencia
JOHN BEVERE

CASA CREACIÓN

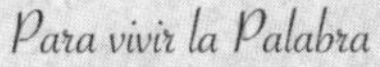
Para vivir la Palabra

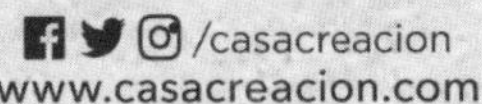
/casacreacion
www.casacreacion.com